普通高等学校教育学系列教材

简明外国教育史

JIANMING WAIGUO JIAOYUSHI

主　编◎徐　辉

西南师范大学出版社
国家一级出版社 全国百佳图书出版单位

图书在版编目(CIP)数据

简明外国教育史 / 徐辉主编. —重庆 : 西南师范大学出版社，2020.5
ISBN 978-7-5697-0135-7

Ⅰ. ①简… Ⅱ. ①徐… Ⅲ. ①教育史—国外 Ⅳ. ①G519

中国版本图书馆 CIP 数据核字(2020)第 072850 号

简明外国教育史

主　编　徐　辉
副主编　杨　梅　郭　军　王娟涓

责任编辑:郑先俐
责任校对:雷　刚
封面设计:汤　立
排　　版:张　祥
出版发行:西南师范大学出版社
地址:重庆市北碚区天生路 1 号
邮编:400715　市场营销部电话:023-68868624
网址:http://www.xscbs.com
经　　销:全国新华书店
印　　刷:重庆市正前方彩色印刷有限公司
幅面尺寸:185mm×260mm
印　　张:12.5
字　　数:252 千字
版　　次:2020 年 11 月　第 1 版
印　　次:2020 年 11 月　第 1 次印刷
书　　号:ISBN 978-7-5697-0135-7

定　　价:38.00 元

目　录

绪 论

外国教育史是以马克思主义立场、观点、方法为指导，阐述外国教育实践、教育制度和教育理论发生、发展的历史以及规律的一门教育科学课程，是教师教育和成人教育等各类教育专业的基础理论课和专业必修课之一。它通过总结世界主要国家和地区教育发展的经验和教训，揭示教育理论与实践发展的规律，预测其发展的趋向，为我国的教育事业和教育改革提供借鉴。

一、外国教育史的研究对象和主要问题

外国教育史以自古迄今的教育实践、教育理论、教育制度及其发展规律为研究对象，它既包括过去的教育历史，也包括直到目前为止最新、最近的教育历史。对于这一点，不会有人质疑，但是在它研究的主要问题上，目前教育史学界尚有不同看法。有的学者认为，根据我国对外国教育历史的研究及已掌握资料的实际情况，比较现实的做法宜把研究的范围限制在欧美教育的发展历史方面，学科名称就叫“西方教育史”。也有学者认为，日本对教育史学科体系的处理方法可供我们借鉴，他们把教育史分为西方教育史、东方教育史和日本教育史三大块，有一定的借鉴意义。

但多数学者认为，学科名称还是采用“外国教育史”为好。外国教育史研究的主要问题应该是：除中国以外世界上所有国家和地区的教育实践、教育制度与教育理论发生和发展的历史。由于研究的范围广、时间长、对象多，因此，在外国教育史的学科体系中，只能选择那些在历史发展过程中具有代表性的国家和地区的教育实践、教育制度和教育家的理论进行研究、分析，以便从中揭示教育发展的规律，为发展教育科学和社会主义教育实践服务。

再具体一点儿说，外国教育史研究的主要问题，包括三个大的方面：

第一，教育实践史，即各个历史时期世界主要国家、地区的教育状况和教育实践，特别是教师如何教、学生如何学的实践。其中，教育经验和教训可作为我们当今的借鉴。

第二，教育制度史，即各个历史时期国外有代表性的国家的教育制度及其演变过程的历史。教育制度是一个国家统一规定的，是为实现教育方针、政策，达到教育目的而确立的制度化、程式化的教育实践。教育制度常常是一个国家教育实践发展水平和教育改革进展情况的标志。这是外国教育史的重要内容。

第三，教育思想史，即各个历史时期国外有代表性的著名教育家、思想家、科学家等创立的教育理论与教育学说。每位教育家、思想家、科学家的教育理论与教育实践，都是他那个时代的产物，反映了一定历史时期政治、经济对教育的要求，代表了某些阶级、阶层的教育思想或对教育改革的愿望与主张，常常集中了那个时代的教育工作者的共同教育理想、见解与智慧，是人类文化遗产的精华，我们必须认真学习与研究。

外国教育史研究的这三个方面，既有各自相对的独立性，又相互交叉和联系。教育实践与教育理论、教育制度与教育思想基本上是互相制约、互相促进的，但也不一定同步运动，发展中常常会出现不平衡的现象，因此还需要做必要的分类研究。

二、外国教育史的发展

教育史作为教育领域的一门独立学科，它的历史并不长，即使在教育比较发达的西方国家，也仅有300年左右，其发展大致可以分为以下几个时期。

（一）教育史研究的萌芽时期（18世纪末到19世纪30年代）

从史料记载上看，最早的教育史著述是法国人弗勒里于1675年撰写的《教育精华与教学》，书中主要论述了文艺复兴以前的教学发展和课程理论，肯定了阿拉伯人和希伯来人对中世纪教育的巨大影响。弗勒里对当时教育的记述是相当粗略的，但这本书仍可以说是教育史学的先声。

到了18世纪后半叶，德国出现了一批较早的教育史著述，诸如曼格尔斯多夫的《历代教育制度研究》、鲁科夫的《德国学校教育史》和尼迈耶的《教育与教学原理》。曼格尔斯多夫研究教育制度是为了抵消巴泽多的教育主张和当时德国泛爱主义教育运动的影响，因此，曼格尔斯多夫的意图并不是要从过去的教育实践中吸取有利于教育改革的经验，而是要借鉴和援引历史上文明发展标准和规则来抗衡泛爱主义教育。但是，他仍被称为德国教育史学的鼻祖。鲁科夫的《德国学校教育史》概述了德国教育的起源和发展，并罗列了不少教育史料。尼迈耶是当时有名的教育家，颇受赫尔巴特的赞赏。他的著作汇集了较丰富的教育史内容，《教育与教学原理》在1796年出版，成为众人称赞的教育史著述，很快在德国流行。

然而，当时德国的教育史研究还囿于本国，研究方法亦不科学，教育通史或世界范围的教育史研究几乎没有。对这一状况做出突破性贡献的是海德堡大学的神学教授施瓦茨。他认为，不知教育历史，便不能了解现代教育，教育史是人类文明发展不可分割的部分，它可彰往察来。基于这种独到的见解，施瓦茨在他的著作中，注意记述古代多数民族的教育，并企图把教育史与人类文明史有机地联系起来。他的教育史学观对这一学科的顺利发展产生了重要影响。同时，施瓦茨在任神学教授时，开设了教育史课程，讲授历代教育文献与教育制度。

（二）教育史研究的形成时期（19世纪40年代到19世纪末）

在这一时期，欧洲发达国家为适应资本主义政治、经济的发展，积极推行义务教育，客观上需要从过去的历史中吸取经验做指导。为适应这一需要，德国矿物学家卡尔·冯劳默编成了对西方教育史学有重大影响的《近代教育史》，记述了从文艺复兴至19世纪初的教育理论和教育实践。这部著作很有条理地介绍了历史上知名教育家的生平、教育思想和实践，不失为一部教育史良著。但其不足也恰恰是花费了较多的篇幅来专述教育家的生平及其教育思想，没有描述出完整的教育发展概貌，更谈不上去揭示教育一般的和基本的规律。

但是，冯劳默的著作却推动了英国和美国对教育史的研究。在他的直接影响下，两国先后出版了一些教育史专著。其中最主要的是美国人亨利・巴纳德在他所创办的《美国教育杂志》上连载的教育史料，实际上这些史料绝大部分是从冯劳默的原著中翻译而来的。1878年，巴纳德把这些史料汇编成集，定名为《日耳曼的教师与教育》。这部史料集使美国的教师比较完整地了解到欧洲，特别是德国的教育制度，意识到在美国亦应有完善的国民教育体制，这对美国建立不久的义务教育制度起了极大的推动作用。巴纳德被称为美国教育史学的开山鼻祖。在他之后出现的教育史著作有：布朗林的《教育理论》(1881)、F.V.佩因特的《教育史》(1886)、S.G.威廉姆斯的《近代教育史》(1892)、J.P.芒罗的《教育的理想》、L.西利的《教育史》(1899)等。

冯劳默、巴纳德也对英国教育史学家产生过较大影响。英国教育家奎克曾按冯劳默的方法编写了《教育改革家》一书。后来他深受巴纳德的启迪，于1890年在原著的基础上增写了不少欧美教育史的内容。书一经发行，即获得了良好的声誉，被誉为英国第一部有价值的教育史名著。奎克对欧洲教育改革家有深刻的研究，并对他们的思想做了透彻的阐述，因而《教育改革家》又被人们看作开创20世纪新纪元的佳著，在美国也长期盛行，直到20世纪初仍有着广泛的影响。继教育家J.潘恩于1872年在英国师范学院讲授教育史之后，奎克也于1881年受聘在剑桥大学开设教育史课程。

同一时期，法国著名的教育史学家有格瑞德、弗里茨、帕罗兹等，他们分别著有《1789年以来的初等教育与立法》《法国公共教育和自由教育的立法与批评》和《普通教育史》等。1875年，孔佩雷开始在图卢兹大学讲授教育史课程。但总的说来，法国对教育史的研究远比不上德、英、美等国进行得那么广泛、深入。

总之，国外教育史学科的研究与教学，在这一时期有了较大的进展。捷克伟大教育家夸美纽斯卓越的教育思想，在19世纪中叶由德国史学家发现，并被推荐给近现代教育。教育史研究从德国逐渐推广到美、英、法等西方国家。另外，不少大学或师范院校还开设了专门的教育史课程。19世纪，美国开设的有关教育史课程有：教育史、近代教育史、美国教育史、英国教育史、欧洲教育史、星期日学校教育史、教育理论与教育史、希腊教育史等。英国开设的有关教育史课程有：教育史、教育史著作选读、18世纪的教育改革家、18世纪的英国教育等。德国开设的有关教育史课程有：文化和教育史、教育思想史、教育史等。法国开设的有关教育史课程则有：教育家及其理论、教育名著分析等。这说明，教育史这门学科在19世纪后期的西方国家大学课程中已占有重要的地位。

（三）教育史研究的发展时期（20世纪上半叶）

1900年，美籍英国人、著名哲学家戴维森的《教育史》问世，它标志着教育史学方法论的根本改变，并打开了这一学科的新局面。戴维森具有远见卓识，把教育发展史划为人类文明史的一个分支，并追索它自始以来的全部过程，而不是把它局限在某一个阶段、某一个国家或几个教育家的身上。他把教育看作人类进化的最后和最高阶段。他想要说明三个问题：一是人类最高阶段的进化是指什么？二是为什么会有这种进化？三是当进化成为有意识的活动以后，为什么会变为教育这种社会现象？

戴维森不像以往的欧美教育史学家那样坚持教育史的欧洲中心论，忽视东方的中国古代教育和穆斯林教育，而是根据教育史是文明史分支的观点，把整个世界的教育史系统化。他所撰写的《教育史》分为上、下两册，上册包括原始教育、古代东方教育、犹太教育和古希腊罗马教育；下册包括穆斯林教育、欧洲中世纪教育、人文主义教育和近代教育。此书一个突出的特点就是它规避了以往教育史的通病——狭隘性，注意到各民族和各时期教育的联系，使之成为一个统一的整体。

继戴维森之后，美国又有不少教育史著作出版。其中，著名的是当时在世界上享有盛名的教育史学家保罗·孟禄的《教育史教科书》（1906）。本书虽是大学教材，但历史证明了它不失为一部研究教育史的有价值的参考著作。它具有三个特点：一是阐明了教育史发展与人类文明史其他方面的紧密联系；二是着重论述的不是教育家，而是教育发展的总趋向；三是重视并阐明了教育史上理论与实践的密切关系。《教育史教科书》包含了相当丰富的史料，并用专章论述了中国古代的教育。这本著作成为20世纪早期内容广博、学术水平极高的权威性著作，并且久用不衰，许多大学和学院（包括旧中国的大学）都曾把它作为主要的专业课本。

1920年，美国斯坦福大学教育史教授克伯雷的著作《教育史》出版。此书是在课堂讲稿的基础上整理的一部教育史著作，它与克伯雷编辑的《教育史读本》互为姊妹篇（后者的中译本已由华中师范大学出版社于1991年出版，书名为《外国教育史料》）。《教育史读本》收集有西方古代、中世纪和现代的教育文献原始材料，真实地反映了历代的教育思想。克伯雷的《教育史》注重对教育制度、教育实践、教育管理等的阐述，很少论及教育家和教育理论。他认为，教育史与文明史有着紧密的联系，应该比较详细地介绍教育发展的历史背景；教育史应阐述各历史阶段，诸如古希腊时期、文艺复兴时期和法国革命时期，人类理智发展的巨大进步；教育史应重视社会诸因素及其对教育的影响，并要说明这种影响是如何促进人类的发展，进而促使现代教育制度的产生和不断完善的。克伯雷重视实际问题和教育与社会关系的研究，这使他成为美国学校教育史学派的主要代表人物，他的《教育史》也广为流行，直到20世纪40年代仍为许多大学或学院所采用。

20世纪上半叶，西方教育史学家的这些著作很快传入我国并直接进入高等师范学校的课堂。此外，在20世纪头20年，我国学者也纷纷撰写、翻译有关西方教育史的著作。1901年，王国维主编《教育世界》杂志，介绍日本、欧美各国教育的现状和历史、著名教育家的思想学说；1902年，吴汝纶著《东游丛录》，王阑、周流著《泰西学案》；1915年，吴鼎昌翻译《德美教育新潮》；1917年，余寄著《德法英美国民教育比较论》等。到了20世纪二三十年代，更有成体系的教育史著作问世，如姜琦等人合著的《西洋教育史大纲》(上、下)(1921)、杨廉著的《西洋教育史》(1926)、庄泽宣著的《西洋教育制度的演进及其背景》(1928)、姜琦著的《教育史》(1932)、雷通群著的《西洋教育通史》(1934)、蒋径三著的《西洋教育思想史》(1934)等，都是这一时期的代表作。

与此同时，也出现了以马克思主义理论为指南而编写的教育史著作。1916年，俄国著名政治家、教育家克鲁普斯卡雅撰写的《国民教育与民主主义》一书，是首次运用马克思主义理论研究、剖析世界教育发展史的重要著作，为苏联教育现实发展需要服务的，得到了列宁的肯定。这本书在新中国成立后被翻译出版，为广大学习者所重视。1928年，马克思主义教育理论家杨贤江撰写了我国第一部运用历史唯物主义分析世界教育历史的著作《教育史ABC》，并翻译了一些介绍苏联教育的著作，为我国的教育史研究留下了宝贵的精神财富。

(四)教育史研究的繁荣时期(20世纪下半叶)

由于第二次世界大战的影响，国外教育史学科在20世纪40年代几乎处于停滞阶段，20世纪50年代起才又恢复发展，教育史著作也日见增多。其中，最突出的是英国教育史学家博伊德的《西方教育史》。这本书于1921年首次出版，第二次世界大战后多次再版。1964年，教育史学家埃德蒙·金在原著(共12章)的基础上又增写了3章现代教育部分。此书到1979年已出版了11版，在国外教育史学科领域已达到很高的水平，被誉为经典之作(此书的中译本已由人民教育出版社翻译出版)。

博伊德和埃德蒙·金对教育史持进化论的观点。他们认为，《西方教育史》记述的从古希腊到20世纪下半叶期间教育科学的发展，实际上是对人类进化过程的记录，它说明我们的活动和观念是怎样形成的。他们把人类生活的过去与现在联系起来，重视理论与教育实际的结合，着重研究教育理论及其作用。以这种教育史观为指导，他们比较详细地介绍了历史背景和社会因素，这一点与克伯雷有相似之处。然而，博伊德和埃德蒙·金并没有忽略教育家的特别作用，不仅记述了他们的生平，详细阐述了他们的理论及其影响，而且旁征博引，给予恰当的评论，同时也提出独到的见解。

在美国，第二次世界大战以后，教育史界的著述如雨后春笋，十分繁盛。1946年，宾夕法尼亚大学教授马哈恩的著作《教育史》问世；1947年，哥伦比亚大学教授巴茨著成《教育文化史》;此后,鲍温著的《西洋教育史》第一卷,即《古代教育史》于 1972 年出版,1975 年该书第二卷,即《欧洲的文化》出版,在这一阶段,教育史,包括断代教育史、专题教育史和国别教育史的研究得到长足发展。1956 年在纽约出版的马露的《古代教育史》,1964 年在纽约出版的伯克的《古代希腊教育》,1978 年在塞拉求斯出版的约瑟夫的《拿破仑后的法国教育》,都是断代史的新作。耶鲁大学教授布鲁巴赫于 1947 年著的《教育问题史》,哈佛大学教授乌里希于 1945 年著的《教育思想史》,哈佛大学校长普赛于 1978 年著的《1945－1970 年的美国高等教育》,属于专题教育史范畴。此时,其他国家也出版了一些国别教育史,如德国教育史学家弗·鲍尔生的《德国教育史》、英国教育史学家奥尔德里奇的《简明英国教育史》、日本教育史学家尾形裕康的《日本教育通史》等。国外教育史的这种发展趋势,并非回到过去片面性的方法上去,而是教育史学科发展的必然。目前,国外教育史学研究范围的分支学科大致有:各国教育史、原始社会教育、古希腊教育、东方早期文明的教育、欧洲中世纪教育、亚洲中世纪教育、文艺复兴与宗教改革时期的教育、幼儿教育史、初等教育史、中等教育史等。①

这些史实说明,教育史学科的产生绝非偶然,而是教育本身发展的需要所决定的。从这一时期开始,教育史学科在师范院校的教学和科学研究中都处于重要地位,这在资本主义国家以及十月革命后的苏联都是如此。例如,苏联于 20 世纪二三十年代在开始运用马克思主义理论武器研究教育科学的过程中,也非常重视对本国教育史的研究。苏德战争后即出版了由麦丁斯基所著、供高等师范学校使用的《世界教育史》教科书,并在师范院校各个系科普遍开设教育史课程。不仅教育系的学生要学习教育史,其他各系的学生也都要学习。美国的大学教育系本科生及研究生的课程中,也大都设置了各种教育史学科,如欧洲教育史、美国教育史,或以专题史为内容的高等教育史、师范教育史、教育思想史等。日本为了迅速发展本国教育,一向努力引进、学习世界各国的教育实践与教育理论,同时也非常重视对世界教育史的研究。例如,1974 年前后,日本出版了由梅根悟主编的 40 巨册、达数千万字的《世界教育史大系》。这不仅有助于日本教育事业的发展,也为人类研究世界教育史发展的科学事业做出了贡献。欧洲其他发达资本主义国家,如英国、法国、德国等也都很重视教育史学科的教学与研究工作,这对深入研究教育史、促进教育史领域的学术交流、推动世界教育发展等,都有十分重要的社会价值和学术价值。

---

①吴小平.西方教育史学的形成与发展[J].外国教育动态,1984(2):19－24.

三、外国教育史研究的前沿与未来

(一)本门学科发展前沿的特点

第一，突破苏联教育史模式，创建了具有中国特色的社会主义外国教育史学科体系。19世纪末20世纪初，我国教育界开始系统地研究外国教育史，虽然取得了一定的成就，但是，由于各种原因，真正具有中国特色的外国教育史学科体系一直未能建立起来，新中国成立前主要是承袭西方，特别是美国的模式，新中国成立后则搬用苏联的体系。在外国教育史学科尚处于发展的初期阶段，这种状况既是必然的，也是必要的。但是，随着我国社会和教育的发展，随着外国教育史学科研究的不断成熟，上述现象不仅不能适应新的需要，反而起到一种束缚作用。20世纪80年代以来，我国外国教育史界普遍认为应当扩展外国教育史的学科范围，更加深刻、全面地阐述教育发展的基本规律，认真研究教育历史的分期等。学者们一致认为，应该摆脱苏联教育史模式的束缚，建立具有中国特色的社会主义外国教育史学科体系，使之适应我国社会的新需要。

作为这种探索重要成果的是一批具有中国特色的外国教育史教材和著作的先后问世。20世纪80年代，有王天一、夏之莲、朱美玉三教授合著的两卷本《外国教育史》，戴本博教授主编的三卷本《外国教育史》，吴式颖教授等合著的《外国教育史简编》等；20世纪90年代，则有马骥雄教授撰著的《外国教育史略》，滕大春教授主编的六卷本《外国教育通史》等。这些著作虽然各具特色，但基本倾向则是一致的，那就是突破苏联教育史模式，摆脱“欧洲中心论”的影响，积极推进外国教育史学科体系的中国化，日益鲜明地表现出我国学者的风格和思想特色。多种外国教育史著作和教科书并存，既使得学科研究空前活跃与繁荣，又促进了不同学术思想之间的交流，为教育史学科的进一步繁荣奠定了良好的基础。

第二，打破了一门通史包打天下的单调局面，形成了通史、断代史、国别史、人物史、专题史等相互并存的多元化格局。改革开放以来，在断代史研究方面，出版的著作有曹孚、滕大春、吴式颖、姜文闵教授编著的《外国古代教育史》，滕大春教授主编的《外国近代教育史》，赵祥麟教授和吴式颖教授分别主编的《外国现代教育史》。在国别史研究方面，出版的著作有滕大春教授撰写的《美国教育史》，王桂教授撰写的《日本教育史》，徐辉、郑继伟教授撰写的《英国教育史》；此外，还有滕大春、刘翠荣、诸惠芳教授等分别翻译的《德国教育史》《世界幼儿教育史》《简明英国教育史》等。在人物史研究方面，出版的著作则有赵祥麟、单中惠教授先后主编的四卷本《外国教育家评传》，滕大春教授撰写的《卢梭教育思想述评》，褚洪启教授撰写的《杜威教育思想引论》等。在专题史研究方面，则有张斌贤、褚洪启、单中惠、王天一、方晓东教授分别撰写、主编的三个不同版本的《西方教育思想史》，田本娜、刘新科教授分别主编、撰写的《外国教学思想史》和《西方教学思想史论稿》，杨汉麟教授主编的《外国幼儿教育史》，贺国庆教授撰写的《德国和美国的大学发达史》，杨孔炽、徐宜安教授撰写的《美国公立中学发展研究》等。这些著作的出版，既丰富了外国教育通史的研究内容，同时也促进了外国教育通史研究的深化。事实上，这些方面的研究的迅速崛起，也是外国教育史学科发展最为显著的标志之一。

第三，克服了史料建设滞后的缺陷，学科史料建设有了重大突破。由于历史的原因，我国外国教育史学科研究的史料建设一直比较落后。1985 年以前，除了张焕庭教授主编的《西方资产阶级教育论著选》、赵祥麟和王承绪教授编译的《杜威教育论著选》、华东师范大学教育系和杭州大学教育系编译的《现代西方资产阶级教育思想流派论著选》等少数几种外国教育史资料汇编外，系统、全面的史料尚嫌贫乏。进入 20 世纪 80 年代中期，这种状况开始得到明显改观。从 1985 年到 1989 年，先后出版了《西方古代教育论著选》《西方思想家论教育》等史料汇编。尤其值得一提的是，人民教育出版社组织全国教育界的力量，系统翻译了外国教育史上的著名著作 38 种，数量之多、范围之广是前所未有的。同时，还翻译、整理了一批有价值的外国教育史著作和教育史料，如任钟印教授主编的《世界教育名著通览》、夏之莲教授主编的《外国教育发展史料选粹》等，有力地加强了外国教育史学科的史料建设。

第四，教育史理论研究进一步开展。改革开放以来，我国教育史学工作者从新时期外国教育史学科发展的回顾中，探究了本门学科存在的问题，寻求解决问题的途径，其理论探讨的热点主要集中在两个方面：一是对外国教育史学科研究存在的主要问题和导致这些问题的主要原因做了深入分析；二是强调了要科学地把历史唯物主义的观点、方法运用到外国教育史研究之中，使教育史的研究能够更加深刻和全面地解释教育历史现象、教育历史过程，以及评价教育历史人物。虽然这方面的研究还不够成熟，但从长远发展来看，加强对教育史学科的基本理论的探讨是一个必然的趋势。

第五，填补空白，打破禁区，取得了一批丰硕的研究成果。过去的外国教育史研究大都陷于“欧洲中心论”，把重点放在古希腊、古罗马以及欧美少数文教兴盛的国家。新时期以来，我国学者通过不断地发掘和调查，认为古代东方文明古国的教育发展不但早于西方，其教育内容和方式方法也和西方国家同样丰富。忽视古代东方诸国的教育演变而仅关注西方教育的发展历程，是不能窥及古代教育的全貌的。滕大春、马骥雄教授等曾对东方诸国的教育史做过深入探讨，对两河流域的亚述和巴比伦的教育、尼罗河流域埃及的教育、印度的教育、希伯来的教育、伊斯兰国家的教育等，都有精湛的论述。

过去，外国教育史由于受当时“左”的政治思想路线的影响，人们往往把一个教育家的阶级立场、哲学倾向与其教育思想以及对教育发展的贡献混为一谈，简单地从教育家的阶级地位“推绎”出其教育思想的“阶级属性”，从而予以绝对的否定。新时期以来，我国教育史学界的前辈学者率先发表文章，对杜威、赫尔巴特等一批曾遭否定的西方著名教育家的教育思想进行再认识。赵祥麟、陈景磐等明确提出要对杜威教育思想进行具体分析，既要看到他们思想的阶级实质，又要用发展的眼光分析其中有价值的成分，从而更加客观、辩证地评价杜威、赫尔巴特等人在教育史上的地位。此后，广泛深入地研究西方教育思想的活动持续不衰，研究成果层出不穷，显示了本门学科旺盛的生命力。

（二）本门学科的未来发展趋势

通过对新时期以来外国教育史学科研究前沿的全面回顾，人们可以比较清晰地看到本门学科在未来岁月中的发展趋势。

其一，多元化趋势。如上所述，新时期以来，外国教育史研究已经形成了通史、国别史、断代史和专题史并存的新格局。但这只是开端，事实上，在这方面要做的工作还有很多，任务也很艰巨。从外国教育史研究的发展趋势来看，今后在继续深入研究通史的同时，国别史、断代史、专题史、问题史、思想史、制度史将会得到更多的重视。这不单纯是一个扩大研究领域的问题，更重要的是，这些相对具体的领域中的研究会促使对通史的探讨更为深刻和丰富。此外，随着学科研究的不断深入，在学术见解上将会逐渐出现百家争鸣的局面，各种不同的学术主张、研究方向将会不断涌现，会出现一种不同学术派别共存的新局面，这将使外国教育史的研究进入新的境界。

其二，整体化趋势。现代科学发展的一个重要趋势是不同学科之间的不断渗透、融合，外国教育史学科也不应例外。在新时期外国教育史研究的进展中，已经出现了广泛借鉴不同学科的研究成果的初步倾向。随着学科研究的发展，广泛借鉴、引进人文学科、自然科学和社会科学的最新研究成果、研究方法、基本原理和思想框架的必要性和重要性，将为更多的研究工作者所理解，并为此做出相应的努力。从目前的条件来看，系统论、控制论、统计、计量、历史、心理、计算机网络技术等学科的方法和技术将有可能最早被运用到外国教育史的研究之中。这不仅可以使外国教育史学科研究跟上时代发展的步伐，更重要的是还有助于促进对教育历史现象及其本质的认识和理解。

其三,理论化趋势。这主要表现在不断广泛、深入地研究历史唯物主义理论、历史哲学和历史理论上。随着学科研究的日益深入,学科研究工作者将会日益感到加强历史唯物主义理论修养和史学理论研究的迫切性。因为教育史是全部人类社会历史的一个重要组成部分,教育历史的发展受人类社会发展的多方面的影响和制约,因而,以探讨人类社会历史发展一般规律为宗旨的历史唯物主义理论和以历史研究基本特点为宗旨的历史哲学、史学理论,必然有助于对教育发展的理解。过去,由于把历史唯物主义理论等同于史学理论,因而使史学理论的研究长期得不到发展,教育史学科研究也无从借鉴史学理论的研究成果,这对学科的发展产生了某种消极影响。随着史学理论的不断发展和外国教育史学科自身的成熟,更加科学地把握历史唯物主义精神,大力加强对教育史学科基本理论,包括教育历史的特殊规律、教育史研究的特殊方法等的研究,必将成为研究者的必要工作。

其四,群体化趋势。这也是新时期外国教育史研究发展进程中的一个明显趋势,这种趋势在以后将继续发展并将逐渐强化。这是因为外国教育史学科涉及的内容非常广泛,上下几千年,纵横几十国,以一人之力难以对所有国家、所有时代、所有方面的教育进行深刻的研究,所以同一学科中专长不同的专家组合,将会产生最优化的效果。而且,由于外国教育史的研究涉及哲学史、心理学史、社会史、政治史、经济史等学科领域,因而,不同学科的研究人员之间合作的可能性是客观存在的。可以相信,在新时期,外国教育史学科的研究将会取得更长足的发展。

四、研究外国教育史的目的和意义

通过外国教育史的学习和研究,我们可以认识和了解世界历史长河中宝贵的教育遗产,开阔教育视野,提高人文素养。世界上的众多国家,无论大小都曾为人类社会创造过光辉灿烂的文化,积累了许多宝贵的教育实践经验和理论成果,做出过各自的贡献。各国文化教育之精华聚于一库是十分丰富的,打开这个宝库,将极大地开阔我们的眼界,使我们从更多方面借鉴历史的经验与理论。17 世纪,捷克著名教育家夸美纽斯曾说:“熟悉历史是一个人的教育里面的最重要的因素,是他终生终世的眼目。”[①]作为一名教育工作者,我们更应了解历史的重要性,努力研究教育历史,使自己获得丰富的滋养,成为教育工作中的骨干力量。

---

①[捷克]夸美纽斯.大教学论[M].傅任敢,译.北京:人民教育出版社,1979:235.

上编　外国古代教育史

外国古代教育分为三个阶段：远古教育阶段，从公元前300万年到公元前3000年原始社会瓦解、国家产生，主要是外国原始社会的教育；中古教育阶段，从公元前3000年到5世纪，即476年西罗马帝国灭亡，主要是外国奴隶社会的教育；近古教育阶段，从476年西罗马帝国灭亡到1640年英国资产阶级革命，主要是中世纪和文艺复兴时代的教育。

第一章 原始社会的教育

本章学习目标

远古及东方文明古国时期是外国教育史的萌芽时期。学习本章应主要了解外国教育的起源、原始社会教育的发展及其特征、学校教育的产生及其条件、东方文明古国的学校教育实践及其意义；着重掌握远古及东方文明古国教育的发展特点和价值。

一、教育的起源

自人类社会产生以来，就有了教育，凡是有人群的地方必然有教育。关于教育的起源，学术界普遍存在三种学说：生物起源说、心理起源说和劳动起源说。

(一)生物起源说

生物起源说的主要代表人物有法国哲学家、社会学家利托尔诺和英国教育学家沛西·能。利托尔诺和沛西·能认为：教育活动不仅存在于人类社会，动物界也存在教育；人类社会教育的产生是一个生物学的过程，生物的冲动是教育的主要动力，人类社会的教育是对动物界生物冲动的继承、改善和发展；教育的产生完全来自动物本能，是种族发展的本能需要。

(二)心理起源说

心理起源说是在批判生物起源说的基础上产生的，主要代表人物为美国著名的教育家孟禄。孟禄从心理学的角度去解释教育起源的问题，认为原始社会教育起源于日常生活中儿童对成人生活的无意识模仿。

(三)劳动起源说(社会起源说)

劳动起源说的主要代表人物是苏联的教育家米丁斯基和凯洛夫。劳动起源说是在直接批判生物起源说和心理起源说的基础上，在马克思主义历史唯物主义的理论指导下形成的。劳动起源说的核心观点是：劳动“是一切人类生活的第一个基本条件，而且达到这样的程度，以致我们在某种意义上不得不说：劳动创造了人本身"[①]。教育是在人类生存和劳动过程中发生、发展起来的一种社会现象，是人类社会特有的有目的、有意识、有计划的活动。教育活动起源于原始人类为满足社会生产和生活的需要而进行的生产劳动，生产劳动为教育的产生提供了可能。首先，原始人的手、大脑和语言是在劳动过程中形成和发展起来的，这是教育得以进行的物质前提；其次，原始人类要把在生产劳动中形成的各种生活习惯、行为规范及原始宗教等社会生活经验有目的、有计划地传授给下一代，这是教育起源的现实基础。

人类早期原始人的化石是在东非发现的，这说明440万年前在东非就有了最早的人类，也就有了最早的人类社会的教育。人类没有产生文字以前的教育情况主要是由人类学家、社会学家、考古学家通过对近代还处在原始状态的民族、部落的考察研究资料来论证和推究的。

二、原始社会的教育

外国原始社会的教育经历了漫长的岁月，可分为前氏族时期、母系氏族时期、父系氏族时期、军事民主制时期四个不同发展阶段。受每个阶段社会生产力和社会关系的制约，教育在组织形式、内容、方法等方面也在逐渐演进。

前氏族时期，教育的主要形式是儿童公有公育；母系氏族时期作为氏族公社发展的第一阶段，教育发生了较大变化；父系氏族时期作为氏族公社发展的第二阶段，教育与母系氏族时期相比没有明显的区别，仍然是按照性别的不同进行教育，但教育内容比以前更加丰富多样；军事民主制时期作为氏族公社的末期，教育内容主要是军事体育训练，重视道德教育和精神教育，注重培养青少年勇敢、机警和干练的品质。

原始社会的教育受到原始社会生活发展的影响。孟禄认为，原始社会生活的特点是"泛灵论"(animism)。他指出，原始人在解释他们的生活时，认为在所有他们所感知的事物背后，都有一种精神实体或"灵魂"在控制着物体。

原始社会的教育主要有两个方面的内容：一是满足生活实践需要的必要的训练；二是关于各种精心设计的礼拜的步骤或形式的训练。

原始社会的教育是一种用"泛灵论"来说明和解释生活的教育，是一种通过实践教育和理论教育达到敬畏神灵和膜拜神灵等目的的教育，是一种服从、保守和适应生活的教育。

---

① 中共中央马克思恩格斯列宁斯大林著作编译局.马克思恩格斯选集(第四卷)[M].北京：人民出版社，1995:373－374.

归纳起来，原始社会的教育主要呈现出五个特征：一是原始社会的教育是与生产和生活紧密联系在一起的，是一种适应生活并在生活中进行的教育；二是在原始社会的教育中，普遍存在儿童公有公育的现象；三是在教育内容方面，儿童普遍要学习生产知识、生活经验、行为规范、氏族禁忌、部落习俗与传统等；四是在原始人类的生活中，宗教教育占据重要位置；五是在教育方法方面，原始人类普遍采用游戏、模仿、做中学、解说、训诲、启发诱导、奖励、帮助、鼓舞、引导等方式。孟禄曾说："儿童仅凭观察和尝试成功的方法，学习如何使用弓箭和射击，如何收拾杀死的野兽，如何烹饪，如何纺织，如何制陶，其技巧几乎全部都是通过失败以及越来越少的重复模仿的方式学到的。"

总的来说，原始社会的教育是十分简单和落后的。一般认为，在原始社会的末期，教育开始分化，教育性质发生变化并产生文字及学校的萌芽。

三、人类早期的学校

人类最早的学校究竟产生在哪个国家、哪个年代，至今仍没有定论。但目前国内外学术界一般公认的是，人类最早的学校产生于公元前3000年至公元前2500年的埃及。

奴隶社会早期，学校的产生是同生产力发展、体脑分工、阶级的产生、国家的出现、文字的出现和使用等因素紧密联系的。社会生产的日益发展使一部分人脱离生产劳动专门办教育或受教育；人类生存和发展的需要对人的智力和能力提出了越来越高的要求，这些智力和能力必须经过学校的训练和培养才能获得；文化知识的丰富，学习内容的扩大，特别是文字的产生，使知识的贮存和传递有了可依托的工具，这就有必要和可能建立有组织、有计划的专门教育机关，于是产生了学校。

考古资料证明，这些学校无论在教育内容或在教育方法方面，都达到了当时世界的最高水平。它们大大地促进了古代社会的经济、文化和科学技术的发展，并且对后来各国教育的发展也产生了极大的影响，被称为世界文明的摇篮。

概括起来，人类早期的学校大致有宫廷学校、祭司学校、寺庙学校、文士学校和古儒学校等几种类型。其中，宫廷学校是专为王宫官吏子弟而设的学校，祭司学校是专为高级僧侣子弟而设的学校，它们都是为培养高级统治人才服务的学校。寺庙学校除宣传宗教、传授当时僧侣专用的文字以外，也传授初步的科学知识。文士学校和古儒学校分别是由古埃及和古印度的下层知识分子创办起来的私人性质的学校，它们除招收特权阶级的儿童外，也容纳了一部分手工业者子弟。这两种学校的办学目的在于为国家和统治阶级培养官吏及书写计算人员，学生在练习工整而秀丽的书法的同时学习算术、几何和祈祷文。

这些早期学校的共同特征为：反映当时社会前进的多种需要，教育内容是丰富的，教育范围是广泛的，传播当时政治、经济、文化发展所需要的各种知识；教育机构多样化，出现了满足不同层次需要的各类学校；广大教师在教育教学工作中积累了丰富的经验，从而奠定了教育学识的初基；具有鲜明的阶级性，只招收上层社会子弟，等级森严；没有固定的学习年限；教育内容渗透着神学精神且脱离生产劳动。

四、东方文明古国的教育

公元前 3000 年左右，东方文明古国中的古巴比伦、古埃及、古印度相继进入奴隶制社会，出现了人类历史上最早的奴隶社会的教育。这是人类第一个阶级社会的教育，自此开启了阶级教育的历史。

（一）古巴比伦的教育

古巴比伦位于亚洲西部的两河（幼发拉底河和底格里斯河）流域。巴比伦文明的前身是苏美尔文明。苏美尔衰落后，巴比伦城兴起，到汉谟拉比（公元前 1792 至公元前 1750，古巴比伦王国的第六位国王）王朝时，完成了国家的统一。

从考古的材料来看，这一时期的学校主要是以培养文士为主的学校。文士教育一般分两个阶段进行：第一阶段教授读写；第二阶段是将志向不同的学生分派到相应的寺庙或国家较高一级的机构接受教育。

（二）古埃及的教育

古埃及位于非洲东北部尼罗河的下游，公元前 3000 年左右建立了奴隶制国家。在古埃及社会，法老的权力至高无上，全国的土地归法老所有，由他分给贵族和僧侣，强迫奴隶耕种土地。公元前 332 年，古埃及被马其顿所征服。与古巴比伦一样，古埃及很早就已经有了自己的文字。现代历史学家认为，古埃及文字产生于公元前 4000 年左右，最早的文字是象形文字，以后出现了表示音节的符号。古埃及王国发明了 24 个辅音字母，这种世界上最早产生的字母，是古埃及人的独特贡献。古埃及的字母文字后来成为腓尼基字母文字的重要依据，而腓尼基的字母又影响了古希腊字母的创造。①

古埃及的学校主要有以下几种类型：宫廷学校，主要由法老设立；职官学校，由政府各机关设立；僧侣学校，也称寺庙学校，是培训祭司或僧侣的机构，主要设在寺庙；文士学校，主要培养文士。

---

① ［古希腊］希罗多德.历史（下卷）［M］.王以铸，译.北京：商务印书馆，1985：369－370.

古埃及人对教育的认识与他们对生活的认识是分不开的。在古埃及文里,“教育”一词有“使其成为”的含义。在古埃及人的生活里,由于人们信奉“多神论”和“万物有灵论”,因此人们非常崇拜各式各样的神,在教育上则有“学神”。另外,古埃及的教育理念中,也是比较强调和谐和秩序的。

古埃及的学校教育内容主要有:道德品质培养、书写、辞令以及数学和计算。在教授这些内容时,古埃及学校通常以机械教学为主。教师多采用一问一答的方式授课,不注意引导学生进行思考。学校里体罚盛行,即使皇子也不能幸免。古埃及流传着这样的话语:“不要把时光玩掉了,否则你就要挨揍,因为男孩子的耳朵是长在背上的,打他他才听。”[①]“学神把教鞭送给人间。”[②]

(三)古印度的教育

古印度也是世界文明的古老发祥地之一。公元前2000年左右,雅利安人部落进入印度,后逐渐征服了当地人,建立了王国。

种姓制度是古印度的社会基石。早在公元前2000年以后,古印度就逐步形成了婆罗门、刹帝利、吠舍和首陀罗四个等级。其中,婆罗门是僧侣祭司,刹帝利是军事贵族,它们属于高级种姓,是特权阶级。吠舍是农民、手工业者和商人。首陀罗地位最低,不属于再生种姓,是没有权利的奴隶,为“非再生”人。

婆罗门教是印度的早期宗教,崇拜“梵天”,认为梵天是世界万物的创造者,是宇宙的最高主宰。婆罗门教赞成种姓制度,并创立了“善恶因果说”和“转世轮回说”。为与婆罗门教的发展相适应,婆罗门的教育非常重视维持种姓间的等级和进行宗教意识的培养。

儿童最初是在婆罗门家庭接受教育的。公元前8世纪以后,婆罗门教出现了一种办在家庭中的学校,被称为古儒学校。学习的内容主要是《吠陀经》,以及一些基础性的与读经有关的学科。在古儒学校里,教师主要采取体罚的办法管理学生。

古印度的佛教产生于公元前6世纪,由释迦牟尼创立。佛教对教育进行了改革,主张教育应当面向平民。佛教教育的主要场所是寺院,教育目的是培养僧侣。佛教的寺院除了进行教学外,还进行一定的学术研究。

概括起来,东方文明古国教育的发展呈现出七个主要特征:一是产生了最早的科学知识、文字以及学校教育形态;二是教育具有强烈的阶级性和等级性;三是教育内容

---

① [苏联]司徒卢威.古代的东方[M].陈文林,贾刚,萧家琛,译.北京:人民教育出版社,1955:89.

② 曹孚,滕大春,吴式颖,等.外国古代教育史[M].北京:人民教育出版社,1981:21.

丰富，包括智育、德育及宗教教育等，既反映了统治阶级的需要，也反映了社会进步及人类多方面发展的需要；四是教育机构的种类繁多、形态各异，有助于满足不同统治阶层的需要，既有森严的等级性，也具有强大的适应性；五是教学方法简单，体罚盛行，实行个别施教，尚未形成正规的教学组织；六是教育常常成为统治阶级的专利，教师的地位较高；七是文明及文化教育甚为古老，但流传不长。显然，古代东方国家的教育是广大劳动人民智慧的结晶，它折射出人类教育的曙光，是东方民族的光荣和骄傲。

自测习题

一、名词解释

1.教育的生物起源说　2.教育的心理起源说　3.教育的劳动起源说　4.文士学校　5.种姓制度　6.人类早期学校

二、填空题

1.在原始社会的教育过程中，传递（　　）经验和传递（　　）经验占有同样重要的地位。

2.在东方文明古国，（　　）学校设立在国王所在地的皇宫里，（　　）学校设在大寺庙里。

3.文士学校是在古代（　　）国出现的一种学校；古儒学校是在古代（　　）国出现的一种学校。

4.奴隶制社会与原始社会教育最本质的区别是（　　）与（　　）完全脱离。

三、选择题

1.主张“教育的生物起源说”的是（　　）。

A.孟禄　B.达尔文　C.利托尔诺　D.汤姆逊

2.主张“教育的心理起源说”的是（　　）。

A.利托尔诺　B.沛西·能　C.孟禄　D.汤姆逊

3.学校教育产生在（　　）。

A.原始社会初期　B.奴隶社会初期　C.封建社会　D.资本主义社会

4.教育与生产劳动脱节，最早发生于（　　）。

A.原始社会　B.奴隶社会　C.封建社会　D.资本主义社会

四、判断题

1.一般认为，教育首先起源于劳动并为生产劳动服务。（　　）

2.教育起源于儿童的无意识模仿。（　　）

3.动物界存在着教育现象,如大猫教小猫捉老鼠。(　　)

4.学校是在文字的基础上产生的。(　　)

5.脑力劳动与体力劳动、学校教育与生产劳动完全脱离,这是奴隶社会教育与原始社会教育的最本质区别。(　　)

五、简答题

1.为什么说教育起源于生产劳动?

2.原始社会教育的基本特点是什么?

3.东方文明古国学校教育产生的原因是什么?

4.东方文明古国学校教育的类型有哪些?

5.东方文明古国学校教育的基本特征有哪些?

六、论述题

1.简述原始社会教育的形式、内容与基本特征。

2.简述学校教育产生的必要条件。

3.你觉得应该怎样正确理解教育起源问题?

4.你认为学习原始社会的教育有什么现实意义?

第二章　古希腊的教育

本章学习目标

古希腊的教育是近现代外国教育史的重要渊源之一。学习本章应着重了解和掌握斯巴达教育及其特点；雅典教育及其繁荣的原因；斯巴达教育和雅典教育的异同；苏格拉底的教育思想及其“产婆术”；柏拉图、亚里士多德的主要教育观点。

一、斯巴达教育及其特点

公元前2000年，希腊人从北方迁入希腊半岛和爱琴海诸岛屿，依凭濒临地中海的独特地理条件，又以商业、航海和手工业为生，他们无须像东方文明古国那些当时封闭的大陆国家那样，建成统一的民族帝国来抵御外敌，于是他们建立起数目多、规模小的奴隶制小国家，历史上称这些小国家为“城邦”，其中最强大而有代表性的是斯巴达和雅典。两国虽同属奴隶制国家，但由于具体的政治、经济条件的不同，其文化教育的发展也各有不同的特征。

斯巴达地处伯罗奔尼撒半岛的南端，偏僻闭塞，农业经济比较发达，是个寡头贵族专政的国家，国内阶级矛盾尖锐。这就决定了它的教育内容以军事、体操为主，目的是使奴隶主贵族子弟成为体格强壮、受过严酷的军事体育锻炼的武士。学习内容有赛跑、跳跃、掷铁饼、投标枪、角力（即所谓的“五项竞技”）以及肉搏、骑马等，但不包括识字，文化知识教育极端落后。其全部教育服务于镇压奴隶与平民而维护统治的目的，因而其教育内容是片面的。当然在训练武士的过程中，宗教训练和音乐舞蹈的训练也是需要的，但是宗教训练与艺术教育的终极目标是为了培养青年的尚武精神和爱国思想。古希腊史学家普卢塔克说：“至少说到阅读和书写，儿童只是学习最必要的东西，关于他们的其余的教育只是追求一个目的:绝对的服从、忍耐力和打胜仗的科学。”①

斯巴达教育制度中也有有价值的地方,诸如:国家对教育事业的关怀,把教育看作最重要的国家职能和社会职能,教育工作有严密的组织,建立公共的国家教育机关以教育统治阶级的年轻一代;国家重视对女子的教育,让女孩子也参加体育和军事训练等。斯巴达教育的这些特点,对古希腊的教育思想家产生了巨大的影响,并通过他们影响了后代乃至近现代欧美资产阶级的教育思想。

二、雅典教育及其繁荣的原因

雅典工商业的发展和“民主”政治的形成,决定雅典不能像斯巴达那样进行单独培养武士的军事体育教育。雅典的工商奴隶主提出:以“身心既美且善”的精神作为教人的理想。为了实现“身心既美且善”的理想,需要把智育、德育、美育、体育结合起来。②

雅典的政治、经济在奴隶制国家中最为发达,较早地发明和使用了拼音文字,公元前 8 世纪至公元前 7 世纪之间,已经出现了学校教育。我们所说的希腊文化就是指这种以雅典文化为代表的文化,它注意教育的和谐发展,以培养上层统治阶级有文化教养的商人和政治家为目的,学习内容除五项竞技外还有为将来准备担任国家要职的人员设置的哲学(辩证法)、文法、修辞、算术、几何、天文学和音乐理论(欧洲中世纪早期把这些创造于希腊、后移植于罗马的学校课程称为“七艺”)。在雅典,仅对男孩实施正式的音乐与体操教育(又称“缪斯教育”),通常由音乐学校教给儿童文学知识,教儿童弹唱;体操学校对儿童进行体育和军事训练。女孩通常被留在家里跟随母亲学习料理家务。《伊利亚特》和《奥德赛》是古希腊早期文学和教育的源泉,青年人借此了解了英雄人物和文化智慧。公元前 5 世纪至公元前 4 世纪之间,雅典出现了最早的职业教师——智者(或称“诡辩学者”)派,他们是一批以传授知识为职业的哲学家,云游各地,充任教师,运用多种方法教育雅典和古希腊城邦的新兴商人阶级及其子女,使之掌握有关政治活动的知识和必需的文化修养及修辞的技巧,其中最著名的代表为普罗塔哥拉。

公元前 5 世纪至公元前 3 世纪,雅典教育出现了繁荣的局面,这是因为:雅典工商业经济的发展,促进了“和谐发展”教育目标的形成;奴隶主民主政体的影响和执政者

---

① [苏联]恩·阿·康斯坦丁诺夫,耶·恩·米定斯基,姆·弗·沙巴也娃.教育史[M].李子卓,于卓,邵鹤亭,等译.北京:人民教育出版社,1957:13.

② [苏联]恩·阿·康斯坦丁诺夫,耶·恩·米定斯基,姆·弗·沙巴也娃.教育史[M].李子卓,于卓,邵鹤亭,等译.北京:人民教育出版社,1957:14.

对教育的重视，要求教育机关国立化、教育内容多样化；东西方文化的交流带来了“智者派”教师的流动教学；宗教信仰的开放推动了教育思想的空前活跃；科学文化的发展丰富了教学的内容和方法。这些都为后世欧美教育的发展提供了范例。

三、斯巴达教育和雅典教育的比较

雅典的教育与斯巴达的教育都是为奴隶主阶级服务的，奴隶无权享受教育，教育与生产劳动分离，但由于各自的政治、经济状况不同，教育体制也彼此各异。雅典和斯巴达的教育体制代表了两种不同的类型，其区别主要有以下几点。

第一，政府对教育的态度不同。以农立国、实行奴隶主阶级专制政治的斯巴达，采取严格的集权领导模式，把儿童视为国有；政府官员及社会成年人对青少年履行监管的义务，青少年必须服从；教育开支由国家负担，青少年免费接受教育。而商业发达、实行奴隶主阶级民主政治的雅典，对教育则采取放任政策，把教育子女视为家庭的职责；为孩子选择合适的学校，并交纳学费，都是家长应尽的职责。

第二，培养目标不同。斯巴达统治者对内施行暴政，对外则实行防御、侵略政策，以训练勇敢善战的士兵为重任，女子也不例外。雅典为使奴隶主子弟有条件参加政治和经济活动以跻身政界和经营贸易，则竭力培养其成为身强力壮、品德优良、多才善辩而且有文化修养的和谐发展的人，即公民。

第三，教育机构不同。斯巴达为训练战士，由国家为 7～18 岁的男子设立兵营式的教练所，为 18 岁以上的男子设立青年“士官团”（即“埃弗比”），借军事编制行尚武教育。雅典则由私人设置多种类型的学校，如体操学校、音乐学校、文法学校、修辞学校，以及哲学家的学园等，这些学校程度不齐，流派甚众，任人选择就学，政府不求整齐划一。

第四，教育内容不同。斯巴达的教练所和士官团以军事训练和体育锻炼为主。雅典教育则在体育习武之外，注重文化知识的传授，具有高等教育性质的修辞学校和哲学家的学园则提倡水平较高的理论科目的讲授和争辩。

第五，教育方法不同。斯巴达教育强调服从师训，刻苦训练。雅典教育则对启发诱导比较重视。

第六，师资队伍不同。斯巴达的教育机构皆由斯巴达奴隶主阶级的成员负责教育工作，同时由执政官予以训诫。雅典的教育机构中，除本国的统治阶级成员任教外，来自国外的智者充任教师者为数众多，并由这些人首创了“前三艺”即文法、修辞、逻辑学课程。招揽人才不限国籍。

四、古希腊后期教育的变化

古希腊在公元前338年被马其顿征服后便失去了独立性，成为马其顿帝国的一个组成部分。古希腊人虽然在政治上一败涂地，但在文化上却大放异彩。这个时期是古希腊文化融合外来文化，尤其是东方文化，并迅速向外传播发展的时期，史称这一时期为希腊化时期。古希腊后期政治上的巨大变化，对其文化教育也产生了深刻的影响。在教育实践方面，这一时期的教育目标、教育内容、教育机构及教育对象与前期相比，都产生了明显的变化，主要表现为以下几点。

其一，军人为核心的教育目标已不合乎时代的需求，取而代之的是，教育目标注重个体的利益，适应现存世界的个人主义相对地占了上风。教育注重个体的生存与发展，通过教育使人身心协调，人格得到完善。

其二，体育已从学校中分离出来，成为专门的职业；音乐教育已不符合时代的要求而逐渐衰落。人文学科在学校中逐渐取代了体育和音乐教育的位置，并占据了主导地位，体育和音乐教育走向社会，向职业化和专业化方向发展。中等学校逐渐变成了“文法学校”，教学内容以文法、修辞、辩证法及古典文学作品为主。科学从学校中走了出来，成了专家、学者们探讨的领域。

其三，作为过去的高等教育机构的“埃弗比”成了上层社会年轻人学习“文雅知识”的学院，而不是一个人人必须进入的爱国主义教育的场所。除了传统教育机构职能的转化外，古典时期创立的私立学校在希腊化时期大多成为公立学校。学校组织比原来完善，有专人管理。

其四，古典时期的教育是为奴隶主阶级服务的，奴隶甚至平民子弟都被排除在外。而希腊化时期，教育对象扩大到社会上的每一个人。无论贫富、贵贱、性别都可以接受教育，而且受教育的内容也没有大的差异。这不仅开阔了古希腊文明的视野，而且也使古希腊文明走向世界其他地区，对后来的古罗马教育以至近代的欧美教育也产生了深远的历史影响。

恩格斯在《反杜林论》里指出：“只有奴隶制才使农业和工业之间的更大规模的分工成为可能，从而使古代世界的繁荣，使希腊文化成为可能。没有奴隶制，就没有希腊国家，就没有希腊的艺术与科学。”①

---

① 中共中央马克思恩格斯列宁斯大林著作编译局.马克思恩格斯选集(第3卷)[M].北京：人民出版社，2012：560－561.

五、苏格拉底的教育思想

古希腊的教育实践需要有与之相适应的教育理论。而这时的教育理论都是一些哲学家在论述自己的哲学思想时提到的，还未从哲学理论体系中完全分化出来，没有形成独立的科学体系。其中有代表性的是苏格拉底、柏拉图、亚里士多德、德谟克利特等一批哲学家、思想家、教育家的教育思想，给人类留下了宝贵的教育遗产。

苏格拉底（前 469—前 399）是古希腊唯心主义哲学家。他认为教育的任务在于要求深刻地思考和达到道德完善，最早强调知识和行为有联系，提出“美德即知识”的论断，主张知识的对象是“善”，有知识的人才具有美德，才能治国。他首先提出和使用了以师生共同谈话、共同探讨问题来获得知识为特征的问答式教学法，即所谓的苏格拉底法（又称“产婆术”）。这是一种通过问答揭露对方的矛盾，使学生逐步达到所谓普遍性的认识的教学方法。它重视思考和辩论，有助于学生多方面地思考问题，判断和寻找正确的答案；它以学生为主体，提问从实际出发，调动了学生思考的主动性和积极性，成为西方启发式教学的开端。但这一方法仅限于一般常识概念的形成与区别，且引导问题难以控制，探讨问题很难深化，带有明显的局限性。

六、柏拉图的教育思想

柏拉图（前 427—前 347）是古希腊著名的哲学家、数学家和教育家，青年时期曾跟随苏格拉底学习，中年以后在雅典创办了一所名为阿卡德米的学园，并在那里讲学达 40 年之久。他的教育思想主要体现在其代表作《理想国》和《法律篇》中。

在唯心主义哲学观、认识论、人性论和社会政治观的基础上，柏拉图建立了自己的教育理论体系。第一，他论述了教育的政治意义，主张国家控制教育。柏拉图认为，教育的作用是很大的：一方面，教育是改造人性的手段，适当的教育可使人“成为有理性的人”；另一方面，教育是建立和巩固“理想国”的工具。柏拉图吸取了雅典和谐发展的教育理想，吸取了斯巴达的国家办学制度和军事教育、女子教育方面的经验。他指出，教育应当由国家负责办理，由国家进行严格的控制，教育的内容应根据国家的利益来规定。

第二，柏拉图论述了学前公共教育，主张对人进行良好的早期教育。在西方教育史上，柏拉图是第一个提出学前公共教育思想的教育家。他不但重视教育，而且提倡早期教育，认为教育开始得越早越好，他甚至提出胎教的问题。他要求将 3～6 岁的儿童送到公立学前教育机关儿童游戏场，由国家指派的保姆进行教育。儿童在游戏场学习唱歌、游戏和听讲故事。故事的内容要精心挑选，因为故事内容是“道德影响的最好的一课”①。他认为游戏对儿童的性格很有影响，特别是儿童能从游戏中发展出智慧、勇敢、节制和正义等美德。

第三，柏拉图论述了普通教育，主张体、智、德、美和谐发展。按照他的观点，男孩和女孩从7岁到十七八岁，应分别接受普通教育，其主要内容是体、智、德、美方面的知识，主要形式是音乐教育和体育。柏拉图非常重视音乐教育和体育，他说：“为身体的健康而实施体育；为灵魂的美善而实施音乐教育。”②他认为音乐教育和体育二者是相互促进的，音乐教育中应包含着智育与美育；体育不仅包括体操，而且还包括舞蹈、角力与军事锻炼。他强调音乐教育和体育对形成儿童德行的影响，认为男女儿童应接受大体相同的教育，对女孩也应给予必要的军事训练，好让她们长大后具有保卫城邦的能力。他提出普通教育学校不应是私立的，而应该由国家举办，应由国家选聘教师，并由国家支付教师薪金。

第四，柏拉图论述了高等教育，主张培养通晓理念世界的哲学家。按照他的观点，从20岁到30岁，那些对思维表现出特殊兴趣的学生就要继续深造，学习由他本人制定的算术、几何、天文学和音乐理论等学科（又称“后四艺”），以锻炼学生的思考能力，使他们开始探索宇宙的奥秘。他主张未来的统治者在30岁以后，要进一步学习辩证法，以洞察理念世界，经过5年后，他们就可以成为统治国家的哲学家了。柏拉图极度鄙视体力劳动，认为体力劳动只能发展丑恶性格，阻碍人们洞察理念世界。他甚至要求未来的统治者和军人不要模仿奴隶，不要对农业、手工业发生兴趣。

柏拉图的教育思想体系是以唯心主义为基础、为奴隶主贵族政治服务的，但其中仍有一些发人深思的积极因素，对后世教育学的发展有很大影响。

七、亚里士多德的教育思想

亚里士多德（前384—前322）是古希腊哲学与自然科学的集大成者。他认为，教育的终极目的是发展人的理性，理性可以指导人的活动，使人具有德行，培养人的德行具有重大的政治意义。亚里士多德指出：“国之公民，均宜受有一番陶冶道齐之功，使之适合于其所在地之政体。”③他赞成雅典健美体格、和谐发展的教育，主张把天然素

① ［古希腊］柏拉图.柏拉图论教育［M］.郑晓沧，译.北京：人民教育出版社，1958：3.
② 罗炳之.外国教育史（上册）［M］.南京：江苏教育出版社，1962：38.
③ Aristotle.政治论［M］.Benjamin Jowett，英译.吴颂皋，吴旭初，重译.上海：商务印书馆，1934：429.

质、养成习惯、发展理性看作道德教育的三个源泉。他反对女子教育，主张“文雅教育”，使教育服务于闲暇。

亚里士多德师承柏拉图，主张教育是国家的职能，学校应由国家管理。他首先提出把儿童身心发展划分为四个阶段（即0～5岁、5～7岁、7～14岁、14～21岁）的思想，并根据心理学的考察，依次安排身体、道德品质、科学知识的教育。他主张体育、德育、智育三者紧密联系，体育在智育之先。

苏格拉底、柏拉图和亚里士多德三人有直接的师承关系，他们的哲学、政治与教育思想虽然也有差异，但从总体来说是一脉相承的。一般认为，在外国教育史上，柏拉图是第一个提出系统教育理论的人。

自测习题

一、名词解释

1.智者派　　2.精神助产术　　3.《理想国》

二、填空题

1.柏拉图撰写了与雅典的（　　）相对立的社会政治著作（　　）。

2.“产婆术”是古希腊（　　）创造的一种以（　　）为特征的方法。

3.斯巴达教育的唯一目的，就是要通过（　　）把奴隶主贵族的子弟训练成为（　　）。

4.在古雅典，（　　）学校教给儿童文学及简单知识，教儿童弹唱；（　　）学校教儿童体育和军事训练。

三、选择题

1.古希腊的阿卡德米学园是（　　）创办的。

A.苏格拉底　　B.柏拉图　　C.亚里士多德　　D.昆体良

2.智者派提出了古希腊课程中的（　　）。

A.“前三艺”　　B.“后四艺”　　C.《荷马史诗》　　D.《伊索寓言》

3.斯巴达教育要把奴隶主贵族子弟训练成为（　　）。

A.公民　　B.绅士　　C.武士　　D.骑士

4.柏拉图认为教育最终的培养目标是（　　）。

A.武士　　B.士农工商　　C.哲学家　　D.公民

四、判断题

1.斯巴达教育的唯一目的，就是要通过严酷的军事体育把奴隶主贵族的子弟训练成为体格强壮的武士。（　　）

2."产婆术"是柏拉图创造的一种要求学生和教师共同讨论,互相激发,共同寻求正确答案的方法。(　　)

3.亚里士多德最早提出了教育年龄分期的思想。(　　)

4.在西方教育史上,"文雅教育"是由柏拉图最先提出的。(　　)

五、简答题

1.斯巴达教育体系的特点是什么?

2.雅典教育繁荣的原因是什么?

3.苏格拉底"产婆术"的特点是什么?

4.柏拉图设计的学校教育制度有何特色?

5.亚里士多德是怎样对儿童的教育年龄进行分期的?

六、论述题

1.试分析柏拉图培养"哲学王"的教育思想体系。

2.简述亚里士多德教育思想的理论要点。

3.试分析斯巴达教育与雅典教育的异同。

4.试分析雅典教育繁荣的历史原因及其启示。

第三章　古罗马的教育

本章学习目标

古罗马是古希腊之后又一个典型的奴隶制国家，古罗马的教育是对古希腊教育的继承和发展，并深刻影响着后世欧美国家的教育。学习本章应在了解古罗马历史线索和古罗马教育基本情况的基础上，掌握古罗马的教育实践、教育制度以及教育思想；重点掌握共和早期、帝国时期古罗马教育的基本情况和特点；着重了解昆体良的教育思想，特别是他关于幼儿教育和教师的论述，以及他和西塞罗关于雄辩术教育理论观点的异同。

一、古罗马各历史时期的教育情况与特点

古罗马原是意大利半岛上的一个奴隶制小城邦，从公元前 6 世纪开始，经过几百年的征战扩张，成为横跨欧、亚、非三洲的大帝国。至 395 年，古罗马帝国分为东、西两部分。476 年，西罗马帝国灭亡，从此西欧奴隶制终结，开始进入封建社会。古罗马在物质生产和文化方面，在学校制度的创立以及拉丁文的发明方面都曾取得许多成就，对后世的文化、教育有较大影响。古罗马一般可分为王政、共和、帝国三个时期，其教育在每个时期都有不同的特征。

公元前 6 世纪初至公元前 3 世纪以前，即共和早期，古罗马的经济以农业为主。公民除务农以外，还需参战。这时的教育基本是以培养农夫、军人为目标的家庭教育。每一个普通公民都既做农民，又当兵士。当时的罗马尚未出现学校，家庭既是经济单位，也是教育单位，因此，有关生活、生产的知识、技能和道德教育均在家庭中进行。此外，公民还要记诵《十二铜表法》①。

① 《十二铜表法》是公元前 450 年罗马制定的主要以保护奴隶主私有制为目的的法律。法律的条文被刻在十二块铜板上，因此被称为《十二铜表法》。

公元前3世纪以后，古罗马开始大肆向外扩张。古罗马社会发生了巨大变化，奴隶制获得了极大的发展，经济空前繁荣。古罗马共和国内奴隶与奴隶主、平民与贵族之间的各种矛盾和斗争促使古罗马进入共和后期，这一时期的教育与早期的教育最明显的不同便是学校制度的建立。公元前146年，古罗马兼并古希腊城，古希腊大批教师为了生计来到古罗马办学，从此，古罗马的文化、科学、教育受到了古希腊文化的影响。古希腊文化以思辨哲学为核心，推崇文雅教育；古罗马文化则强调实效，注重培养具有实际才干的政治家和管理者。古罗马人在吸收古希腊文化的同时大力发展本国文化教育，两种文化的融合使古罗马逐步形成了以培养演说家、政治家为目标的私立学校模式的教育系统，也逐渐形成了影响深远的古希腊罗马文化。这一时期的初等教育普遍以7～12岁的平民子女为教育对象，贵族家庭不屑将子女送入小学，而是专门雇佣家庭教师来家中授学。教学方法主要是教师讲，学生背，体罚盛行。教学内容主要包括读、写、算、道德格言和《十二铜表法》。中等教育以12～16岁的贵族及富人儿童为教育对象，以古希腊文法学校和拉丁文法学校为主要学校类型。古希腊文法学校主要教授希腊语和希腊文学，包括《荷马史诗》①和一些古希腊作家的作品。拉丁文法学校则主要教授拉丁语和西塞罗等人的著作，教学方法依旧是简单地讲解、背诵、听写。高等教育以16～20岁准备担任公职的贵族青年为教育对象，学校则是专门的修辞学校，教育目的是培养精于文学、能言善辩的雄辩家和演说家。修辞学校主要讲授的科目有修辞学、哲学、法律学、希腊语、数学、天文学和音乐等。

公元前1世纪末叶，古罗马进入帝国时期。为了统治广大的领土和被征服的民族及部落，帝国需要大批效忠君主的官吏和忠诚的臣民，因此帝国十分重视教育，直接控制学校，并逐步建立起国家教育行政制度。这时的教育目的也发生了改变，从培养能说会道的演说家变成了培养忠诚的官吏和忠实的顺民；对学校的监管也变成了国家监督，将部分私立学校改为国立学校，将教师的私人选聘制改为国家直接委任制。帝国时期的学校仍沿袭共和时期的旧体制，但教育的内容和性质有了变化。初等教育仍以平民子女为主要对象，教学内容是一些文学作品。中等教育发生了重要变化，文法学校的拉丁文学习逐渐代替了希腊文学习；到西罗马帝国时期，教学内容则被拉丁文学习垄断。公元3世纪，文法学校开始把教学重点集中在文法和文学方面，日益趋向形式，忽略内容本身，自然科学、数学、历史、地理等实用学科在教学中的地位被削弱，教学与生活脱离，整个教育工作逐渐流于形式主义。高等教育中的文法学校和修辞学校从培养演说家的学校变成了培养忠诚于国家的官吏的学校，虽然文法修辞依旧是主流

① 《荷马史诗》是由古希腊盲诗人荷马创作的两部长篇史诗——《伊利亚特》和《奥德赛》的统称，是他根据民间流传的短歌综合编写而成的。

学科，但师生致力于咬文嚼字，最终也走向了形式主义。到了帝国后期，古罗马奴隶制经济凋敝，政治腐败，精神和道德堕落，学校更是徒具形式，帝国教育也随之衰落，世俗学校消亡，基督教教会学校兴起并成为后来中世纪主要的学校教育组织形式。

二、西塞罗的教育思想

西塞罗(前106—前43)是古罗马共和后期最杰出的演说家和教育家，古罗马文学的天才作家。他最开始从事律师工作，直到公元前63年当选为执政官。《论雄辩家》是西塞罗的主要著作，在这部著作中，西塞罗主要探讨了一个演说家或雄辩家所必须具备的学问和品格，以及如何培养一名优秀的演说家。

(一)论雄辩家必须具备的条件

西塞罗认为，要想成为一名能言善辩、精于文法修辞的雄辩家，必须具备下列条件，这些条件也是培养雄辩家的教育内容。首先，应该要有广博的学识。西塞罗曾说："雄辩术是一门集众多科学和学问于一体的学问，其内容远比人们想象的要广泛得多。"[①]广博的学识不仅包括文法、修辞、算术、几何、天文、音乐等，还应该包括政治、法律、军事和哲学。雄辩家可以在各个领域发表自己的看法和见解，他应该也必须了解有关自然和社会的各种知识，厘清人世间的各种人情世故，否则很难说服听众，所以雄辩家必须具有丰富的阅历和经验。其次，雄辩家要在修辞学方面具有特殊的修养。西塞罗认为，演讲的高明之处在于打动人心，打动人心的关键是要懂得遣词造句。他认为，雄辩家的语言必须要做到：表达准确、通俗易懂、优美生动。最后，雄辩家还要有优雅的举止和风度。雄辩家演说的过程是他的身体、手势、眼神以及声音各方面协调合作的过程，它们对于演说本身的作用巨大，并且缺一不可，倘若眼神没有到位、手势没有跟上或者音调没有在特定环节提高，都是一场失败的演讲。

(二)论培养雄辩家的方法

西塞罗认为，练习是培养雄辩家最不可或缺的一种方法。练习的方式有很多种，用得最多、见效最快的练习法就是模拟演说。模拟演说要以固定的模式、得体而恰当的姿势进行，并且还需脱稿演讲，要有合理的顿字顿句，既能表明思想，又能带动观众。此外，练习写作也是非常重要的，写作不仅可以锻炼人的思维和表达能力，还能提升人的文学修养。[②]

① 吴式颖，李明德.外国教育史教程(第三版)[M].北京：人民教育出版社，2015：69.

② 吴式颖，李明德.外国教育史教程(第三版)[M].北京：人民教育出版社，2015：70.

西塞罗关于培养雄辩家的教育思想，以及他在拉丁文学方面所做出的成就和贡献，一度成为古罗马共和后期拉丁文法学校的主要教育内容，并且对后来欧洲的教育也产生过较大影响。

三、昆体良的教育思想

昆体良(约35—95)是古罗马杰出的教育家、演说家。他在修辞学校从事教学工作二十余年，著有《雄辩术原理》(或译《论演说家的教育》)一书，共十二卷。这部著作反映了古罗马帝国初期的教育实践，也总结了昆体良长期从事修辞学校教学的经验，它既是一部关于修辞学的教程，也是西方古代第一部系统的教学法论著。

(一)论雄辩家的培养

结合当时学校教育的实际情况，昆体良提出培养雄辩家应该经过小学、文法学校和修辞学校三个阶段。每个阶段的教育内容设置都围绕如何培养雄辩家这一主旨，小学也就是初级学校主要进行读、写、算等启蒙教育；文法学校主要学习文法、阅读、音乐、几何等；修辞学校的学习时期是培养雄辩家最关键的阶段，修辞学校要教授各方面的知识和技能，但主流学科仍未超过“三艺”。要想成为一个“尽善尽美的雄辩家”，除了学习必要的学科知识外，还要进行一定的实践操作，选择最精于雄辩的雄辩家以便在辩论中模仿也是非常有必要的。

(二)论教育目的和教育作用

昆体良和西塞罗一样，把培养演说家作为教育的目的，他的教育理论和实践都以培养雄辩家为宗旨。他指出，一个聪明的罗马人必须是一个“善于演讲的善人”。在他看来，演说家必须阅读各种各样的书籍而成为知识广博的人，应该掌握丰富的词汇并且具备遣词造句的能力，应该了解人情并且具有使人感动的力量，动作优雅而郑重，具有丰富的历史及法律知识，口齿伶俐，尤其要道德高尚，使人听其言而观其行。昆体良以很大的信心肯定了儿童发展的可能性，他认为，儿童一般都生而具有智力活动与理解能力，思维迟钝和低能只是一种反常现象，是罕见的。与此同时，他确认这种由自然所赋予的可以接受教育的能力必须通过教育来发展。这样，他就强调了教育在人的发展中的重大作用，他确信一般的人都可以通过教育被培养成优秀的人。

(三)论幼儿教育和学校教育

昆体良非常注重儿童的语言发展。他认为，人的教育应当从摇篮期开始，在婴儿期就要注意语言的纯洁性，与其相处的人都应有正确的发音；同时还要重视音乐学习，它可以培养正确的发音、语言技巧和改进谈吐风格。昆体良强调，教育应该要遵循儿童的身心发展特点，不能教授年幼的儿童不能接受的知识，教育内容要与儿童的认知相符合。昆体良还强调，要重视儿童的天性，教育与儿童的才能相匹配才能更好地发挥作用。昆体良重视榜样的教育作用，他希望家长和家庭教师最好是知识渊博、品行端正的人。长辈的愚昧无知，完全有可能使儿童也愚昧无知。他还论证了学校教育的优越性，认为学习的最好场所是学校。学校的优点在于它不让儿童们互相孤立隔绝，不让他们发展自命不凡的心理。在学校里教给一个儿童的东西，其他儿童也能学到，而且大家在一起学习，可以相互激励，发展他们之间的友谊。他还强调了游戏在幼儿发展中的地位，要求发展儿童的兴趣，注意因材施教。昆体良坚决反对对儿童进行体罚，他认为对某些缺乏自信的孩子不应该进行体罚，而应该多加赞扬。

（四）论课程内容和设置形式

昆体良为文法学校（中学）规定了以文法为基础的一系列课程，有文法、作文、论文写作、音乐、数学、体育与声调训练，这些课程均服务于雄辩家的培养。他深信文法是一切学校教育的基础，他的这一主张对欧洲的中学教育有深刻的影响。昆体良提出并论证了中学课程论中的一个重要问题——是单科独进还是各科齐头并进？他赞成以各科并进代替单科独进，认为学生整天只听一门学科的一个教师讲课会被搞得头昏脑胀，效果不好，而变换课业，对学生的精神是一种调剂，可以减轻疲劳，重振精神，因而他认为书写与阅读的学习应交替进行。他还提出，对学生进行教学必须根据理论的顺序，还要注意学生的模仿和练习。特别重要的是，教师要重视学生知识基础的巩固。他还最早提出了分班教学的初步设想，他认为可以将儿童分成不同的班级，依照他们每个人的能力，指定他们依次发言。昆体良的这些见解，可以说是班级授课制思想的萌芽。

（五）论对教师的要求

昆体良认识到教学质量的关键在于教师的质量，因此他对教师提出了很高的要求。他认为："每个教师都要把自己的学生看作亚历山大，他的幼年的老师是亚里士多德！"他要求教师做到：第一，处处给自己的学生做榜样、做示范，要热爱学生，应以父母般的感情对待学生；第二，教学时态度要诚恳，工作时要忍耐，对学生要多勉励、少斥责，十分用心而不苛求；第三，对学生的奖励，要运用恰当，既不能"吝惜褒奖"，也不能"滥用褒奖"，尤其对需要矫正的学生不要操之过急；第四，应注意儿童之间的能力、资质、心理等方面的差异，因材施教，善于回答学生的问题，尤其要耐心解答沉默寡言的学生提出的问题；第五，要把道德的培养置于教育工作的优先地位，如果不培养高尚的道德，教师给学生传授知识和培养能力的努力就“不是给战士提供武器”；第六，各级学校的教师在学问上要有较深的造诣。昆体良的这些见解是很有价值的。

四、奥古斯丁的教育思想

奥古斯丁(354—430)是古罗马帝国后期著名的神学家和哲学家。他的母亲是一位虔诚的基督教徒，深受母亲的影响，他将哲学与宗教相结合，创立了基督教哲学体系。《忏悔录》是奥古斯丁的经典著作，在这部著作中，他结合自身的经历提出了对教育的一些见解。他的教育哲学是中世纪基督教教育的理论基础，也是除了《圣经》之外基督教教育的主要内容。

(一)论人生观

他提出“原罪论”[①]，认为所有人都是带着原罪来到人世的，每个人都要受到上帝的惩罚；他提出“预定论”[②]，认为人的祸福得失皆由上帝预先安排；他还根据“原罪论”提出了“禁欲主义”[③]思想，认为要想灵魂得到拯救，仅靠信仰是不够的，必须摆脱现实世界的欲望，致力于内心修炼，做到清心寡欲。这些极端的理论成了日后基督教的重要教义，影响了后来西方中世纪的教会教育。

(二)论教育目的和内容

奥古斯丁在《忏悔录》中阐述了其教育观点，他提出“信仰高于理性”，上帝是永恒不变的存在，上帝是万事万物的创造者，上帝即真理。[④] 教育的目的在于使学生发现心中已有的真理，而不是发展智力和理性，也不是培养国家公民，而是培养上帝的信仰者和基督教徒。[⑤] 他认为，教育内容如果不能为宗教服务就是有害的，宗教高于一切。除了文法、修辞、辩论、几何、音乐、数学、天文等其中他认为“正确的观点”外，《圣经》也是极其重要的教育内容。当然，在他的教育观点中也保留了早期基督教的平等思想，他主张待人友善，强调教授语言应激发儿童的兴趣和好奇心，反对强行灌输和体罚。

---

① 原罪论，即人生来就有罪，人应该在后天进行赎罪。

② 预定论认为，神的旨意是绝对的，也是无条件的，一切有限的受造物联合起来也不能影响神的旨意，这旨意完全是神在永恒里安排的。但神不剥夺被造者的自由意志，也不是罪恶之源。神预定任何事情不是靠预知，而是因着他的旨意。预定论在 4 世纪已经被奥古斯丁传讲，但它作为系统的理论在基督教传讲是源于约翰·加尔文。

③ 禁欲主义(asceticism)是要求人们严酷节制肉体欲望的一种道德理论。它认为，人的肉体欲望是低贱的、自私的、有害的，是罪恶之源，因而强调节制肉体欲望和享乐，甚至要求弃绝一切欲望，如此才能实现道德的自我完善。

④ 吴式颖，李明德.外国教育史教程(第三版)[M].北京：人民教育出版社，2015：74.

⑤ 滕大春.外国教育通史(第一卷)[M].济南：山东教育出版社，1989：386.

自测习题

一、名词解释

1.《雄辩术原理》　2.文法学校　3.修辞学校　4.《荷马史诗》

二、填空题

1.古罗马教育家昆体良的教育代表作是(　　)。

2.《雄辩术原理》是一部(　　)教程，也是一部(　　)著作。

3.在西欧封建社会长达一千多年之久的历史时期，西欧的(　　)学校已不复存在，(　　)学校成了主要的学校教育组织形式。

三、选择题

1.培养演说家与政治家，主要发生在古罗马的(　　)。

A.王政时期　B.共和早期　C.共和中晚期　D.帝国时期

2.古罗马帝国时期，主要培养(　　)。

A.农夫和军人　B.官吏和顺民　C.演说家与政治家　D.哲学家和武士

3.《雄辩术原理》是古罗马教育家(　　)所撰写的。

A.西塞罗　B.塞涅卡　C.奥古斯丁　D.昆体良

4.古罗马修辞学校最重要的课程是(　　)。

A.体操　B.音乐　C.逻辑学　D.雄辩术

5.古罗马共和时期的办学形式主要以(　　)为主。

A.家庭教育　B.私立学校　C.官方办学　D.书院

6.首次提出班级授课制思想的教育家是(　　)。

A.昆体良　B.西塞罗　C.柏拉图　D 奥古斯丁

四、判断题

1.古罗马学校的教师大部分都是从古希腊奴隶中选拔的。(　　)

2.修辞学校以培养演说家、雄辩家为主要目的。(　　)

3.古罗马帝国时期教育的培养目标是演说家和政治家。(　　)

4.《雄辩术原理》是一部关于雄辩术的教程，也是一部教育著作。(　　)

5.昆体良最早提出了分班教学的初步设想。(　　)

五、简答题

1.古罗马帝国时期教育上发生了哪些变化？

2.西塞罗的教育思想有什么特点？

3.昆体良培养雄辩家的目标的具体内容是什么？

4.关于教师,昆体良有何论述?

5.谈谈你对奥古斯丁教育哲学体系的理解。

六、论述题

1.简述古罗马教育在不同时期的内容、培养目标及形式。

2.昆体良的教育思想包括哪些主要内容?

3.试析古罗马教育继承古希腊教育传统的原因及古罗马人在教育上的创造。

4.试析西塞罗和昆体良关于雄辩术教育思想的异同。

第四章　中世纪的教育

本章学习目标

中世纪的教育是欧洲封建社会的教育，文艺复兴时期的教育则是由封建社会向资本主义社会过渡时期的教育。学习本章应在了解中世纪和文艺复兴时期经济、政治和思想意识特点的基础上，重点掌握中世纪教育的类型、中世纪大学和城市学校产生的意义、文艺复兴时期人文主义教育的一般特点；系统了解人文主义教育家维多里诺、伊拉斯谟、拉伯雷、蒙田和莫尔的教育思想；着重理解和评价夸美纽斯的教育思想体系和历史贡献。

一、中世纪教育的基本特征

欧洲自476年西罗马帝国灭亡，开始进入封建时代。西方历史学家把从古罗马衰落到文艺复兴的一千年间称为中世纪。中世纪的特征首先表现为文化教育的衰落。西欧四大封建帝国（英国、法国、德国、意大利）兴起后，其统治者一度对古希腊罗马的文化教育采取一概否定的态度和做法，而后由经院教育家把文化教育复活起来。封建统治阶级有僧侣封建主和世俗封建主两个阶层，为他们服务的教育分别是教会教育和骑士教育。这两种教育不仅具有明显的阶级性和等级性，而且具有浓厚的宗教性。中世纪的欧洲，宗教成了封建制度的精神支柱，文化和教育全部为教会所垄断。在这期间，由教会主办管理的学校有初等教区学校、唱歌学校、经院学校和大主教学校，教学内容以“自由七艺”为主，但贯穿着神学精神，教育目的是培养对上帝虔诚、忠于教权的教士。骑士们则在宫廷和贵族家里接受军事战术的“骑士七技”（骑马、游泳、投枪、击剑、打猎、弈棋、吟诗）的训练和礼法教育；骑士教育将“基督教的精神和日耳曼的野蛮性”结合为一体，以使受教育者成为能够维护封建主利益的强悍军人。教堂的钟声和骑士的马蹄声谱成了中世纪教育的主旋律。

中世纪可以说是西欧社会及文化教育发展的一个曲折的低潮时期，特别是早期，在蛮族的统治及基督教(天主教)的淫威压制下，尤其是在禁欲主义的压制下，人性被束缚，创造力被扼杀，教育亦处于衰败境地(拜占庭及阿拉伯的教育则另当别论)。但在中世纪后期，随着资本主义生产关系的产生，教育开始打破教会的束缚，产生了城市学校及大学等新的学校教育形式。

二、城市学校和中世纪大学

到了12、13世纪，欧洲新兴城市的商人和手工业者的基尔特(行会)为适应手工业和商业的发展，在城市创办了行会学校、商人子弟学校。这类学校注重本族语和计算的教学，着重学习生产和业务知识，为本行业培养人才。后来这类学校合并为城市学校。城市学校包含不同种类、不同规模的学校，有行会学校(初等教育性质)和各种专门专科学校(中等教育性质)。具有初等教育性质的城市学校是近代小学的前身之一，其教育内容除了宗教教育外，还注重读、写、算训练，教学用本民族语言进行。具有中等教育性质的城市学校后来成为中世纪大学的基础之一。

随着生产力的发展和封建制度在欧洲大陆的确立，城市兴起，市民阶层崛起了。这时的东西方贸易和十字军战役的进行，世俗政权与教皇之间的斗争，经院哲学内部蕴含着的怀疑信仰而崇尚理性的新思潮，所有这些因素促成了中世纪大学的产生。经院哲学是西欧中世纪占统治地位的基督教哲学，其目的在于用抽象推理的方法论证基督教的教条，使之理论化、系统化；其特点是崇尚空谈，脱离实际，烦琐无聊。经院哲学对这一时期的教育特别是大学教育影响颇大，尤其是教学内容与学风方面。

意大利是欧洲中世纪经济较为发达的地区，最早的中世纪大学首先在意大利的萨莱诺和波隆那孕育形成。中世纪大学分为文学、法学、医学和神学四个学院，以“学位”认可学生的学历成绩。大学最初形成时就具有自治特点，由教师或学生组成行会，管理学校内部的事务，分为“学生”大学和“先生”大学。大学还享有较多的特权，诸如自由讲学、游学的权利；审理裁判权；赋税、关税、兵役的豁免权；罢教和迁移权。恩格斯在《自然辩证法》中指出：中世纪“因为有了大学，普通教育即使还很差，却普及得多了”。

城市学校和大学的陆续出现，反映了萌芽时期的资本主义生产的需要，对欧洲文化的普及起了推动作用；促进了新兴市民阶层对知识教育的重视，推动了国内外文化教育的交流；打破了教会对学校的垄断，体现了新兴资产阶级同封建统治者的斗争，推动了世俗文化和自然科学的进步，促进了城市的发展，并为文艺复兴运动准备了条件。现代欧洲的大学即起源于中世纪大学。

三、拜占庭和古代阿拉伯的教育

中世纪拜占庭与阿拉伯教育保存和传播了古代文化。当中世纪欧洲处于封建主野蛮蹂躏和宗教迷信的黑暗时代时，古代文化在拜占庭和阿拉伯帝国却闪耀着光明。首先是沟通了东西方文化。东罗马人和阿拉伯人不仅保存了古希腊、古罗马文化，还吸收了东方文明古国如中国、印度的文化，在一定程度上发展了科学，并给欧洲教育以积极影响。其次是对世界文化教育做出了独特的贡献，诸如在数学、天文学、化学、文学方面的成就。整个欧洲是通过"阿拉伯的亚里士多德"了解到古希腊文化的。

拜占庭帝国的教育具有如下特点：第一，古希腊、古罗马文化得以保存，教育比较普及。当欧洲古代文化在西罗马帝国遭到毁灭之际，拜占庭的僧侣、贵族仍在读着荷马的诗篇、普鲁塔克的传记，研究着柏拉图和亚里士多德的哲学及其他古典文学、政治、历史、法律著作。在拜占庭的一些世俗贵族和高级僧侣中，也出现了一些有学问的人。第二，世俗大学长期存在，帝国高等学校兴旺发达。在中世纪上半期，拜占庭帝国的高等教育兴旺发达起来。9 世纪至 10 世纪，欧洲各国的一些青年都到拜占庭高等学校学习。他们除学习"七艺"——文法、修辞学、辩证法、算术、几何、音乐、天文学外，还学习古罗马的法律和历史。第三，开办了僧院学校，建立了相应的图书馆。拜占庭教会还为培训僧职人员开办了僧院学校，并组织了抄书工作。后来，在僧院学校中逐渐建立起规模宏大的图书馆，当时曾流传这样一句话："僧院没有图书馆，好比城堡没有弹药库。"足见对图书馆的重视。

中世纪阿拉伯教育的主要特点有如下几个方面：一是建立了伊斯兰初等学校和高等学校。在初等学校里用阿拉伯文教授阅读，让学生背诵《古兰经》；在高等学校里则讲授哲学、数学、天文学、医学和伊斯兰教神学。当时许多西欧学生都聚集到阿拉伯大学，接受高等教育。二是《古兰经》与科学知识并重。在课程方面，古代阿拉伯学校以《古兰经》为王冠，但在西欧《圣经》权威压倒了科学成就之际，《古兰经》并未剥夺科学在学校课程中的重要地位。三是出现了一批著名的教育家。教师以穆斯林为主体，但也允许犹太教徒和基督教徒充任教师，出现了一批著名的教育家，如安萨里（其地位仅次于中古时代的奥古斯丁和托马斯 · 阿奎那），其教育著作有《学问初步》和《我的儿童》等。四是私人捐资兴学的传统根深蒂固。许多学校，都是由教徒私人捐资兴建的。五是教育理论贫弱，但尊师重教。穆罕默德的言论即其教育主导思想，而这些教育言论有其积极意义。如鼓励求学，说求学是穆斯林的天职，学习应是一个人终身的事情，从摇篮到墓穴都应学习；尊重知识，尊重学者。"学者的品级，居于第三；学者以上，惟有上帝与天使。"[①]故历代宗教领袖都是大学问家。

---

① 托太哈.回教教育史[M].马坚，译.上海：商务印书馆，1946：125.

四、文艺复兴与宗教改革时期的教育

资本主义经济在封建社会末期就已经孕育产生了。14 世纪至 16 世纪，手工业和商业的发展，促使了资本主义的萌发。当时，腐朽的封建势力和宗教统治已成了生产力发展的严重阻碍，新兴的资产阶级为发展资本主义经济，同封建统治者进行了激烈的斗争。这一斗争在文化教育上的反映，就是欧洲伟大的文艺复兴运动。资产阶级的人文主义新文化向腐朽的封建文化宣战，要求解放人的个性，恢复人的价值，发展人的能力，反对宗教对人的发展的禁锢。恩格斯指出："这是人类以往从来没有经历过的最伟大的、进步的变革，是一个需要巨人并且产生了巨人的时代，那是一些在思维能力、激情和性格方面，在多才多艺和学识渊博方面的巨人。……那时，几乎没有一个著名人物不曾作过长途的旅行，不会说四五种语言，不在好几个专业上放射出光芒。"①

继文艺复兴运动之后，欧洲资产阶级又以宗教改革的形式向封建统治发动了进攻。新教反对旧教的斗争有较广泛的群众基础。这一斗争动摇了罗马天主教廷对欧洲教会的统治，使教会从属于国家，促进了资产阶级民族国家的成长与独立，并对欧洲教育的发展产生了深远的影响。

文艺复兴以及宗教改革时期的教育理论与实践，在外国教育史上树立了第一块丰碑。其基本特征是：重视教育对培养人的作用；扩大了教育对象，创建了新形式的学校；教育内容广泛发展，学科范围迅速扩大；创造与运用了新的教学形式与方法，提出了普及教育、教劳结合等新的教育思想与理想。这一系列改革在当时有极大的反封建的进步性，成为资产阶级革命舆论准备的重要方面，为资本主义的形成和发展开辟了道路。文艺复兴时期的教育大致可以分为人文主义教育、新教教育、天主教教育三种类型。三种教育势力交织在一起，既相互冲突，也相互融会吸收，因而奠定了近代西方教育的基本格局。②

（一）人文主义教育

意大利人文主义教育家维多里诺（1378—1446）为儿童创办了"快乐之家"，创建了优美的学习环境，并精心组织户外活动，重视发展儿童的体格。他重视道德教育，发展儿童个性，废除体罚，实行学生自治；主张设置广泛的学科，注重古典语文教学，也要求儿童学习数学、天文学。他改革了教学方法，引导儿童到大自然中去观察，以启发他们

① 中共中央马克思恩格斯列宁斯大林著作编译局.马克思恩格斯选集（第三卷）[M].北京：人民出版社，2012：847.

② 吴式颖，李明德.外国教育史教程（第三版）[M].北京：人民教育出版社，2015：108.

的求知兴趣。他的思想体现着文艺复兴时代学校教育的精神面貌。

法国人文主义作家拉伯雷(约1494—1553)创作了著名的文学作品《巨人传》,主张培养博学、全知全能的人。他提出了一种新的教育自由观;重视体育,要求儿童身心并行发展;主张学习包罗万象的知识,认识所有的事物;反对强迫儿童死记硬背的教条主义,强调结合实际学习知识。另一个法国人文主义文学家蒙田(1533—1592)创作了文学名著《随笔集》,主张培养通达人情世故、善于处理公私事务的贵族绅士,认为教育的重点是发展判断力,反对盲信盲从。其思想对洛克产生了很大影响。

英国早期空想社会主义者莫尔(1478—1535)撰写了《乌托邦》。他主张实施公共的、平等的、普遍的教育,认为人人享有教育权;重视劳动的价值和劳动教育,主张教劳结合;重视智育,认为公民要精通一切当代学问;重视本族语言教学、直观教学;重视体育等。

中世纪尼德兰(今荷兰和比利时)的人文主义思想家伊拉斯谟(1466—1536)创作了《愚人颂》《基督教君主的教育》以及《论童蒙的自由教育》。他是一位基督教人文主义教育理论家,主张人文主义基督教化、基督教人文主义化;注重道德教育,要求遵循儿童的身心特点施教;不仅重视教育的作用,也重视环境的作用。

尽管人文主义教育在不同的地域和不同的发展阶段有不同的特色,但在基本特征上具有共性,这些特征也正是人文主义的基本特征在教育上的具体表现,即人本主义、古典主义、世俗性、宗教性和贵族性。[①]文艺复兴时期,人文主义教育的产生是西方教育史上的重要进步,它对改变中古时期"性恶论"("原罪论")、"预定论"的观点,克服禁欲主义对人的束缚,恢复全面发展的培养目标,按照儿童身心特征施教均发挥了重要作用。后世的进步教育家们均从人文主义教育家的思想中获得了诸多启示。

(二)新教教育

宗教改革运动产生于16世纪,其矛头直指天主教会,其实质是西欧资产阶级在意识形态领域里进行的一场反封建的政治斗争,是一场使神圣的宗教世俗化的运动,要求建立一种符合资产阶级要求的宗教去取代原有服务于封建地主阶级的宗教。新教分为不同的宗派,主要有路德宗、加尔文宗和安立甘宗。

以马丁·路德(1483—1546)为代表的路德教派,提出了国家管理教育、普及强迫义务教育的主张;认为教育目的具有宗教性与世俗性的双重特点;建议建立三级学校,在初等学校教授"4R",将旧拉丁文中学改组为一种新型中学,定名为古典文科中学。

加尔文宗为新教的主要派别之一,领袖为约翰·加尔文(1509—1564)。加尔文主

---

① 吴式颖,李明德.外国教育史教程(第三版)[M].北京:人民教育出版社,2015:118.

张教育目的具有双重性，首先是为了促进宗教信仰，其次是为了世俗利益；提出了普及免费教育的主张；在中等教育方面注重将宗教科目与人文科目的学习结合起来，采用分级制度；在高等教育方面，1558年创办日内瓦学院以培养传教士、神学家和教师。

安立甘宗与其他新教教派有所不同，它仅仅是组织系统改变了，仍承袭了旧教的主要教义及仪式等。宗教改革后，英国并未出现生动活泼的局面，当局仍恪守政府不过问教育的旧传统，国教会对思想领域严加控制。

（三）天主教教育

耶稣会是16世纪欧洲宗教改革运动兴起后，天主教会为对抗宗教改革而成立的一个反改革组织。耶稣会出于培养精英以控制未来的统治阶层的考虑，只重视中等和高等教育。耶稣会学校富有成效主要取决于完备的组织管理、高水平的师资和切实可行的教学方法。

宗教改革时期教育的进展及主要特点为：出现了公立的学制和实施普及小学义务教育的思想与法令；各级学校（尤其是平民小学）有了较大发展；中等学校开始按一定的规章制度办学，班级授课制产生；出现了教育调查、教师检查考核及师资培养的萌芽；欧洲主要国家（英、法、德）文字基本定型，对普及初等教育具有重要意义；近代双轨学制初现端倪；在新教与旧教的学校中宗教仍占据重要地位；新教与旧教均接受了古典文化，要求宗教信仰与人文学科结合。

耶稣会学校最反动的教育措施是对全体学生实行严密的监督制度。耶稣会学校广泛采用侮辱儿童的惩罚方法，如戴驴耳帽、坐凳示众等。他们训练学生“像一具尸体或一根老人的手杖”一样顺从。①

五、夸美纽斯的教育思想

夸美纽斯（1592—1670）是一位伟大的资产阶级民主主义教育家，被誉为“捷克文化巨子之一”。在欧洲封建主义和资本主义交替的历史时期，他吸收欧洲文艺复兴以来人文主义教育成果，根据新兴资产阶级的教育要求，总结自己长期的教育理论与实践，撰写了《母育学校》《大教学论》《语言和科学入门》《世界图解》等教育著作，全面系统地论述了教育问题，揭露与抨击了中世纪经院主义教育理论及其实践的危害，提出了一系列有助于促进生产和科技发展的教育见解，奠定了欧洲近代教育理论的基础。因此，他在世界教育史上占有特别重要的地位。

---

① 米定斯基.世界教育史[M].叶文雄，译.北京：生活·读书·新知三联书店，1950：126.

（一）主张教育对象普及化

夸美纽斯适应时代前进的步伐，继早期空想社会主义者莫尔和宗教改革家马丁·路德之后，响亮地提出："一切男女青年都应该进学校。""不仅有钱有势的人的子女应该进学校，而且一切城镇乡村的男女儿童，不分富贵贫贱，同样都应该进学校。"[①]他从宗教、人的心理、儿童的性格等不同角度论证了教育对象普及化的必要性和可能性。他的教育理论不以少数人为服务对象，他相信人人都可接受科学知识的教育。

（二）论证教育目的世俗化

夸美纽斯主张过好现世生活，他不以消极和禁欲来对待现世人生，要求人们以积极乐观的精神来理解和对待现世生活，认为追求和享受合理的幸福是符合人的本性的。因此，人们的现世生活就应以服务与享乐为其主要内容。所谓服务，就是为社会、国家和邻人服务，并医治社会的病痛；所谓享乐，主要是指心灵获得快乐。他认为办学的宗旨应服务于社会，改善世俗生活。

（三）提出教育内容泛智化

夸美纽斯认为，人的智力可以发展，可以增强；人来到世上，自身具有邪恶和善良两类种子，经过适当的教育，知识、德行和虔信的善良种子可以发展，邪恶的种子可以被抑制，人可以回到原先的圣洁状态。他还提出，人人需要也能够掌握广博的知识，而不论其性别、宗教、社会地位和经济财富的差别。他进一步指出，人们智能的差别并非固定不变的，这取决于教育工作的情况和人们的努力程度，即使是智能低的学生，只要教育得法，也能学到广博的知识。因此，夸美纽斯主张让所有人掌握现实生活中所必需的一切有用的知识，"我们希望人人都去学习的是存在中的一切最重要的事务的原则、原因与用途"[②]，即"将一切事物教给一切人"。教育内容的泛智化体现出强烈的民主性，成为夸美纽斯课程设置的指导思想，亦可被视为其教育理想。

（四）提倡教学组织班级化

夸美纽斯总结了当时新出现的教学组织的实践经验，并把它们上升为理论，推动了教学组织的班级化。首先，他论证了班级授课制的优越性：能减轻教师的工作负担，并有利于学生学习；调动了教与学的积极性，节省时间、精力，避免了干扰。其次，他确定班级教学是学校工作的基本单位，并据此制订了学年制以及学期、假期制和学时工作计划。再次，他还具体说明了班级教学制度的要求：应有一定的目标，学生每年、每

---

① ［捷］夸美纽斯.大教学论［M］.傅任敢，译.北京：人民教育出版社，1984：52.

② ［捷］夸美纽斯.大教学论［M］.傅任敢，译.北京：人民教育出版社，1984：55.

月、每日所应达到的目标；每个班级应有固定的课本；一切科目都用同一的方法（即自然的方法）去教导；全班的学生同时做同样的功课；每种科目应该与其相关的事项一道讲授；教学时应经常保持学生的注意力等。他所确立的班级教学制度的理论与提出的关于班级教学制度的要求，在近代教育发展史上具有划时代的意义，主要体现在能有计划地组织教学工作，提高教学效率，“教员因此可以少教，但是学生可以多学”，学校也可以接受更多的儿童入校学习，从而有利于普及教育等方面。在论述班级授课问题时，夸美纽斯的某些观点背离了他一贯主张注重个别差异、因材施教的原则，如全班学生都应该得到同样的练习，一切科目与语言都应该采用同样的方法去教授。

（五）重视教学方法心理化

夸美纽斯以儿童的生理和心理特点为依据，建立了教学方法的新体系。他提出了教育适应自然的原则，强调教育工作要遵循自然规律，并把它作为改革教育的警世格言。他在论述了儿童智力发展的过程和应遵循的教育程序后提出：“我们的格言应当是：凡事都要跟随自然的领导，要去观察能力发展的次第，要使我们的方法适应这种顺序的原则。”[①]即自然界存在一种普遍的法则，人作为自然界的一部分，应当服从自然界的统一规划，教育亦然，教育中的一切均应模仿自然的秩序，才能合理有效；教育应该依据人的自然本性和儿童的年龄特征来进行。教育适应自然的原则的意义在于：第一，表明了夸美纽斯探究教育规律的可贵意图；第二，进一步打破了《圣经》包含一切真理的禁区，有利于教育工作者突破神学的束缚，转向现实问题；第三，夸美纽斯列举的某些自然法则与教育规律有相似之处，可以给人们以启示；第四，“自然”也包括受教育者本身，所以它包含了教育应适应儿童身心发展的规律。但同时教育适应自然的原则也存在局限性：夸美纽斯不可能真正了解自然和人类发展的普遍规律，也未能认识到教育是人类特有的社会现象，与自然有本质的区别；有些自然法则只是事物的表面现象，而并非事物的本质，有杜撰色彩。

（六）提出了一系列教学原则

夸美纽斯从适应自然秩序的原理和感觉论出发，提出了一系列的教学原则，如直观性原则、彻底性原则、自觉性和积极性原则、系统性原则、循序渐进原则和量力性原则。他认为，在上述诸原则中，起决定作用的是直观性原则，这就为学校采用实物教学和运用标本、模型、图表等直观教具进行教学奠定了理论基础。夸美纽斯的直观教学思想在历史上的重要意义主要表现在他将这一原则建立在唯物主义感觉论的基础上，企图将前人的零星经验系统化，以加强教学与生活的联系，使教学走出经院哲学的迷

---

① [捷]夸美纽斯.大教学论[M].傅任敢，译.北京：人民教育出版社，1957：216－217.

宫。夸美纽斯根据这一理论，编写了西方第一本图文并茂的适应儿童心理的启蒙读物《世界图解》，该书被译成了多种文字，在欧洲流行200多年而不衰。教学方法的心理化是近代教育理论的一大特点和一大优点，因而是教育理论的一大进步，夸美纽斯则是这一理论的开拓者。

（七）提出建立四级单轨学制

夸美纽斯还根据教育适应自然的原则，建立了全国统一的学制。他把一个人从诞生到成年分为四个时期，对应四级学校：婴儿期（1～6岁），母育学校；少年期（6～12岁），国语学校；青年期（12～18岁），拉丁语学校；成年期（18～24岁），大学。

夸美纽斯是古代教育理论的集大成者，是杰出的教育家。他对教育的作用有深刻的信念并做了详细论证，对教师的地位与作用亦予以高度评价；具有民主主义、人文主义及唯物主义进步思想，提倡普及教育及科学文化；努力探讨学校及教学工作的规律，善于总结实践经验，并上升到理论层面；以适应自然为原理，提出了一系列的教学原则和方法，从理论上论证了班级授课制，推进了学制及学校内部工作制度的发展；是历史上第一位有专著论述幼儿教育的人，首次将幼儿教育列入统一学制。由于夸美纽斯的上述贡献，他被视为近代资产阶级教育学的奠基人。

自测习题

一、名词解释

1.骑士教育　2.欧洲中世纪大学　3.经院哲学　4.文艺复兴　5.人文主义教育　6.“快乐之家”　7.《巨人传》　8.《乌托邦》　9.《大教学论》

二、填空题

1.骑士教育是结合（　　　）与（　　　）为一体的一种封建主阶级的特殊教育形式。

2.中世纪的大学实行自治，由（　　　）或（　　　）组成行会，管理学校内部的事务。

3.中世纪大学分为（　　　）、（　　　）、（　　　）、（　　　）四个学院。

4.1423年至1448年期间，意大利著名教育家（　　　）为儿童创办了“快乐之家”。

5.文艺复兴时期，教育内容由（　　　）迅速转向（　　　），它热烈地向现实生命提供一切所能迸发的精神力量。

6.文艺复兴时期，教育有（　　　）、（　　　）、（　　　）三种类型。

7.16世纪,法国人文主义作家拉伯雷所写的(　　　　),热情赞颂了(　　　　)教育的理想。

8.文艺复兴时期,尼德兰人文主义思想家(　　　　)是当时欧洲北部最典型、最伟大的(　　　　)。

9.最先揭开宗教改革"序幕"的是(　　　　)国宗教改革家(　　　　)。

10.夸美纽斯关于"把一切事物教给一切人"的教育理念被称为(　　　　)。

三、选择题

1.中世纪将宗教教育和武士教育合为一体的教育是(　　)。

A.教会教育　B.武士教育　C.骑士教育　D.世俗教育

2.萨莱诺这所中世纪最早的大学诞生于(　　)。

A.英国　B.法国　C.意大利　D.德国

3.至14世纪,西欧的大学一般都设有四个系,即文科、法学、医学和(　　)。

A.天文学　B.神学　C.理学　D.哲学

4.伊斯兰教的经典是(　　)。

A.《吠陀经》　B.《圣经》　C.《古兰经》　D.《大藏经》

5.文艺复兴的策源地是(　　)。

A.法国　B.英国　C.德国　D.意大利

6.建立"快乐之家"的教育家是(　　)。

A.蒙田　B.维多里诺　C.拉伯雷　D.莫尔

7.法国人文主义学者拉伯雷撰写了(　　)。

A.《乌托邦》　B.《太阳城》　C.《巨人传》　D.《随笔集》

8.文艺复兴的思想旗帜是(　　)。

A.自然主义　B.战斗无神论　C.人文主义　D.人道主义

9.最先揭开宗教改革"序幕"的是德国的(　　)。

A.加尔文　B.马丁·路德　C.斯图谟　D.胡斯

10.伊拉斯谟是欧洲(　　)的人文主义者。

A.德国　B.尼德兰　C.英国　D.法国

11.《大教学论》是教育家(　　)的代表作。

A.培根　B.拉特克　C.夸美纽斯　D.弥尔顿

12.夸美纽斯为父母们所写的学龄前儿童教育指南是(　　)。

A.《母育学校》　B.《父母必读》　C.《人的教育》　D.《泛智先声》

13.夸美纽斯一生教育活动与教育思想的核心是（　　）。

A.自然教育思想　B.泛智思想　C.要素教育思想　D.心理学化思想

14.夸美纽斯为 6～12 岁的儿童设计的学校是（　　）。

A.母育学校　B.国语学校　C.拉丁语学校　D.大学

15.夸美纽斯设计的拉丁语学校是为（　　）的学生准备的。

A.0～6 岁　B.6～12 岁　C.12～18 岁　D.18～24 岁

16.夸美纽斯在教学组织上，总结提出了（　　）。

A.个别教学制　B.小队教学制　C.道尔顿制　D.班级授课制

17.夸美纽斯极为重视的教学原则是（　　）。

A.循序渐进原则　B.直观性原则　C.彻底性原则　D.量力性原则

四、判断题

1.骑士教育是结合宗教教育与武士教育为一体的一种封建主阶级的特殊教育形式。（　　）

2.西欧封建社会初期的教育水平远远高于同一时期拜占庭和阿拉伯的教育水平。（　　）

3.中世纪教授的"自由七艺"与古希腊教育中学习的"七艺"基本相同。（　　）

4.中世纪的大学在一开始时就具有自治性质，还享有一定的特权。（　　）

5.至 14 世纪，西欧的大学一般都设有四个学院，即文学、法学、医学和哲学。（　　）

6.文艺复兴时期的时代内容主要表现为批判封建旧文化，发展资本主义新文化。（　　）

7.文艺复兴时期的教育是资产阶级教育实践的开始。（　　）

8.法国教育家维多里诺建立了孟都亚宫廷学校。（　　）

9.意大利人文主义学者拉伯雷撰写了《巨人传》。（　　）

10.蒙田是文艺复兴时期法国的思想家、散文作家、教育家。（　　）

11.莫尔的代表作是《太阳城》，康帕内拉的代表作是《乌托邦》。（　　）

12.最先揭开宗教改革"序幕"的是德国的马丁·路德。（　　）

13.夸美纽斯的教育思想代表作是《大教学论》，他为父母们所写的学龄前儿童教育指南是《父母必读》。（　　）

14."泛智"思想是夸美纽斯一生教育活动与教育思想的核心。（　　）

15.夸美纽斯十分强调进行教育要依据人的自然本性，即儿童的天性、年龄特征。（　　）

16.夸美纽斯依据儿童的年龄特征，把人从出生到成年分为三个时期，每期七年，各由相应的学校进行教育。（　　）

17.直观性原则是夸美纽斯极为强调的一条重要的教学原则。（　　）

18.班级授课制是夸美纽斯创立的。（　　）

五、简答题

1.西欧中世纪早期教育的基本特点是什么？

2.古代阿拉伯教育有何特色？

3.文艺复兴时期人文主义教育的基本特点是什么？

4.维多里诺教育实践的特点有哪些？

5.夸美纽斯直观性教学原则的理论基础是什么？

6.夸美纽斯确立的教学原则有哪些？

六、论述题

1.简述古代阿拉伯教育对世界教育的贡献。

2.试述中世纪大学兴起的原因、主要特征及对当时社会发展的作用。

3.试述文艺复兴时期人文主义思想在教育中的表现。

4.试述莫尔及马丁·路德的教育观点。

5.论述夸美纽斯"泛智论"思想的内容及意义。

6.论述夸美纽斯确立班级授课制的意义及要求。

7.试述夸美纽斯的教育适应自然原则。

8.试述夸美纽斯在教育史上的地位和贡献。

中编　外国近现代教育史

外国近代教育是资本主义时期的教育，从 17 世纪英国资产阶级革命到 19 世纪末 20 世纪初，可分为两个阶段。自由资本主义时期的教育为第一阶段，从 17 世纪初英国资产阶级革命到 1871 年巴黎公社起义失败；外国资本主义进入帝国主义时期的教育为第二阶段，从 1871 年巴黎公社起义失败到 19 世纪末。外国现代教育主要包括 20 世纪世界发达国家的教育。

第五章　英国近现代教育的发展

本章学习目标

本章概括介绍了英国近现代教育管理体制，初等教育、中等教育、高等教育的发展历史，集中阐述了英国17世纪教育家洛克的绅士教育思想和19世纪教育家斯宾塞的科学教育思想。要求能够总结出英国近现代教育的基本特征，掌握洛克绅士教育体系中关于教育作用、体育、德育、智育的思想，着重了解斯宾塞的科学教育思想及其关于智育、德育、体育方法的论述。

英国资产阶级革命以前，其教育就已具有悠久的历史。从历史上看，英国教育具有明显的宗教性和贵族性的特点。中世纪后期，英国传统学校的性质和作用发生了改变。文艺复兴时期，英国的文法学校和歌咏学校得到了较快的发展，一些著名的大学也附设文法学校。16世纪后期，英国的封建制度逐步衰落，资本主义得到发展，培养资产阶级新人的需要促使有识之士开始思考和批判英国的封建教育制度。

一、英国17世纪至19世纪时的教育发展

1640年至1688年的英国资产阶级革命，推翻了封建专制制度，确立了资产阶级和资产阶级化了的新兴贵族的联合统治，建立了君主立宪的国家。这次革命以资产阶级和贵族阶级的妥协宣告结束，实现了两者联合专政的资本主义制度，因此英国资产阶级革命初期的教育仍然保留着浓厚的封建教育的传统。但是，随着资本主义经济的迅速发展和机器化生产的广泛应用，资产阶级和无产阶级已成为这一时代的两大阶级。这些巨大的变化，对英国近代教育制度的形成起了决定性作用。

（一）教育管理体制

在教育管理体制方面，资产阶级革命以前，英国教育全部受天主教会控制，国家不过问教育，随着资产阶级革命形势的发展和生产实际的需要，英国地方教育当局开始重视并过问教育。1870年通过的《福斯特法案》成为英国国家直接领导和管理教育的

开端。1902 年，随着《巴尔福教育法》的颁布，英国逐渐形成了以地方教育局为主体，议会、教育委员会和地方教育局相结合的教育行政领导体制。

（二）初等学校教育

在初等学校教育方面，1534 年，英国国教建立之后，才在各教区逐渐产生了一些简陋的接纳穷苦儿童的教区学校。1662 年，国会的教育法强化了教会对初等教育的控制。所有初等学校全部掌握在英国教会、各种教派和宗教团体手中。

18 世纪 80 年代前后，英国首先开始了工业革命。工业革命引起了英国社会的巨大变化。解决普通人的教育和普及初等教育的问题成为工业革命时期迫切的现实需要，“星期日学校”(Sunday School，也称主日学校)就此应运而生。1780 年，热心于平民教育的传教士、出版业者 R.雷克斯在英格兰的格洛斯特郡出资创办了世界上第一所星期日学校。这类学校在星期天免费开放，贫民儿童在此不仅学习宗教条文、宗教知识，也兼学一些粗浅的读写知识。兴办这种学校的目的是在星期日把贫民阶层的儿童聚拢起来，既可防范、减少社会秩序的混乱，又可用宗教宣传来麻醉儿童的精神。因此，星期日学校很快便遍及英国各地。①

英国的一些宗教团体和慈善机构在资产阶级革命时期也开始了普及初等教育的工作。非国教派和天主教派的教育家大力创办慈善学校，进行普及初等教育的工作。当时普及初等教育往往与社会的贫困现象联系在一起。在扶贫过程中，英国宗教团体发挥了重要的作用。英国初等教育在贫困儿童中的实施，引发了一场关于贫苦儿童教育和就业关系问题的争论。

19 世纪初叶，空想社会主义者罗伯特·欧文在他所经营的工厂里为工人子女开办了“幼儿学校”。为了缓和与工人的矛盾，1833 年，英国国会公布的第一部工厂法中规定了有关初等教育的问题。工厂法规定，9～13 岁的童工每天劳动 8 个小时或 9 个小时，并且每天在劳动时间里受两个小时的义务教育。这一规定虽然受到一些工厂主的抵制，但就其意义来讲，在英国教育史上还是一个进步，它为初等教育法打下了基础。

1870 年，英国国会正式颁布《福斯特法案》。《福斯特法案》中规定：在教会学校设置不足的地区，应设置由纳税人选举产生的地方教育委员会兴办的学校，并由地方税收举办公立初等学校；各教派设立的学校地位得以保持，但不能从地方税收中得到补助；公立学校可以进行不属于任何宗教团体的宗教教学，也允许教师不参与学校的宗教教学；学生家长可要求其子女不参加学校的宗教仪式或宗教教学；对 5～12 岁的儿

① 王天一，夏之莲，朱美玉.外国教育史(上册)[M].北京：北京师范大学出版社，1984：149.

童实施强迫教育。[1]《福斯特法案》是英国创立国民初等义务教育制度的一次尝试，是英国国民教育制度正式形成的标志。该法案使英国初等教育得到了较快发展。

（三）师范教育

在师范教育方面，18世纪90年代，为了解决初等教育发展中教师短缺的问题，非国教派教徒兰卡斯特和国教派教徒贝尔，分别在本国和殖民地印度创造了一种新的教学组织形式——导生制（又称“兰贝制”）。它是一种由教师向导生施教，导生再教其他学生的教学组织形式。但这只是在师资不足的情况下让穷苦儿童能够学习的应急措施。在使用导生制的学校里，一个大教室中安置了许多排长的课桌，每排十多个学生，其中有一个导生。教师首先教这些导生，然后由他们领着一排学生围在一起，把刚学到的教学内容再转教给其他学生，以后，也由导生对这些学生进行检查和考试。在这些导生的帮助下，一位教师在一个教室里往往能够教几百名学生。[2]

导生制教学有效地解决了师资短缺的难题，具有四个方面的明显优点：一是省钱。传统教学，一位教师教一名或者数名学生，费用昂贵；而导生制以导生代替教师，费用就大为减少。二是省师资。解决了学生多教师少的矛盾，当学生人数激增的时候，教师的数量不必成比例地增加。三是扩大了受教育者的范围。学生的人数不会因为师资缺乏而受到限制，低廉的学费也使得大多数贫苦儿童有可能进入学校。四是有助于儿童自我管理能力的培养。起初只有负责学业的导生，后来出现了负责出勤的导生、负责升降级的导生等，大家分工合作，使得多数学生受到了锻炼，提高了学生的自我管理能力。

导生制是英国师范教育产生的基础，1840年，凯-沙图华兹正是在导生制发展的基础上，以个人名义创建了英国巴特西师范学校，这成了英国师范教育的开端。

（四）中等学校教育

在中等学校教育方面，英国工业革命之前，中等学校基本上是封建社会流传下来的为特权阶级子女服务的文法学校和公学。随着资本主义制度的日益发展，公学虽然对入学学生的身份放宽了，但对家庭财产的限制则有增无减，它仍然是贵族、大资本家及富人子弟才能进入的学校。正是由于公学和文法学校的存在，英国的近代教育呈现出明显的双轨制特征。所谓双轨制教育，是指英国社会的教育分成两个轨道，一轨是平民子女接受的教育，另一轨是上层社会的子女接受的教育，两轨平行进行，永远不会相交。平民子女一般仅在慈善学校或者星期日学校中接受初等教育，然后步入社会；

---

① 王天一，夏之莲，朱美玉.外国教育史（上册）[M].北京：北京师范大学出版社，1984：153—154.

② 王天一，夏之莲，朱美玉.外国教育史（上册）[M].北京：北京师范大学出版社，1984：150.

上层社会的子女则首先接受家庭教育，然后升入公学或者文法学校，最后进入牛津大学或者剑桥大学。

（五）高等学校教育

在高等学校教育方面，17 世纪到 18 世纪末，英国的高等教育仍为贵族、资产阶级拥有。1826 年，伦敦大学的创立，打破了传统大学垄断英国高等教育的历史，掀起了英国高等教育史上轰轰烈烈的新大学运动。与传统大学相比，伦敦大学不仅取消了传统大学中的神学部，代之以理学部和工学部，而且在各学部中引入大量近代新型课程，从而揭开了英国高等教育近代化的序幕。伦敦大学成为“高尔街上没有上帝的学校”，开始传授近代学术和自然科学。除了伦敦大学，英国还兴起了一批城市学院。城市学院的建设与城市工业联系紧密、课程近代化且非寄宿制，但是大多数学院只能发放职业资格证书。①

二、英国近代教育的特征

综观英国近代教育制度的发展，人们会发现，英国近代教育具有浓厚的封建保守性，具体特点如下：其一，英国国家长期不管理、不过问教育，教育大权旁落。在封建时代，全部教育的领导与管理权主要由罗马教廷属下的英国天主教教会所控制，直到 17、18 世纪，英国政府仍然不过问教育。19 世纪 30 年代，政府才干预教育，致使英国教育发展滞后。其二，明显的双轨性质。英国不重视初等教育，劳动人民子女在初等学校中仅接受粗浅的文化教育和宗教教育，中等以上教育则为达官显贵子弟所预备，影响了公共教育事业的发展。其三，教育中古典主义、经院主义、重文轻理的传统根深蒂固。19 世纪后期，封建势力虽然渐渐衰弱，但英国教育的显著弊端仍旧存在。上述问题的存在，与英国资本主义经济的发展不相适应。这是造成英国这个“日不落帝国”后来衰败的一个很重要的原因，其历史教训值得汲取。

三、洛克的教育思想

约翰 · 洛克（1632—1704）出身于一个律师的家庭，早年在牛津大学研究哲学和医学，曾参加辉格党政治活动，“光荣革命”后任贸易和殖民事务大臣。

---

① 王天一，夏之莲，朱美玉.外国教育史（上册）.[M].北京：北京师范大学出版社，1984：163.

洛克的社会政治观点代表了一切形式的资产阶级的利益。他反对专制制度的“君权神授”说，主张国家起源于契约和自然权利的理论。在哲学上，洛克反对“天赋观念论”，断言一切知识和观念都是后天获得的。不过，他认为人的经验有两种：除通过各种感觉进入意识的外部经验以外，还有一种内部经验，如爱憎、信仰、思维等，他称之为“反省”。两种经验齐头并进。这表明洛克是一个二元论者，他寻求唯物论与宗教观的调和道路，反映了时代精神的特征。这一特征也表现在他的教育观点上。

洛克的代表作是《教育漫话》，在这本书里，他为英国资产阶级和资产阶级化的贵族描绘了一幅培养绅士的教育蓝图。

（一）论教育的作用、目的和途径

洛克反对“天赋观念论”，倡导“白板论”，极为重视教育的作用，尤其重视教育在形成人的过程中的作用。他在《教育漫话》一书中一开始就指出：“我们日常所见的人中，他们之所以或好或坏，或有用或无用，十分之九都是他们的教育所决定的。人类之所以千差万别，便是由于教育之故。”这一论断显然过高地估计了教育的作用，没能认识到教育与环境、遗传之间的辩证关系，更没能认识到教育受经济、政治制约的本质。但它否定了天赋观念和上帝植入先天种子等神秘主义说法，强调了人不是生来就有优劣的，因而沉重地打击了封建贵族为维护等级差别而鼓吹的遗传决定论，为资产阶级要求政治平等、教育民主提供了理论根据。

然而，洛克所期望的教育是为了培养绅士而设计的，他对劳动人民子女的教育是持反对态度的。洛克所说的“绅士”是指贵族出身、有“文雅风度”和资产阶级事业家品质与才能的人。他认为，教育的目的在于培养有德行、有才干并善于处理自己事业的绅士。这一目的反映了英国资产阶级新贵族培养新人的思想。

洛克认为，绅士的教育应在家庭里进行，并请家庭教师授业。这暴露了他对学校教育的轻视和对上流社会旧传统的偏爱。

（二）论教育的内容和方法

洛克认为，干练的事业家必须受到身体、道德、智力等多方面的训练。他从经验论出发，极为重视训练的意义。他对体育训练的意义有足够的估计。在他的绅士教育体系中，体育被放在第一位，他有一句名言：“健康之精神寓于健康之身体。”[①]他从当时英国资产阶级开拓资本主义事业出发，根据他的医学知识拟定了一个锻炼“小绅士”的体育保健制度。

---

① [英国]约翰・洛克.教育漫话[M].傅任敢，译.北京：人民教育出版社，1957：4.

在德育问题上，洛克要求未来的绅士要有坚强的意志和性格，善于克制自己的欲望，服从理性的命令，养成遵守道德法律的习惯等，因此，对儿童决不能溺爱和放纵，而要早加管教，严加管束，但要宽严适度；子女要绝对服从父母的意愿，但父母对儿童的合理愿望也应当给予满足，教育的方法要奖惩得宜，培养儿童的羞耻心和荣誉感，要坚持说理，提出儿童应遵循的规划，并注意示范和周围环境的影响。

洛克从培养资产阶级事业家的立场出发，认为智育固然必要，但与德行相比却居次要地位。为了使未来的绅士善于处理自己的事业和有才干，洛克提出了一个内容广泛的教学计划。他所列出的教学科目比当时流行的教学科目要多得多。此外，他还建议学生学习一种手工艺。这个教学计划彻底打破了中世纪以来学校教育的传统。他所提出的每门学科都是从培养事业家的需要出发，训练未来的绅士去应付实际生活。他认为，人们的心灵具有各种不同的官能，而每一种官能都可以选择一种难度较高的教材，通过教学加以训练，使之充分发展，然后用它来学习其他不同的教材，广泛发展人们的智力。可以说，他开了"形式教育"的先河。为了传授知识以发展能力，洛克还提出了许多有价值的教学方法，如教学应启发儿童的求学欲望，激起儿童的读书兴趣；鼓励和培养儿童的好奇心；集中和保持儿童的注意力；由简及繁、循序渐进等。

洛克对体育、德育和智育的这些论述，不仅从理论上扩展了教育科学的研究领域，而且在实践上为英国教育的双轨制提供了一定的根据。至于他的"工人学校计划"，则反映了他歧视劳动人民及其子女、轻视国民教育的思想倾向，充分暴露了资产阶级压榨贫苦儿童的剥削本性。他的哲学思想和教育思想对后来西欧的教育思想，特别是18世纪法国的教育思想有很大影响。

四、斯宾塞的教育思想

斯宾塞是19世纪英国著名的资产阶级社会学家、哲学家和科学教育的倡导者，被西方学术界称为"现代的亚里士多德"。他提出了"什么知识最有价值，总的答案就是科学"①的著名观点。他的教育代表作是《教育论》。

斯宾塞生活的年代，英国已成为欧洲资本主义最发达的国家。资本主义工商业的发展与繁荣需要广泛的科学知识和技术，然而，由于始于文艺复兴时期的，以希腊文、拉丁文的文法、伦理道德和宗教为课程内容的古典主义传统教育的势力特别强大，自然科学的成果一直未能反映到学校课程中。对这种情况，斯宾塞给予了尖锐的批评。

① 张焕庭.西方资产阶级教育论著选[M].北京：人民教育出版社，1979：433.

他认为，英国古典主义教育的课程内容是脱离社会生产和生活实际的，而科学则“是使文明生活成为可能的一切过程能够正确进行的基础”，所以科学应该进入学校课程之中，科学教育应该成为新教育的重要组成部分，国家应该广泛建立实科中学。为此，他论证了科学知识具有实用价值、比较价值、训练价值和教育价值，认为学习科学是对所有人生活动所做的最好准备，对调节人们的行为具有无法估量的巨大价值，比学习其他一切都重要。

斯宾塞在详尽论证科学知识应当在学校课程中占据主导地位的基础上，提出了他的以科学为主课的课程体系。斯宾塞首先把人类生活的几种主要活动按其重要程度加以分类，然后根据教育目的相应地确定各门课程。第一部分：为完成“准备直接保全自己的教育”，需要学习生理学、卫生学等；第二部分：为完成“准备间接保全自己的教育”，除了必须学习读、写、算之外，还需学习逻辑学、数学、力学、热学、光学、电磁学、化学、天文学、地质学、生物学、社会学等；第三部分：为了准备从事抚养和教育后代的活动，需要学习心理学、生理学和教育学等；第四部分：为完成“准备做公民的教育”，需要学习历史学和政治学等；第五部分：为完成“准备生活中各项文化活动的教育”，需要学习雕塑、绘画、音乐、诗歌等。斯宾塞这一课程体系所包含的内容是比较广泛的，自然科学知识是这个课程体系的核心内容。对于传统的古典人文主义的教学内容来说，斯宾塞的这个课程体系无疑是一个革命。

在教学原则和教学方法方面，斯宾塞同意并宣传了裴斯泰洛齐要求教学顺乎自然地发展儿童心智的基本主张，提出了“自然教学”的问题，并且拟定了如下教学原则：第一，重视儿童心智发展规律，提倡教学要适应儿童的认识能力；第二，强调培养儿童学习的主动性，鼓励自我教育；第三，注重学生的学习兴趣。他把培根的观察法、实验法、归纳法用于教学，提高了教学的启发性和科学性，反映了资产阶级对完成科学教育的要求。

在德育方面，斯宾塞批评了旧的道德教育，认为英国家庭和“公学”中道德教育的“专制管教”和“暴力控制”等，既不能培养良好的道德品质，也不利于国家的进步。他强调卢梭的“自然后果惩戒”的德育原则，主张让儿童从自己的行为和后果中接受自然的教育，但同时他也指出：“在婴儿时期，需要有一定分量的专制。3岁娃娃拿着剃刀玩，可不能让他从自然后果去学习，因为那后果可能太严重。”[①]他还提出了具体的德育方法，如对儿童的缺点要耐心教育；少对儿童发命令，鼓励他们自治；不要阻止儿童表现适当的个人意志等。

---

① [英]赫·斯宾塞.教育论[M].胡毅，译.北京：人民教育出版社，1962：112.

在体育方面，斯宾塞依据生理学的一些原理，从资本主义社会的需要出发，以生活内容为基础，提出了他的体育见解：第一，要求重视儿童的饮食营养和穿着；第二，要求重视儿童的运动，使儿童的身体得到自然发展；第三，强调重视心理卫生，其中心点就是不能使儿童用脑过度。

总之，斯宾塞的科学教育思想是教育史上人类认识发展链条上的一个环节。他继承和发展了前人的教育思想，影响和促进了当时和后来的教育改革，体现了时代的、科学的精神，也表现了历史的、阶级的局限性。

五、英国20世纪的教育改革

进入20世纪以来，英国教育面临着平衡地方与国家的教育管理权，国家宏观调控下引入市场机制以及推进普及义务教育等问题。为了解决这些问题，英国在初等教育、中等教育和高等教育领域分别颁布了一系列的法案实施教育改革。总的来说，20世纪的英国教育改革可以分为第二次世界大战前和第二次世界大战后两个主要阶段。

（一）第二次世界大战前英国教育改革

第二次世界大战前，英国的教育改革主要集中在规定地方教育当局的责权范围、建立和完善统一的国家初中等教育体系以及推进义务教育等方面。

1902年12月，英国议会通过了《巴尔福教育法》。该法案的主要内容为：设立地方教育当局，以取代原来的地方教育委员会；规定地方教育当局应保证满足初等教育的要求，享有设立中等学校的权利；地方教育当局还有权对私立学校和教会学校进行资助和控制。① 《巴尔福教育法》是英国进入20世纪后所制定的第一个重要的教育法案。《巴尔福教育法》的颁布，促成了英国政府教育委员会和地方教育委员会的结合，形成了以地方教育当局为主体的英国教育管理体制，对后来英国教育管理体制和中等教育的发展有重要的影响。

1918年，英国国会通过了教育大臣费舍提出的教育议案，即《费舍教育法》，制定了新的初等教育法。其主要内容为：加强地方教育当局发展教育的权力和国家教育委员会制约地方教育当局的权限；地方教育当局为2～5岁的儿童开设幼儿学校；规定5～14岁为义务教育阶段；地方教育当局应建立和维持继续教育学校，向14～16岁的年轻人免费提供适当的学习课程。《费舍教育法》在建立完整的国家教育制度方面发挥了重要的作用。

---

① 上海师范大学教育系《外国教育发展史资料》(近现代部分)编译组.外国教育发展史资料(近现代部分)[M].上海：上海人民出版社，1976：38.

1926 年，英国政府出台了《哈多报告》，确定了“11 岁考试”制度。《哈多报告》规定：小学教育应当重新称为初等教育；儿童在 11 岁以后所受到的各种形式的教育均称为中等教育；进行“11 岁考试”。

（二）第二次世界大战后英国教育改革

第二次世界大战后，英国的教育改革可以概括为三个时期：选拔性时期、综合性时期、选择性时期。

选拔性时期的重要法案是 1944 年的《巴特勒法案》。该法案的基本出发点是：给所有人受教育的机会，普及中等教育，解决第二次世界大战后所暴露出来的教育资源短缺问题。该法案还提出了两条原则：一是向 5～15 岁的儿童提供免费义务教育，以保障人人受教育的权利；二是建立统一的教育体制，将整个教育过程分成初等、中等和高等三个阶段，以代替过去的那种“初级教育”和“继续教育”两阶段模式。[①] 尤为重要的是，《巴特勒法案》规定，应根据学生的年龄、智力和资质给予他们合适的教育。这样，所有中学被分为文法中学、技术中学和现代中学三大类，即所谓的“三分体制”。小学生通过“11 岁考试”进行分流，成绩最好的进入文法中学，成绩中等的进入技术中学，其余的进入现代学校。这种中等教育模式被认为能够满足所有小学生的需要，不仅可以让适龄儿童享有平等的教育机会，还会因“因材施教”全面提高学生的学习质量。

但是，随着《巴特勒法案》的全面深入实施，英国地方教育当局发现，“三分体制”会加重社会分裂，造成教育事实上的不平等。同时，仅仅凭一次考试就决定儿童的终生，这对于一个 11 岁的儿童来讲是不公平的。20 世纪 50 年代，左派理论家安东尼·克罗斯兰和他的支持者们也开始呼吁用“人人有受综合教育的机会”来取代“人人有受教育的机会”，取消“11 岁考试”，用综合学校模式来代替“三分体制”。自此，战后英国的第一次教育改革浪潮爆发，教育改革进入了综合性时期。

从 1947 年起，伦敦、布里斯托尔等地开始创办综合中学的试验，旨在建立一种不分现代、技术、文法类型而又能满足所有儿童对各种中等教育需要的新型学校。但是在 20 世纪 50 年代前，综合中学的发展极其缓慢。1955 年，英格兰和威尔士只有 16 所综合中学，学生占中学生总数的 0.6%。20 世纪 50 年代中期以后，由于工党的竭力提倡，一些地区逐步展开综合中学的改组。1960 年，综合中学有 130 所，学生所占的比例为4.7%。1965 年，综合中学发展到 262 所，学生占比为 8.5%。

---

① 上海师范大学教育系《外国教育发展史资料》(近现代部分)编译组.外国教育发展史资料(近现代部分)[M].上海：上海人民出版社，1976：39－40.

1965 年 7 月，国务大臣克罗斯兰发布第 10 号通告，要求各地方教育当局在一年之内逐步递交综合改组的计划。根据实践和讨论，该通告提供了 6 种可供选择的综合结构形式：①

第一，招收 11～18 岁学生的一贯制综合中学。

第二，两级制，所有学生 11 岁时进入综合初中，13、14 岁时自然转入综合高中。

第三，两级制，所有学生 11 岁时进入综合初中，但在 13、14 岁时，一部分学生进入综合高中，其余的学生仍然留在综合初中学习。

第四，两级制，所有学生 11 岁时进入综合初中，但在 13、14 岁时，可以从两种综合高中之间做出选择，一部分学生进入学习年限达到义务教育年龄之后可以不继续深造的高中，另一部分学生进入超过义务教育年龄之后可以继续深造的高中。

第五，两级制，由 11～16 岁综合中学和 16～18 岁第六学级学院组成。

第六，二三级制，所有学生在 8 岁或 9 岁进入综合性中间学校，然后在 12 岁或 13 岁转入综合高中。它分为 5～8 岁、8～12 岁、12～18 岁和 5～9 岁、9～13 岁、13～18 岁两种模式。

上述 6 种形式都出现过，但第一种形式占绝大多数。此后，工党政府采取了一系列措施促使地方教育当局实行综合中学的改组。1970 年以后，保守党和工党几番轮流执政，虽然保守党竭力反对综合中学改组，但综合中学发展速度并未放慢。到 1976 年，105 个地方教育当局中，只有 1 个未设综合中学，综合中学增至 3 387 所。《1976 年教育法》授权教育和科学大臣责令各地方教育当局递交中等教育综合改组计划，使综合中学取得了合法地位。1979 年，保守党上台后废除了《1976 年教育法》，但中等教育综合化已成大势所趋，到 20 世纪 80 年代初，中等教育综合化改组实际上已基本完成。

20 世纪 80 年代以来，英国教育经费逐渐缩减。教育经费的缩减对英国中等教育政策产生了重要影响。为进一步加强中央政府对地方教育事业的控制和减轻中央的经济负担，1987 年，一批新右翼学者主张将市场经济理论引入教育领域，像国有企业私有化那样实行公立教育的私有化。自此，英国教育改革拉开了选择性时期的序幕。

《1988 年教育改革法》体现了英国两党政治主张的融合，它一方面推行国家课程和国家考试以提高英国基础教育的质量；另一方面又把市场机制引入各级各类学校以强化学校之间的竞争。这既体现了工党追求“教育机会均等”的精神，也反映了保守党“选择”和“多样性”的教育理念。

① [苏]弗·斯·阿兰斯基，弗·普·拉普钦斯卡娅.英国的国民教育制度[M].北京：人民教育出版社，1965：216.

1988年以前，英国在课程方面一直没有具体的法律规定，学校和教师在实践中享有很大的自主权。《1988年教育改革法》首次以立法的形式设立国家统一课程，并在国家课程中具体规定了公立学校的科目设置原则、教学大纲和成绩评定标准。国家统一课程立法的意义在于构建一种政府干预下的市场模式。由政府统一服务标准，提供完整的学校信息，有利于规范教育市场的运作。《1988年教育改革法》是英国教育朝着市场化迈进的重要一步。在新的教育体制下，教育消费者即学生、家长以及当地社区成员的选择权大大增加，社会对学校事务的影响也更加明显。无论是中小学还是高等院校，只有通过提高办学水平来吸引足够数量的学生，才有可能在竞争中生存下去。《1988年教育改革法》的最大特点是巧妙地将中央政府的控制与市场竞争机制融为一体。

20世纪90年代，以布莱尔为首的新工党执政后，在政治上推行“第三条道路”，既强调市场功能，又强调政府的作用。在教育改革上，工党政府同样想寻求一种在传统左派和新右派的教育改革之间的“平衡”，即追求优异与教育平等、学术教育与职业教育、竞争与合作等之间的平衡。同时，布莱尔政府还倡导把教育推向社会，让教育在政府担负主要责任的前提下由全社会共同参与建设，成为真正的公共事业。

自测习题

一、名词解释

1.兰贝制（导生制）　2.公学　3.《福斯特法案》　4.《教育漫话》　5.白板说　6.绅士教育　7.《费舍教育法》

二、填空题

1.1902年的《巴尔福教育法》，确定了（　　）国的（　　）教育领导体制。

2.17世纪，哲学家（　　）提出的“绅士教育”理论，反映了这一时期（　　）发展的趋势。

3.18世纪以来，英国非国教派的传教士（　　）和国教派教士（　　）发明了“导生制”这一教学组织形式。

4.1870年，由英国国会正式颁布的（　　）是英国国民教育制度正式形成的（　　）。

5.英国著名的古典大学（　　）和（　　），被称为“比英国国家还老的大学”。

6.洛克认为，绅士应具有四项特质：德行、（　　）礼仪和（　　）。

7.第一所幼儿学校是由（　　）国伟大空想社会主义者（　　）创办的。

8.英国公学，事实上是一种（　　）学校，并很快发展为只限（　　）才能入学。

三、选择题

1.17 世纪，英国哲学家、教育家洛克提出了（　　）。

A.自然教育　　B.绅士教育　　C.要素教育　　D.科学教育

2.18 世纪末，英国的“星期日学校”是由（　　）倡导的。

A.洛克　　B.罗伯特·欧文　　C.罗伯特·雷克斯　　D.凯沙图华兹

3.18 世纪末，英国传教士兰卡斯特和贝尔发明了（　　）。

A.导师制　　B.葛雷制　　C.导生制　　D.道尔顿制

4.英国的公学事实上是一种（　　）学校。

A.私立学校　　B.公立学校　　C.平民学校　　D.贵族学校

5.英国近代最早提出科学教育思想的教育家是（　　）。

A.洛克　　B.斯宾塞　　C.怀特海　　D.罗素

6.英国哲学家、教育家洛克撰写了（　　）。

A.《爱弥儿——论教育》　　B.《教育论》　　C.《教育漫话》　　D.《人的教育》

7.英国近代国民教育制度正式形式的标志是（　　）的正式颁布。

A.《巴尔福教育法》　　B.《福斯特法案》　　C.《巴特勒法案》　　D.《哈多报告》

8.英国近代教育制度的一个明显特点是（　　）。

A.单轨学制　　B.双轨学制　　C.学校三轨制　　D.多元制

9.1944 年的《巴特勒法案》根据学生的年龄、智力和资质给予他们合适的教育，即所谓的（　　）。

A.四分体制　　B.二分体制　　C.三分体制　　D.五分体制

四、判断题

1.17 世纪，英国哲学家洛克提出的绅士教育理论，反映了这一时期英国教育发展的趋势。（　　）

2.1902 年的《巴尔福教育法》，确定了英国由国家统一领导与地方分权同时并存的教育领导体制。（　　）

3.1781 年，热心于贫民儿童教育的传教士罗伯特·欧文仿照学校方式首创了“星期日学校”。（　　）

4.18 世纪末，英国非国教派的传教士兰卡斯特和国教派教士贝尔发明了“导生制”这一教学组织形式。（　　）

5.1870 年，由英国国会正式颁布的《福斯特法案》是英国国民教育制度正式形成的标志。（　　）

6.英国的公学事实上也是一种私立学校。（　　）

7.英国著名的古典大学牛津大学和剑桥大学,被称为“比英国国家还老的大学”。（　　）

8.英国大学的教育管理大多采用“导生制”。（　　）

9.伦敦大学作为英国新大学运动的代表,被称为“高尔街上没有上帝的学校”。（　　）

五、简答题

1.“导生制”的主要特点和教育措施有哪些?

2.洛克关于德行培养的方法是什么?

3.洛克关于智力培养的方法是什么?

4.斯宾塞对教育发展有哪些贡献?

5.斯宾塞的课程体系包含哪些内容?

6.20 世纪 60 年代形成的英国综合中学的 6 种类型是什么?

六、论述题

1.洛克关于教育作用的论述及其意义是什么?

2.试评洛克的体育、德育和智育的理论。

3.试总结英国近代学校教育发展的教训。

4.试析斯宾塞科学教育思想的历史与现实意义。

5.结合《1988 年教育改革法》论述市场与国家对教育改革的影响。

第六章　法国近现代教育的发展

本章学习目标

本章概括介绍了法国近现代教育管理体制，初等教育、中等教育、高等教育的发展历史，集中阐述了法国18世纪教育家卢梭的自然教育思想和19世纪瑞士教育家裴斯泰洛齐的教育思想。要求能够掌握法国近现代教育的基本特点，侧重了解法国中央集权的教育管理体制及其形成原因，掌握卢梭自然教育理论的基本思想、裴斯泰洛齐的要素教育和小学各科教学法等教学理论。

一、法国17世纪至19世纪的教育发展

17世纪，法国的各级教育仍在天主教会的控制下。18世纪，法国一些进步的思想家和教育家向法国封建的社会制度和教育制度发起了挑战。18世纪中后期成为法国教育思想发展的重要时期。

18世纪末，法国社会的阶级矛盾日益尖锐。1789年爆发的法国大革命是欧洲资产阶级反封建斗争的第三次大决战，不仅推翻了法国的封建制度，也沉重打击了欧洲的封建势力，有力地推动了其他国家资产阶级的民主运动和反对农奴制的斗争，还改变了法国的教育。法国资产阶级革命同17世纪英国资产阶级革命相比虽然进行得晚，但比较彻底，舆论准备也比较充分。它“是完全抛开宗教外衣、在毫不掩饰的政治战线上作战的首次起义；这也是真正把斗争进行到底，直到交战的一方即贵族被彻底消灭而另一方即资产阶级完全胜利的首次起义”①。

在大革命中先后执政的资产阶级各个党派，提出了许多具有资产阶级特色的教育方案。其中最具代表性的有：制宪议会时期由君主立宪派提出的《塔力兰方案》，立法议会时期由吉伦特派提出的《孔多塞方案》，国民公会时期由雅各宾派提出的《雷佩尔

① 中共中央马克思恩格斯列宁斯大林著作编译局.马克思恩格斯选集（第3卷）[M].北京：人民出版社，2012：766.

提方案》等。其目的都是想改革封建的旧教育，使教育为发展资本主义政治、经济服务，成为资产阶级革命的有力工具。

在法国资产阶级革命的影响下，法国学校教育开始进入一个新的发展时期，这种发展是以广泛深入的教育改革为开端的。在教育体制方面，建立起了具有法国特色的中央集权的教育领导体制。1799年，拿破仑发动政变，组成新政府。1804年，拿破仑称帝，建立法兰西第一帝国(1804—1814)。拿破仑的一个重要指导思想是要求教育为国家服务，为国家提供受过训练的忠诚的行政官员，使教育与帝国的社会秩序和专制性质相一致。为此，他采取与天主教会"和解"的政策，以利用教会的力量来巩固自己的政权。拿破仑建立的中央集权的教育管理体制把教育的领导权、监督权直接交给中央最高层，由他们设立帝国大学和教育总监。帝国大学的总监是负责全国教育的最高首脑，由皇帝亲自任命；全法国被划分为27个大学区，每个大学区设总长一人，负责管理大学区内的各级学校，以确保资产阶级对教育的直接管理，捍卫资产阶级革命的成果；开办任何学校教育机构必须得到国家的批准；一切公立学校的教师都是国家官吏。

法国的中央集权教育领导体制自拿破仑时代形成后，延续了近两个世纪之久，对法国的国民教育产生了深远的影响，形成了法国教育在领导体制上的显著特点，至今影响犹在。

(一)初等教育和师范教育

17世纪，法国初等教育的主要内容是识字、教义问答和祈祷。18世纪末、19世纪初，法国的初等教育还处于十分落后的局面。1831年，法国教育家库森受法国教育部长之命，考察普鲁士教育之后，撰写了一份《普鲁士教育报告》。报告中描述了普鲁士的教育行政，家长和社区的教育责任，教师的培养、任命和薪俸，课程内容等。1833年，法国教育部长基佐在德国教育经验的启示下，颁布了《国民教育法令》(即《基佐法案》)，提出要大力发展初等教育和师范教育，并规定全国每一分区设初等小学一所，每一主要城市设高等小学一所，还增加了自然科学的学习科目。为了保证初等教育的经费渠道畅通，规定地方当局有权征收特别税款作为教育经费，学校仍旧收费，若经费不足则由国库拨款。各省必须设立师范学校一所，培养中小学师资，国家要严格掌握教师资格标准，所有小学教师必须接受师范教育的训练，通过考试获得教师证书之后才能任教，以保证教师质量。《基佐法案》的实施，大大推动了法国初等教育的发展，在法国初等教育发展史上具有重要意义。

1881—1882年，法国教育部长费里颁布了两个关于初等教育的法案，被称为《费里法案》。第一个法案中规定了国民教育发展的义务、免费和世俗化原则，第二个法案使前述三个原则具体化。《费里法案》规定：6～13岁为义务教育的年龄；免除幼儿园、小学及师范学校的学费；废除《法卢法案》中关于教会对学校的特权，取消公立学校的宗教课，改设道德与公民教育课等。《费里法案》规定了初等教育实施遵循强迫性、免费性、世俗化的基本原则，为以后近百年间法国国民教育的发展打下了基础。

（二）中等教育

17 世纪，法国的中等教育主要包括耶稣会中学和文科中学。19 世纪初，法国的中等教育受到拿破仑第一帝国政府的高度重视，中央办的国立中学和地方办的市立中学成为主要中等教育机构。两种中学在课程设置上既注重科学知识，又给古典文科科目以重要地位。为培养资本主义工商业所需要的专业人才，为加强就业前的职业训练，中学课程中的实科内容也逐步受到人们的重视。自 1852 年起，中学实行文实分科，实科课程已由过去的微不足道的地位上升到几乎与文科并驾齐驱的地位。这种实科性质的中等学校于 1891 年改称为现代中学。

第一帝国以后，法国的中等教育发生了多次变化。在中等教育发展过程中，法国既坚持保留自己的传统，又不断加以改革，以适应社会的发展变化。

（三）高等教育

17 世纪，法国的高等教育处于教会的管辖之下，大学排斥新教徒的现象非常普遍。随着法国大革命的深入展开，古老的大学受到了冲击，昔日偏重古典文科的经院习气逐渐改变，大学开始涉及世务，大学学科设置也发生了重要的变化，与社会的发展密切联系起来。1806 年，拿破仑在巴黎设立了帝国大学。1808 年，拿破仑颁布《帝国大学令》。在拿破仑执政期间，高等教育朝着适合资产阶级政治、经济需要的方向发展。在这种形势之下，大学出现了综合化、大型化的趋势。巴黎大学已发展成为包括许多独立学校在内的一所规模很大的综合性大学，成为法国科学文化教育的中心。遍布各大学区的大学为发展法国资本主义科学文化，培养资产阶级所需要的高级专门人才发挥了很大作用。

二、法国近代教育的特征

纵观法国近现代学制的发展，人们不难发现它具有如下明显的特点：

其一，在 18 世纪法国大革命以前，法国教育的经院主义、古典主义和宗教性是很强烈的。法国新兴资产阶级与封建势力的斗争突出地以宗教斗争的形式表现出来，天主教会紧紧控制着法国的学校教育，因而受到当时法国人民，尤其是 18 世纪法国进步思想家们的尖锐批判。

其二，在整个19世纪，法国教育界一直在争论科学应在学校课程中占有何等地位这一问题，结果认为古典课程和科学同等重要。自19世纪末起，法国普通学校才开始在重视和维护古典主义传统的同时不断增设现代科学知识科目，注意发展儿童智力。

其三，在教育管理体制方面，拿破仑改革确定的在中央集权领导下划分学区并辅以督学督察和评议制度的做法一直延续下来。法国学制的双轨性一直到20世纪20年代开始才初步改变，初等教育学校被定为统一学校，并与中学衔接起来，实行严格的统一考试制度。

其四，师范教育和教师职务在法国受到重视，法国较早地实施了“教师合格证书”制度。高等师范学校学术水平很高，这也是法国教育的重要特征之一。

三、卢梭的教育思想

法国资产阶级革命以后，教育上的巨大变化与革命前声势浩大的思想启蒙运动有着密切的关系。法国启蒙思想家在反对封建专制思想和宗教迷信的斗争中，都极为重视教育。他们把教育作为启迪愚昧、发展理性、培养资产阶级一代新人的重要武器。他们的教育思想是其启蒙思想的重要组成部分，对法国乃至欧美教育的发展产生过重要的影响。他们中的代表人物就是法国18世纪启蒙运动中激进的思想家、坚定的反封建斗士、卓越的教育思想家卢梭。

卢梭（1712—1778）出生于瑞士日内瓦一个钟表匠的家庭，自学成才，才华横溢，一生坎坷。他的思想积极影响了法国资产阶级革命。其主要著作有《论人类不平等的起源和基础》（1753）、《新爱洛伊丝》（1761）、《社会契约论》（1762）、《爱弥儿——论教育》（1762）等。

卢梭主张教育目的在于培养自然人。他以“归于自然”的性善论为依据，认为“天性的最初的冲动永远是正当的”，所以“要以天性为师，而不以人为师”，要成为“天性所造成的人，而非人所造成的人”。这就形成了教育史上的自然教育。他在《爱弥儿——论教育》中谈道：“出自造物主之手的东西，都是好的，而一到了人的手里，就全变坏了。”[1]因而，他要求爱弥儿远离腐朽社会的恶劣环境，到大自然的怀抱中去，在自然的条件下，用自然赋予的感官获取知识，遵循自然天性求得教育。卢梭认为这种自然教育应包括三个方面：身体的、人的、事物的教育。他说：“我们的才能和器官的内在的发展，是自然的教育；别人教我们如何利用这种发展，是人的教育；我们对影响我们的事

① ［法］卢梭.爱弥儿——论教育（上卷）［M］.李平沤，译.北京：商务印书馆，1996：5.

物获得良好的经验，是事物的教育。”①卢梭以此论证教育目的就是培养自然人，并抨击造就王公贵族和达官显宦的封建教育，认为自然不制造王侯和士绅，培养贵族和显宦是违反天性的，人人都应该按天性而生活。就这一点来说，卢梭的教育目的论是进步的，但他的性善论并不科学，因为天性只是身心发展的潜能，教育不能片面地顺应人的本能。在卢梭心目中，自然人是身心调和发达的人，既有农夫或运动员的体魄，又有哲学家的头脑，因而身体健康、感觉灵敏、理性发达、良心畅旺，还具有从事劳动以维持生计的本领。卢梭设想的爱弥儿就是自然人，是自然教育培养的新型人物，实质上是资本主义教育培养的新人。

卢梭反对封建教育戕害、轻视儿童，要求提高儿童在教育中的地位，把儿童看作教育中最积极的因素。他认为最重要的是“大自然希望儿童在成人以前就要象儿童的样子”②。他批评封建教育“总是把小孩子当大人看待”，不考虑孩子还没有成人，却要强迫孩子去接受成年人才应该知道的东西。

卢梭认为，要尊重儿童的自然发展，教育就要适应受教育者的身心发展特点。为此他把受教育者的身心成长分为 4 个时期：由初生到两岁半是婴儿期，此时受教育者身体软弱，教育应以养护身体为主；两岁半到 12 岁是儿童期，此时受教育者感觉发达，教育应以身体锻炼和感官训练为主；12～15 岁是青年期，此时受教育者理性开始发达，教育以知识教育为主；15～20 岁是青春期，此时受教育者已意识到社会关系，是实施性教育、道德教育和宗教教育的时期。卢梭这一主张对心理科学的发展起了推动作用。

卢梭提出了关于教育内容和教育方法的改革方案。在身体养护锻炼方面，卢梭既反对把身心对立起来，把身体当作心灵的桎梏以致流为禁欲主义；又反对娇生惯养，以致溺爱放纵。在感觉训练方面，他强调感觉是知识的门户，主张通过训练而使之发达。在智育方面，卢梭反对学习空疏无用的知识，主张从实际生活中学习有用的知识。他认为儿童真正的教师是经验和感觉，应该从实际生活中学习。在德育方面，他要求摆脱社会对人的束缚，注重道德教育，使儿童有自由而无邪念。在教育方法方面，他反对命令儿童或指挥儿童，主张让儿童从别人的经验或从自己的经验中取得教训；他主张活动和劳动教育，认为活动和劳动在儿童的生活中有着特殊重要的意义；他反对强制、外加的教育方法，强调培养儿童对学问的兴趣，主张采用发现式的学习方法。

卢梭的女子教育观是保守的，他认为女子教育应以培养贤妻良母为目标。妇女不

---

① [法]卢梭.爱弥儿——论教育(上卷)[M].李平沤，译.北京：商务印书馆，1996：7.

② [法]卢梭.爱弥儿——论教育(上卷)[M].李平沤，译.北京：商务印书馆，1996：91.

应妄想作为学者或社会活动家，而应擅长治家之道并讲求妇德。总之，卢梭批判封建教育的功绩是巨大的。他推崇儿童、改革教育内容与教育方法的主张，反映了资产阶级和广大劳动人民希望从封建专制主义下解放出来的要求，在当时起了动员人民向封建教育制度开战的进步作用。他的理论是资产阶级革命时期教育理论发展的一块新的里程碑。裴斯泰洛齐、康德、巴泽多、杜威等欧美教育家、哲学家，都深受卢梭理论的启发；近代的教育改革和教育科学的发展，也受到卢梭教育思想的诸多影响。

四、裴斯泰洛齐的教育思想

裴斯泰洛齐(1746—1827)出生在瑞士苏黎世的一个医生家庭，是瑞士民主主义教育理论家和教育实践家。他热爱儿童和劳动人民，把自己的一生都献给了教育事业，为当时的教育改革和资产阶级民主教育学的建立做出了贡献。裴斯泰洛齐的朋友在谈到他的时候曾经说："这个人整天同农民在一起收割庄稼。他左手的五个指头几乎全割破了。"[①]他的主要教育著述有《隐士的黄昏》《林哈德和葛笃德》《葛笃德怎样教育她的子女》和《天鹅之歌》等。

裴斯泰洛齐的教育理想是培养和谐发展的社会成员，教育的主要原则是遵循自然。他所说的"自然"是指儿童与生俱来的本性，教育的目的就在于"发展个人天赋的内在力量，使其经过锻炼，人尽其才，能在社会上达到应有的地位"。裴斯泰洛齐把儿童的本性比喻为"岩石"，把他所期望培养的和谐发展的人比喻为"大厦"，教育工作乃是在"岩石"上砌造"大厦"。他认为儿童的本性是教育工作的依据，舍此不能达到教育目的。他反对教会毫不顾及儿童的生理和心理特性的常规，主张顺应儿童的自然本性进行教育；他也反对离开具体事实，对儿童进行空洞的名词概念的教育，主张把教育过程建立在儿童心理发展的基础上。为此，裴斯泰洛齐指出："智力和才能的发展，要有一个适合于人类本性的心理学的、循序渐进的方法。""遵循这些规律，可以采用一系列的从最简单到最复杂的练习，循序渐进地教育儿童。"[②]他相信通过这种适应自然的教育，就能实现和谐发展的教育理想。

裴斯泰洛齐论证了要素教育的理论。要素教育就是要简化教育和教学方法。他认为可以找出最基本、最简单的要素，以便更好地适应儿童的自然本性，使儿童的能力均衡和谐地发展起来。他指出："初等教育从它的本质讲，要求普遍地简化它的方法，这种简化，是我一生所有工作的出发点。"裴斯泰洛齐把各种关节活动看作进行体育锻

① [苏]克鲁普斯卡雅·克鲁普斯卡雅教育文选(上册)[M].卫嘉，译.北京：人民教育出版社，1959：171.

② 张焕庭.西方资产阶级教育论著选[M].北京：人民教育出版社，1964：191.

炼的最简单的要素。儿童关节活动的能力是一种自然禀赋，是体力发展的基础，也是体育锻炼的基础。从简单的关节活动的练习逐步发展到复杂的、全身心的活动，使身体得到健美匀称的发展。裴斯泰洛齐把儿童对母亲的爱看作道德教育的"要求"。他指出："孩子受到母亲的照顾，感觉到愉快。爱的种子就在孩子心里发展起来了。"[①]

裴斯泰洛齐要素教育的思想，在智育上的贡献是非常突出的。他认为数目、形状和语言是教学最初、最简单的要素。他用了极大的精力探究了教学过程的心理化。他长期地寻找一个所有这些教学手段的共同的心理根源。他的结论是："使从感觉印象得来的一切知识清楚起来的手段是数目、形状和语言。"为此，教学中要培养学生具备以下三种能力：第一，按照外形来认识不同的物体，并认清它们的内涵的能力；第二，说出这些事物的数目，指出它们是一个还是多个的能力；第三，用语言表达物体，表达它们的数目和形状，并在记忆里保持它们的能力。为了贯彻这种要素教育思想，裴斯泰洛齐认为："首先应该致力于以一切从感觉得到的事物的确切知识为基础的计算、测量和说话的基本能力。我们应该以最严格的心理学的艺术来培养它们，竭力加强这些能力，并且作为发展和培养的一种手段，应该使它们达到朴实、一贯、和谐的最高境地。"应该指出，要素教育的方法不仅是为了使教学建立在心理学的基础上，同时，也是为了使教学简单化，有利于知识的普及，"使人们能在每个家庭中使用这些方法"。这反映了他的资产阶级民主主义的思想。

裴斯泰洛齐创建了小学各学科教学法。在语文教学方面，他改革了当时的字母顺序教学法，实行了拼音识字教学法，主张用本族语教学。他很重视通过练习发展儿童的认识能力。裴斯泰洛齐十分重视教学的直观性原则，他主张或让学生观察实物，或向儿童出示有关的图形；他创造的算术教学的直观教具——算术箱，至今仍有现实价值。裴斯泰洛齐还用黏土制作地形模型，使儿童较为容易地掌握地理知识。他在各科教学中，都注意贯彻循序渐进、由近及远、由易到难等教学原则，改进了初等学校各科教学方法，奠定了国语、算术和地理等学科的教学基础。但缺点是过分注重对形式的研究，而忽视了对教学内容的深入探讨。

裴斯泰洛齐不仅是教育实践家和基础教育理论家，而且还是农村教育思想家。他的教育名著《林哈德和葛笃德》表达了他对农村教育的构想，其中重要的一点就是从农村的实际出发，本着着力改善贫苦农民及其子女的悲惨处境的目的，实行学习和手工业生产劳动相结合的办法，让农村孩子一面纺纱（或其他手工劳动），一面识字、读书，有时，教师也带领学生去参观社会上的手工业劳动。裴斯泰洛齐把教学同生产劳动结

---

① 张焕庭.西方资产阶级教育论著选[M].北京：人民教育出版社，1964：193.

合起来，一方面具有生产自救的性质，期望通过劳动使儿童的经济状况有所好转；另一方面从教育理想上着眼，通过劳动和学习的结合，促使儿童得到和谐的发展。显然，在当时的社会条件下，这些想法都是不切合实际的。他的教学与生产劳动相结合的想法是机械的、平行的，教学内容和生产劳动之间缺乏内在的联系。这同马克思主义关于教育与生产劳动相结合的思想是有原则性区别的。

裴斯泰洛齐生活在西欧资本主义上升时期，他同情农民和手工业者的悲惨遭遇，期望通过教育改善人民生活，帮助劳动人民的子弟摆脱穷困和无知的状态。他热爱儿童，力图使他们获得良好的教育。裴斯泰洛齐摸索和总结了许多有价值的教学原理，对当时和后世的教育都有很大影响。

五、法国20世纪的教育改革

进入20世纪以来，法国教育现代化面临着双轨制并轨、义务教育均衡发展、教育管理体制改革、师范教育改革以及加强方向指导等使命。为了完成教育现代化进程中的这些任务，法国在初等教育、中等教育、高等教育和师范教育领域实施了一系列的教育改革。

双轨制并轨分为统一小学和统一初中两部分。第一次世界大战后，法国的初等教育存在着两类教育机构：公立小学，主要招收工人阶级的后代；国立中学或市立中学的小学班，招生对象主要是资产阶级的子女，属于中学的预备班。两类小学的教师资格与教学内容完全不同。1925年，法国政府开始了对小学阶段双轨制的改革。法国政府规定，两类初等教育机构的从教人员都应具备相同的资质，并以同样的标准进行考核。次年，法国政府规定两类小学在教学中使用统一的教学大纲，教授同样的内容。① 1945年，法国政府取消了国立中学与市立中学附设的小学班，初等教育完全由公立小学实施，从而在法律层面实现了小学阶段学校的统一化。

中学阶段的学制调整相对复杂。第一次世界大战后，法国初级中学有三种类型：市立中学、国立中学、小学补充教育学校。20世纪30年代初，法国政府逐步实现了中等教育阶段的免费教育，在经济上为下层子弟进入市立中学和国立中学消除了障碍，消除了社会上层阶级在中等教育中的垄断优势。从此，市立中学、国立中学开始面向所有小学毕业生招生，小学毕业考试的成绩成为录取的唯一标准。仅1936年至1939年，法国公立中学的数量就从18万增加到27万。② 1959年的教育改革取消了小学补

① 邢克超，李兴业.法国教育[M].长春：吉林教育出版社，2000：118.

② 邢克超，李兴业.法国教育[M].长春：吉林教育出版社，2000：110.

充教育学校，以市立中学代之。这样，就把原小学补充教育学校升级到与市立中学、国立中学相同的地位，使原来的封闭结构变成开放式结构。此次改革取消了小学升初中的升学考试，以利于下层学生就学。同时，将各类初中的前两年设为“观察阶段”，所有的学生均学习同样的内容，通过对个人的能力与兴趣的“观察”来决定其两年后的发展方向。[①] 1963 年，法国政府仿效英国综合中学的做法，设立了一种新型四年制中学，即市立中等教育学校，力求以此将实施初中教育的各教育机构统一起来。该类学校内设置三类教学班：长期班为参加高中毕业会考做准备；短期班以职业教育为主；过渡班主要面向学习困难的学生，培训其谋生技能。1975 年的哈比教育改革取消了这三类教学班，建立了一种完全统一的四年制综合性教育机构——初级中学。

至此，法国在整个义务教育阶段内实现了单轨制，在制度层面上保证了学生的机会平等。单轨制既是义务教育均衡发展的重要标志，也是重要条件。

据资料显示，第二次世界大战后，法国的义务教育制度虽然为越来越多的青少年提供了入学机会，但没能提供平等的学业成功机会。不均衡的义务教育制度使许多学生，特别是出身于社会不利阶层的学生，常常受社会、文化、心理、环境、经济等各种因素的影响而产生更为严重的学业失败。为了改变义务教育的这种不均衡局面，法国政府决定从区域均衡、校际均衡和缩小学生差距三个方面实现义务教育的均衡发展。

首先，规划学校布局，寻求区域均衡。要实现义务教育在地区间的均衡，先要考虑各地区学校的数量、位置、规模、种类等方面的问题。学校布局是实现教育外部均衡的基础，直接关系到受教育机会在各个地区的分布，影响着学校自身的发展以及学生所受教育的质量。学校布局调整需要综合考虑各地区的人口、资源、交通、气候、经济等诸多方面，进行科学规划。20 世纪 60 年代，法国就面临着这个问题。由于法国学生人数剧增，原有学校不足以容纳新增学生，为了保证义务教育的正常普及，法国政府对全国内学校布局进行了整体调整。

其次，支援薄弱学校，保证校际均衡。20 世纪 80 年代，法国各地区之间、同一地区的不同学校之间出现了教育质量上的优劣分化。为了缩小地区间与学校间教学条件上的差距，法国政府启动了“优先教育区计划”，重点扶助薄弱小学与薄弱初中，为在地理位置和社会环境方面处于最不利地位的学生投入更多的关注与支持。

再次，建立辅导制度，缩小学生差距。教育均衡与否，最终要以学生个体的发展情况体现出来。就追求均衡化的目的而言，区域间的均衡与学校间的均衡都是为了学生间的均衡发展。学生间均衡发展是最终的目标，也是最难实现的目标。学业失败问题

---

① 邢克超，李兴业.法国教育[M].长春：吉林教育出版社，2000：120.

是法国教育的一个顽疾，从20世纪60年代普及10年义务教育时就一直存在。小学、初中、高中等每一阶段都有学生被淘汰，留级、辍学问题突出，随着年级的升高，淘汰的比例逐步增加。为了减少学业失败，降低各阶段教育的辍学率与留级率，法国逐步形成了一套制度化的辅导机制。

1975年的哈比教育改革要求小学阶段加强读、写、算的教学，初中阶段开展“辅导活动”，更好地保证机会均等。进入20世纪80年代，法国政府对小学、初中的补课与个别辅导做出硬性规定。在小学阶段，学校要通过补习课的形式为在数学与法语方面学习受阻的学生补课。初中的补课内容包括数学、法语和外语。对落后学生进行课外辅导成为各学校固有的职责。为了促进个别辅导计划的落实，法国政府划拨专款为参加个别辅导计划的教师提供薪酬。

法国的教育行政管理体制一直是中央集权的制度，这在法国教育发展史上曾经起过积极的作用。但随着时代的变迁，其弊端日益暴露出来：结构上僵硬、刻板，机制上缺乏活力和应变能力。20世纪80年代，法国政府为扩大地方和学校的办学自主权，于1983年和1985年分别通过立法，重新调整了中央和地方各级教育行政机构的职权范围。1983年，教育部决定把教师在职培训工作下放到学区，由各学区成立国民教育师资培训委员会负责本学区中小学教师的在职培训。1985年颁布的《非集中化法》，把中央掌握的一部分教育行政管理权下放到地方。该法规定：教育部负责制定教育目标、教育方针、教学大纲、教师招聘等原则性的政策和法规；学区负责管理高中；省负责管理初中；市镇则负责管理小学。各级地方政府对自己分管的教育机构行使制定教育规划、建设校舍、购置设备等权限。在教学方面，学区一级管理中小学校享有较大权力。学区总长有权根据本学区情况确定或调整各校的教学时间和教学安排。

法国师范教育具有比较悠久的历史，第一所培养初等教育教师的师范学校建立于19世纪初拿破仑第一帝国时期。其后法国各级教师的培养制度不断健全，逐渐形成了自己的特色。进入20世纪以来，法国师范教育普遍存在着两大问题：一是初等教育教师培养规格偏低，并与中等教育教师的培养方案严重隔离；二是教师数量严重不足。为了改变这种局面，法国师范学校在第二次世界大战后的40年间着手进行了三个方面的改革：一是建立大学的教师培训学院，提高初等教育教师的培养规格；二是不断加强职前职业培训；三是为有意从事教师职业的大学生设置专门津贴。

面对学生水平参差不齐的现实，20世纪90年代，法国的中学教育加强了对学生的方向指导。法国把帮助学生选择升学方向和就业出路统称为方向指导。在法国现代教育制度中，可以说“方向指导”一词正逐渐地取代着“筛选”一词。方向指导的目的在于帮助学生面对教育制度的多样化结构，找到适合于个人发展和社会需要的学业选择和职业出路。随着法国教育机会的激增和教育的普及，大中学校的方向指导能力严重不足，致使许多学生在选择学业方向和职业方向时因缺乏必要的信息与指导而陷入盲区，从而导致学业失败。为了改变这一状况，对学生的方向指导必须加强。1989年，法国的《教育方针法》第8条明文规定："学生有权利得到关于学业、职业方向的指导与信息，这是受教育权的一个组成部分。学校和教育共同体特别是教师和方向指导人员应帮助学生确定其学业和职业方向，并为学生完成学业和学业结束后的就业提供方便。"

各学区信息与方向指导中心负责有关方向指导的具体事宜，对每个学生的方向指导由方向指导顾问、班主任、学生及其家长共同协商做出。对大学生的方向指导主要在大学第一年进行，从1985年以来，大学第一年成为方向指导年，教学不分专业，只分几个大的学习方向，学生可在这一年的学习过程中在教师的帮助下确定自己的专业方向。

自测习题

一、名词解释

1.《基佐法案》　2.《费里法案》　3.大学区制　4.《爱弥儿——论教育》　5.自然教育　6.《林哈德和葛笃德》　7.要素教育　8.方向指导

二、填空题

1.历史学家基佐主持制定了大力发展(　　)的(　　)法案，并于1833年颁布施行。

2.19世纪初，法国设立中央办的(　　)和地方办的(　　)两种中等学校。

3.卢梭认为自然教育的来源有三个方面：自然、(　　)和(　　)。

4.《林哈德和葛笃德》是(　　)著述的(　　)著作。

5.裴斯泰洛齐的和谐发展教育的内容，包括(　　)、(　　)、德育和(　　)四个方面。

6.在道德教育中，裴斯泰洛齐非常重视教师(　　)和学生(　　)的意义。

7.20世纪80年代，法国政府为了缩小地区间与学校间教学条件上的差距，启动了(　　)计划。

三、选择题

1.19世纪初，拿破仑在教育上实行了典型的(　　)体制。

A.地方分权制　　B.中央集权制　　C.中央、地方共权制　D.自治制

2.法国启蒙思想家卢梭撰写了著名教育哲理小说(　　)。

A.《林哈德和葛笃德》 B.《爱弥儿——论教育》 C.《教育诗篇》 D.《巨人传》

3.提出自然教育思想的代表人物是(　　)。

A.狄德罗 B.爱尔维修 C.卢梭 D.夸美纽斯

4.裴斯泰洛齐是19世纪(　　)国著名教育家。

A.法国 B.英国 C.瑞士 D.德国

5.法国第一所培养初等教育教师的师范学校建立于(　　)。

A.18世纪末 B.17世纪中期 C.18世纪中期 D.19世纪初

四、判断题

1.历史学家洪堡主持制定了法国大力发展初等教育和师范教育的法案,并于1833年6月颁布施行。(　　)

2.19世纪初,拿破仑在教育上实行了高度地方分权的领导体制。(　　)

3.费里曾两度出任法国的教育部长,他主持制定了1881年和1882年的教育法令,即后来在法国历史上实施最久的《费里法案》。(　　)

4.19世纪初,法国设立了中央办的公学和地方办的文法学校两种中等学校。(　　)

5.启蒙运动是17世纪英国资产阶级大革命的舆论准备。(　　)

6.1762年出版的《爱弥儿——论教育》是法国启蒙思想家卢梭写的一部教育哲理小说。(　　)

7.卢梭认为自然教育的来源有三个方面,即来自自然,来自周围的人们和来自外界的事物。(　　)

8.裴斯泰洛齐是瑞士著名的教育实际活动家和教育理论家。(　　)

9.《林哈德和葛笃德》是卢梭著述的社会政治和教育文艺著作。(　　)

10.裴斯泰洛齐的和谐发展教育的内容,包括体育劳动教育、德育和智育三个方面。(　　)

11.第一次世界大战后,法国初级中学有三种类型:市立中学、国立中学、小学补充教育学校。(　　)

五、简答题

1.法国中央集权的教育管理体制是怎样形成的?

2.《费里法案》的要点有哪些?

3.卢梭的感官教育有何特点?

4.卢梭的知识教育思想的要点有哪些?

5.卢梭是怎样论述劳动教育的?

6.裴斯泰洛齐的要素教育的基本内涵是什么?

7.裴斯泰洛齐对小学各科教学法有何贡献?

8.法国政府为扩大地方和学校的办学自主权采取的措施有哪些?

六、论述题

1.简述法国大革命期间，资产阶级各政党提出的几种教育改革方案和革命后《基佐法案》的内容。

2.试评裴斯泰洛齐的要素教育的理论。

3.卢梭关于自然教育的革新观点有哪些？其意义何在？我们应如何借鉴卢梭的自然教育思想？

4.你是如何评价裴斯泰洛齐的母爱教育思想的？裴斯泰洛齐的伟大人格对你有何启示？

5.进入20世纪以来，法国政府如何促进义务教育均衡发展？

第七章　德国近现代教育的发展

本章学习目标

本章概括介绍了近现代德国教育管理制度，初等教育、中等教育、高等教育的历史发展，重点述评了赫尔巴特的主知主义教育思想和福禄培尔的幼儿教育思想。要求能够从中总结出近代德国教育的基本特点，了解赫尔巴特和福禄培尔在建立科学教育事业和幼儿教育事业上所做的贡献，着重掌握赫尔巴特的教学理论和福禄培尔的学前教育理论。

一、德国17世纪至19世纪的教育发展

德国的近代教育制度在欧美教育史中具有重要影响，近代西方的公立教育、义务教育、实科教育、师范教育和双轨学制等，大多起源于德国。

16世纪的宗教改革深刻影响了德国教育，宗教改革家马丁·路德出于宗教目的，曾提倡义务教育和国家管理教育。此后又出现了拉丁文法学校、文科中学等新型学校。1528年，新教人士梅兰希顿倡导建立分级式拉丁文法学校；1538年，教育家斯图谟开办了一所文科中学，学生多为贵族和资产阶级的子弟，教学内容偏重拉丁文和希腊文而忽视一般学科特别是自然学科。17世纪至18世纪，德意志许多公国颁发学校法令，规定学校开办权由教会转移到国家手中。如普鲁士王国在腓特烈二世、威廉一世时便谋求把学校开办权由教会转入国家手中。腓特烈二世即位后颁布了一系列章程来改进教育，1763年，制定了乡村学校规程，做出了实行普通义务教育的规定；1794年，以法令形式颁布全部普鲁士大、中、小学由国家举办的决定。其他公国也有类似做法。德国成为世界上最早提出实行义务教育的国家，也是西方各国中最早从教会手中夺得教育权的国家。这一时期，基督教新教的虔敬派对德国教育的发展起了很大的促进作用。在虔敬派牧师的倡导下，德国许多城市陆续办起了建筑学校、采矿学校、林业学校、技术学校和农业学校等新型学校，统称为实科学校，这类学校比较重视自然科学

和现代语文的讲授。后来德国的许多普通中学也出现了向实科教育发展的倾向，以满足新兴资产阶级发展工商业的需要。

18 世纪末，德国兴起了泛爱主义教育，其代表人物为巴泽多(1724—1790)。他在德国创办了泛爱学校，以卢梭的教育思想为指导；教学内容十分广泛，有农业知识、手工业知识和自然科学知识；注重体育和劳动教育；采用实物教学法。

19 世纪初期，德国的政治、经济都相当落后。1806 年，普鲁士败于法国，割地赔款的状况唤起了爱国志士要求进行全面改革的思想，而教育改革也被作为重要方面。于是兴起了德国教育史上最重要的一次改革，它是在新人文主义思想运动影响下进行的，领导这场改革的是当时普鲁士内务部教育厅厅长、新人文主义代表洪堡(1767—1835)。改革后的普鲁士学制成为双轨制。其中一轨是为地方资产阶级子女办的由预备学校或家庭教育、文科中学和大学组成的学术教育系统；另一轨是由国民学校与职业教育机构组成的，旨在训练守纪律、虔敬上帝和忠于统治阶级的臣民的穷人子弟学校系统。改革后的文科中学成了唯一与大学衔接的中等学校，通过文科中学毕业考试者可直接升入大学，取消了原有的大学招生考试。在改革期间，洪堡和哲学家费希特联袂创办了柏林大学，其办学方针是扫除神学的统治，致力于以哲学、科学为主的高深学问的探讨及学术水平的提高；学校享有充分的自治权和学术自由。柏林大学不仅成为德国高等学校的楷模，而且对近代各国的高等教育都产生了重要影响。

这一时期师范教育也有所改革，德国的师资培养机构始于 1697 年弗兰克在哈勒设立的师资养成所。1747 年，黑克尔又在柏林设师范学校。此后，汉诺威、沃尔芬比特尔、格拉茨、布雷斯劳、卡尔斯鲁厄等地先后设立师范学校。1810 年，普鲁士颁布了关于教师资格考试的敕令，敕令规定只有通过国家考试者才能获得教师证书，有了证书才能被任用。到 1831 年，普鲁士各省都设立了师范学校，师范教育内容有了很大改进，开设了教育学与心理学以及教学实习等课程。

1848 年，德国革命失败后，普鲁士政府于 1854 年 10 月连续颁布了 3 个反动条例，强调国民学校和师范学校要以宗教、忠于普鲁士君主和德国沙文主义教育为基础，要求学校为宗教生活、职业生活和国家生活等服务，教育出现了反复与倒退。

1871 年普法战争中，德国基本上结束了封建割据，实现了以普鲁士邦为首的统一，建立了资产阶级和容克地主的联合专政，为资本主义发展创造了有利条件，从而也为教育事业发展带来广阔前景。这一时期，德国的幼儿园在福禄培尔的推动下有了很大发展，各级各类学校数量不断增加，职业教育与实科学校教育的发展尤为突出，在世界上处于领先地位。为与实科学校教育发展相适应，一批以柏林大学为模式的农、林、医、机械、采矿及其他应用科学领域的高等技术学校和高等专科学校也相继创办起来。

二、德国近代教育的特征

纵观德国近代教育制度的发展，我们会看到德国的教育制度在欧美教育史中占有重要地位，近代西方的公立教育、强迫义务教育、实科教育、师范教育和双轨学制等大多起源于德国。

其一，德国最早实现了国家管理教育。宗教改革以后，新教教派曾在德国占据优势并控制着德国的各类学校。但从16世纪末开始，各封建公国先后将教育改由国家管理，首先是初等学校，然后才是中学和大学。到19世纪初，德国已较欧洲其他国家率先实现了国家全面管理教育。

其二，德国最早颁布了强迫义务教育法。自16世纪起，各封建公国为了自身的利益，竞相颁布了强迫义务教育法。在1872年的德意志帝国的教育规章中，明确将6～14岁的8年初等教育定为强迫义务教育阶段。虽然在很长的时间里，接受这种教育只是劳动者子弟的义务，但在客观上对普及教育、提高国民素质起到了促进作用。

其三，德国较早地产生了实科学校，重视大学的改革。实科学校在德国产生于18世纪初，较英、法等国早了一个世纪，适应了德国资本主义经济逐渐发展起来的需要。自然科学也较早地进入德国大学的课堂。19世纪初，洪堡创办和领导的柏林大学，后来成为世界各大学改革的楷模，德国大学曾在世界上处于领先的地位。

其四，德国有着重视师范教育的优良传统。早在18世纪时，普鲁士就创建了师资训练中心。到了20世纪初叶，其小学教师就已由高等院校的师范学院培养，中学教员由大学直接培养，还需经过国家考试予以认可，因此师资水平较高。

其五，由于德国资产阶级的软弱性和革命的不彻底性，德国教育中保留了较多的封建主义的东西。例如，等级性很强的双轨学制一直到1920年以后才发生了较大的变化；古典主义在学校教育中的地位十分突出，这一状况虽然在洪堡改革时略有变化，但后来又随着封建专制的强化而加强，一直到20世纪初，德国学校教育仍带有一定程度的古典主义；沙文主义、军国主义和宗教神学始终贯穿于教育之中，也是德国近现代教育最显著的特征之一。

三、赫尔巴特的教育思想

反映近代德国教育理论发展水平的是以德国教育家赫尔巴特为代表的传统教育体系。赫尔巴特的教育思想对德国和欧美各国的中学教育，尤其是对古典中学的教育影响很大。赫尔巴特学派作为传统教育的代表，其影响一直延续到19世纪末20世纪初。

赫尔巴特(1776—1841)出生于德国奥尔登堡一个法官的家庭，曾任哥廷根大学、海德堡大学教授，主持柯尼斯堡大学哲学讲座。赫尔巴特根据他的教育原理创办教育研究所培养教师，训练出大批校长和督学，受到当时政府的极大重视，普鲁士政府便任命他担任皇家考试委员会主任。他的主要著作有《普通教育学》(1806)、《教育学讲授纲要》(1835)等。

赫尔巴特的社会政治观在很大程度上反映了德国当时的历史情况，他极力主张维护现存的社会秩序。也就是说，他希望在不破坏和不根本改变德国当时社会秩序中求得某些改革。他的教育思想在许多方面都反映了他的这种社会政治观点。

赫尔巴特的教育学主要包括三大部分：管理、教学和德育。在管理部分，他提出了纪律问题。他认为，纪律的本质就是约束儿童的意志，管理本身并不是教育，而是进行教育的必要条件。“满足于管理而不顾到教育，这是对心智的压迫；教育而不注意儿童不守秩序的行为，即儿童本身也不认为是教育。此外，如果不坚强而温和地抓住管理的缰绳，任何功课的教学都是不可能的。”[①]他提出了威吓、监督、命令、禁止和惩罚等管理的方法，对待学生采取严酷的态度，很少注意培养儿童的创造性和主动性。赫尔巴特之所以重视管理，主要是因为他认为儿童有一种“不驯服的烈性”，它是不守秩序的根源。对儿童必须自幼加以管理，使之在儿童时期就能够克服他的烈性，“造成一种守秩序的精神”。赫尔巴特的德育论主要是论述五种道德观念的培养问题。他认为，人类道德的基础是五种永恒不变的观念，即内心自由、完善、仁慈、正义和公平；观念是最根本的要素，人的一切心理过程——情绪、意志、思维、想象等，都不过是观念的变形。人们用这些观念来调节个人意志和社会冲突，就能使自己成为服从既定法制的、有美德的人。根据这个理论，他主张教育的目的就是要培养拥护普鲁士君主制度的“具有完美德性的人”。

如果说在赫尔巴特的管理论和德育论中消极的东西比较多的话，那么他的教学理论在教育史上却是起了积极作用的。第一，他阐明了心理学对教育学的意义，要求将心理学作为教育、教学的理论基础之一。他提出，观念(idea)是人的心理活动的最简单和最基本的要素，是人的全部心理活动的基础。人的心理活动就是观念的聚集和分散的活动，因此，心理学就是研究观念的形成及其运动的科学。赫尔巴特曾受德国唯心主义哲学家莱布尼茨等人的影响，他把莱布尼茨的统觉观念应用到他的教育学中，认为观念有同化作用。人们心灵中已有的旧观念可以同化、吸收新的观念，使自己的

---

① 张焕庭.西方资产阶级教育论著选[M].北京：人民教育出版社，1979：267.

观念得到补充、丰富，并在原有的基础上形成新的观念，这个过程被称为统觉。他认为，统觉作用就是利用已有的观念吸收新的观念并构成统觉团，统觉团越丰富，越系统化，就越能吸收新知识。教学过程就是利用学生原有的旧观念，引起学生的兴趣与注意，从而获得新观念的过程。因此，赫尔巴特统觉理论的基本含义就是当新的刺激发生作用时，表象就通过感官的大门进入意识阈中；如果它具有足够的强度能唤起意识阈下已有的相似观念的活动，并与之联合，那么，由此获得的力量就将驱逐此前在意识中占据统治地位的观念，成为意识的中心，新的感觉表象与已有观念的结合，形成统觉团（即认识活动的结果）；如果与新的表象相似的观念已经在意识阈上，那么，二者的联合就进一步巩固了它的地位。[①] 赫尔巴特毕生致力于把教育学建立在心理学基础上的伟大尝试，开辟了教学论发展的新道路，这无疑是值得肯定的。

第二，赫尔巴特提出了多方面兴趣的概念以及教学必须培养多方面兴趣的要求。他认为多方面兴趣是教学的主要依据。他把人的兴趣分为经验的、思辨的、审美的、同情的、社会的、宗教的六种，认为课程的设置要适应多方面的兴趣。他把所有的学科分为两大类：一类是“历史的”学科，包括历史、文学和语言文字等；另一类是“科学的”学科，即各种自然学科及数学等。他提出了一个比较广泛的课程系统。赫尔巴特以多方面兴趣为基础建立广泛的课程体系具有重大意义。自文艺复兴时期形成以古希腊罗马文化为主体的古典人文主义课程以来，历经几个世纪，直到赫尔巴特提出了比较广泛的课程体系之后，各国才形成了比较适应工业化需要的普通教育课程体系。当代世界各国历经多次改革之后的现行普通教育的课程体系的基本类型，都还是赫尔巴特当年提出来的，可见其影响深远。同时，他认为在教学中应追求实质，即必须使学生学习有“实际用处”的知识，而获得这种知识的本身就包含着能力训练的作用，因而又形成了“实质训练说”。

第三，赫尔巴特提出了教学阶段的理论。他把人的一切心理活动都归结为观念的运动。他认为，教学过程可分为两个基本环节：“专心”和“审思”。所谓“专心”，就是深入钻研学习材料，力求清晰地认识个别的事物，学生专心致志地从事学习；所谓“审思”，是指深入理解和思考，把“专心”中认识的个别事物集中起来，使之相互联合形成统一的东西。由此就形成了教学的四个阶段：第一阶段，明了（清楚）。这个阶段主要是让学生清楚、明了地感知新教材，儿童的心理处于静态的专心活动中，兴趣为注意阶段。方法则采用叙述教学（或称单纯提示的教学），教师通过实物的观察、图片的演示、简练而清晰的讲述、提示新教材，让学生在保持注意力集中的同时观察、感知、分析每

① 吴式颖，李明德.外国教育史教程（第三版）[M].北京：人民教育出版社，2015：213.

一个单一的感知对象，获得明晰的观念。第二阶段，联合（联想）。这个阶段主要是把新获得的观念与旧有的观念联系起来，形成新的观念。这时儿童的心理处于动态的专心活动中，兴趣为期待阶段。方法则采用分析教学，教师在学生已有知识的基础上，与学生进行无拘束的谈话，唤起其已有的观念，使之与新观念建立联系。第三阶段，系统。这一阶段主要是让学生在教师指导下对已获得的知识进行综合、归纳、概括、做出结论，使之概念化、系统化，并纳入原有的知识系列，以形成组织严密的、更加完整的知识体系。这时儿童的心理处于静态的审思活动中，兴趣则处于探求阶段。教学上采用综合方法。第四阶段，方法。这个阶段主要是学生通过独立作业，或按教师的指示进行改正作业等练习，把系统化了的知识应用到“个别情况”中去，运用到实际中去。这时儿童的心理已进入动态的审思活动中，兴趣正处于行动阶段。赫尔巴特教学阶段理论在一定程度上揭示了知识教学的客观规律，阐明了教师和学生双方在教学过程中的重要地位，为教育心理学化和教育科学化的发展奠定了基础。但另一方面，教学阶段理论存在其所固有的机械论倾向的弊端。

第四，赫尔巴特论证了智育和德育的关系，揭示了教学具有教育性这一原理，第一个明确地提出“教育性教学”的概念，把教育和教学的关系看成目的和手段的关系。赫尔巴特认为，教育的主要目的是形成儿童的道德品质和道德观念，使之成为完善的人。教学则是儿童获取系统知识、形成道德品质的主要途径。任何教学过程都必须具有教育作用，教师应当寓教育于教学。他说：“教学如果没有进行道德教育，只是一种没有目的的手段，道德教育（或者品格教育）如果没有教学，就是一种失去了手段的目的。”[①]简而言之，就是应该“通过教学来进行教育”。[②] 据此，他强调教学的教育性，把向学生传授知识看作对他们进行教育的根本途径。这一点，反映了教学过程的基本规律，赫尔巴特揭示了这一原理，使人们对教学过程的认识“深化”了。在他以前，教育家们通常把德育和教学分开进行研究，教育和教学通常被规定了各自不同的任务和目的。赫尔巴特首次揭示了教育和教学的内在本质联系，使德育获得了坚实基础，对现代教育学的发展具有重要意义。但他把教学完全从属于教育，把教育和教学完全等同起来，具有机械论的倾向。

第五，赫尔巴特强调了教学中系统化和直观的观念形成的价值和必要性。他在重视古典教养的同时，也重视自然科学的教育意义。

赫尔巴特的教学理论是一种闭门读书的教学理论，其教学是一种从观念到观念的教学，甚少联系社会生活实际；过分强调教师的主宰作用，忽视儿童在教育中的地位，

---

① 曹孚.外国教育史[M].北京：人民教育出版社，1979：177.

② [德]赫尔巴特.普通教育学 · 教育学讲授纲要[M].李其龙，译.北京：人民教育出版社，1989：13.

不引导儿童活动;过分注重知识的传授,忽视对儿童能力的培养。

赫尔巴特的教育思想总体上反映了19世纪德国资产阶级两重性的特点:既有进步的一面,亦不乏保守的一面。他明确提出心理学是一门科学,并试图在心理学和伦理学的基础上建立系统的教育学理论,是近代试图使教育学成为一门科学的开山之祖。赫尔巴特的教育思想对后世有重大影响,19世纪中叶以后,欧美许多国家都以他的教育理论为依据,形成所谓的"传统教育",这种教育重视课程教学制度、教学理论和方法的建设,其特点是按照逻辑顺序组织教材,分科教学,系统传授各种基本文化知识,注重强制性的纪律和教师的权威作用。因此,赫尔巴特后来被杜威称为"传统教育"的代表。杜威称其心理学是"教师心理学",而不是"儿童心理学"。

从19世纪六七十年代开始,赫尔巴特的教育思想在德国受到重视,并形成了以齐勒尔、斯托伊和赖因为代表人物的赫尔巴特学派。通过建立协会、出版著作和发行刊物,赫尔巴特的教育学说很快传播到其他国家和地区,并成为一种对后世教育产生重要影响的教育思想。到19世纪90年代,赫尔巴特学派运动的中心开始由德国移向美国,其代表人物是曾经在德国留学的德·加谟、麦克默里兄弟以及哈里斯等。1892年,他们成立"赫尔巴特俱乐部"(后几经改名,1902年改名为"全国教育研究会"),翻译出版赫尔巴特的著作和阐述赫尔巴特教育学说的论著,使得赫尔巴特的教育思想在这一时期成了美国教育界的主导思想。20世纪初,赫尔巴特的教育思想以日本为媒介传入中国。可以说,最早在近代中国传播的西方教育理论就是赫尔巴特以及赫尔巴特学派的教育理论。尤其是在赫尔巴特的教学阶段理论之上发展起来的"五段教学法"曾对近代中国的学校教育实践产生过广泛的影响。对于当时中国的废科举和兴学堂以及近代师范教育的发展,赫尔巴特的教育学说曾起了一定的推动作用。

四、福禄培尔的教育思想

福禄培尔(1782—1852)是德国著名学前教育家,曾两次访问裴斯泰洛齐的伊弗东学院。1837年,他在勃兰登堡开办学前教育机关,并于1840年命名为"幼儿园"。他的教育理论、教育实践和教育方法曾对西方学前教育和初等教育的变革发生了一定的影响,其代表作为《人的教育》。

福禄培尔提出了教育的五大基本原则。第一,统一的原则。一切事物都起源于神的统一或上帝。"在一切事物中存在着和统治着一个永恒的法则。……这个全能的法则,乃以一个渗透一切的、精力充沛的、富有生命的、自觉的因而是永恒的'统一'为基础。……这个统一就是上帝。"[①]福禄培尔的哲学和教育观点是在德国古典唯心主义哲学影响下形成的。他认为宇宙是一个统一体，其中心是神；人只是其中一个小的统一体。教育的目的就在于揭露潜在于人体内的"神的本原"。第二，适应自然的原则。其主要含义是：合理的儿童教育必须观察、效法或遵循自然万物发展的正确道路，以及"小心翼翼地追随本能"，即追随儿童的天性。儿童天性善良，并表现为四种本能，即活动的本能、认识的本能、艺术的本能及宗教的本能。其中，活动的本能随着年龄的增长而发展为创造的本能，教育就是促进这种本能发展的过程。但对每一种本能，福禄培尔都进行了宗教神秘主义的解释，把它们都归结为所谓"神的本原"的体现。第三，发展的原则。就儿童方面而论，教育是由内因决定的进化过程，如果让儿童顺其自然地发展，神的精神就会在儿童的活动中显示出来。教师的任务在于遵循自然，引导儿童的成长，提供一切成人智慧的帮助，而不是违背自然，对儿童的成长横加干涉、命令和强迫。第四，创造的原则。所谓"创造"，即通过将已有的东西变换花样的方式，赋之以新的意象。第五，社会参与的原则。福禄培尔重视教育的社会目的。个体进步与社会进步之间有密切关系，整体和部分是不可分离的。学校是一个统一的有机体，在里面，由发展的个体组成的单位应通过参加社会生活来完善自己。学校必须产生公民，并令受教育者做好为社会服务的准备。以以上原则作为指导，福禄培尔建立了他的学前教育理论。

福禄培尔重视学前教育，第一个创立了学校教育机构及其工作理论，他强调人的教育应从儿童早期(出生至入学前)开始。他认为儿童未来生命之树的胚芽若在这时受到损害，将来要克服极大的困难才能成长。因而，他提出"儿童早期是人和人类全面发展的最主要的阶段，也是教育最重要的时期"的论断。

福禄培尔对游戏、作业做了系统的理论阐述，确立了游戏在幼儿教育中的地位和作用，把游戏、作业和劳动等活动作为培养、教育幼儿的基本形式。他认为，游戏是童年生活中最快乐的活动，是表现和发展儿童的自动性和创造性的最好的活动形式。成人既应允许儿童自由地、尽情地游戏，又必须注意观察和指导儿童游戏，从而通过游戏增进儿童的体力与智力，利用儿童与同伴的共同游戏，培养公民意识和意志品质，进行道德教育。

福禄培尔重视儿童对自然的接触和了解，注重劳动作业。他创制了名为"恩物"的一套玩具，并为幼儿创编了使用恩物进行的游戏和配有歌曲或音乐伴奏的活动游戏。恩物是福禄培尔帮助儿童认识自然及其内在规律的工具，他认为恩物是自然的象征，儿童通过恩物，由简及繁、由易到难、循序渐进地认识自然，进而洞察神性。这些活动为儿童以后的观察和认识活动打下了基础，有益于儿童进行艺术欣赏和创作活动，还

① 张焕庭.西方资产阶级教育论著选[M].北京：人民教育出版社，1979：310—311.

可以帮助儿童发展语言能力。作业是福禄培尔为幼儿园拟定的另一种教育活动形式，包括绘画以及使用恩物和其他材料进行的各种手工活动等。他拟定的游戏和作业注意了循序渐进、由简到繁，注意了发展幼儿的语言能力。作业的进行主要体现了福禄培尔关于“创造”的教育原则，要求将恩物的知识运用于实践。作业与恩物是有区别的：第一，恩物的主要作用在于“由外向内”，即在于接受或吸收有关外界事物的知识；作业的主要作用则是“由内向外”，帮助儿童发表或表现他们对于外界事物的印象或认识。第二，从两者安排的顺序看，恩物在先，作业继后，不可颠倒。第三，恩物游戏并不改变物体的形式，作业则要改变材料的形式。第四，恩物引导儿童发现、洞察和整理活动，使儿童学到关于外界的知识；作业则运用恩物所提供的观念来开展活动，并控制、修改、变化和创造活动。

福禄培尔还提出了“中间学校”的问题。他认为，介于幼儿园和普通学校之间的“中间学校”的任务，实质上是帮助儿童顺利地、逐步地实现从直观感觉到抽象思维的转折。

福禄培尔使幼儿教育成为教育实际工作和教育理论中的一个独立部门，他的幼儿教育思想在20世纪初叶以前，促进了欧美各国幼儿学校的改善，推动了幼儿教育事业的发展，也对欧美小学教学的演变产生了影响。在理论上，他的某些教育思想材料成为杜威教育思想的渊源之一。福禄培尔的教育理论不限于学前教育，他还研究了一些有关学校教育方面的问题。但是他的许多方法规定过于死板、机械，且充满了唯心主义和宗教神秘主义色彩，有形式主义之弊，反映了当时德国资产阶级和小资产阶级反封建的软弱性。

五、德国20世纪的教育改革

（一）魏玛共和时期（1919—1933年）的教育

1919年，德国通过《魏玛宪法》，废除君主政体，建立魏玛共和国。《魏玛宪法》规定：德国是一个由19个州组成的联邦国家，教育权归各州所有，国家负责对各类教育事业进行监督；在初等教育上，主张废除等级性的双轨学校制度，建立统一的公立学校系统；私立学校的设立必须经过国家的批准，遵守各邦的法律，撤销私立预备学校。到20世纪30年代初，德国各级教育在以下几个方面发生了重要变化：在初等教育方面，实施四年制统一初等学校；在中等教育方面，一是取消了中学的预备学校阶段，二是新增了德意志中学和上层建筑学校；在高等教育方面，恢复和坚持了洪堡改革时期大学自治、教学与科研相结合的原则，同时提出了高等教育面向大众化的要求；在教师的培养方面，从1924年起小学教师由高等教育的师范学院来培养。

(二)纳粹德国时期(1933—1945 年)的教育

在纳粹政府统治时期,德国学校教育全面倒退。纳粹政府的教育指导思想是教育要培养德意志精神,为法西斯主义服务。1934 年,纳粹德国设立国家科学、教育和国民教育部,加强国家对教育的控制,配合纳粹的统治。在初等教育方面,设立八年制国民学校,注重地理环境、体育和德语教育。在中等教育方面,压缩中学教育体制,统一中学课程,学校类型分为文科中学(8 年)、德意志中学(8 年)、上层建筑学校(6 年)三种;注重德国历史、生物科目的教学和"德意志学科";德意志中学成为德国中学的主要类型。在高等教育方面,德国大学处于压缩和政治化的时期。

(三)第二次世界大战以后德国教育的发展

第二次世界大战后,联邦德国废除了希特勒统治时期的中央集权教育管理体制,实行地方分权教育管理体制。1959 年,德国教育委员会提出了《改组和统一公立普通学校教育的总纲计划》,其内容为:第一,保留中等学校三分制的体制;第二,在四年基础学校教育之上,再增加两年促进阶段的教育;第三,设置三种中学,即主体中学、实科中学、完全中学。

1964 年,联邦德国各州州长签订的《关于统一学校教育事业的修正协定》(简称《汉堡协定》)规定:所有儿童应接受九年制义务教育;在基础学校和两年促进阶段后,学生可以进入主体中学(3、4 年)、实科中学(4 年)和完全中学(7 年)进行学习。在 20 世纪 60 年代中期,综合中学产生(1969 年予以认可)。1969 年联邦德国成立联邦教育和科学部(中央一级的教育领导机构),1970 年成立联邦与州教育计划委员会。1970 年,联邦德国教育咨询委员会发布了《教育结构计划》,提出了一个为期 15 年包括从初等教育领域直至继续教育领域的整个教育事业的改革方案。1976 年,联邦政府颁布的《高等学校总纲法》是联邦德国战后第一部有权威的高等教育方面的法律。1978 年,联邦德国开始推行"职业基础教育年计划",即在职业教育的第一年专门进行职业基础教育,并为那些接受了九年义务教育之后不能继续进入大学学习的青年提供"双元制"职业教育的机会。所谓双元制职业教育,实质就是把职业学校与社会培训相结合的一种职业教育体制。双元制中的双元是指职业学校和企业培训两种职业教育发展的要素。关于职业学校,其主要职能是传授学生技能方面的基础知识,进行理论和常识等方面教育。双元制的另一元——企业培训,则主要是进行技能实践方面的培训,是对职业学校教育学习的一种实践化和具体化。职业学校的学生在工厂和企业中是以学徒的身份参与培训的,这一过程也称实训。这一部分的教育绝大部分是在工厂和企业中进行的。

20 世纪 80 年代以后，德国继续采取教育改革措施，涉及初等教育和中等教育改革的措施有：发掘儿童智力潜能，进行 5 岁入学的实验，促进幼儿园与基础学校有效的衔接；在基础学校开设外语课和计算机课，在初等教育和中等教育的各类学校中增加环境教育的内容，以适应社会发展的需要；普通中等教育和职业技术教育课程互相渗透，在普通中学开设职业技术教育课程，在职业学校增加普通教育课程，使中学毕业生能适应升学和就业两种选择；进一步加强个别化教学，遵循因材施教的原则，合理组织教学内容和教学形式；加强尖子学生的培养，为多出人才、快出人才服务。在高等教育方面的改革措施是：1985 年 11 月对《高等学校总纲法》进行了修订，删去了高等教育机构统一模式的内容，仍坚持高等学校多层次、多样化办学原则；承认各高等院校在教学工作和接受企业委托从事科研方面享有更大的自主权；鼓励各高等院校之间开展竞争，创办名牌大学；为学习优异的大学生举办研讨班（seminar），促进其特殊才能的发展；加强大学教育的实习、实践环节。在师范教育方面的改革措施是：改变了只有师范院校培养教师的模式，综合大学开始承担培养各级学校教师的主要任务；不仅中学第二阶段（完全中学）教师由四年制的综合大学培养，基础学校和中学第一阶段（不完全中学）的教师也要经过综合大学四年制课程的培养。

1990 年 10 月德国统一后，东、西部各州的教育实现了大致统一。初等教育统一由基础学校实施，儿童 6 岁入学，各州实行九年义务教育（勃兰登堡的义务教育时间为 10 年）。在中等教育方面，大多数州除采取主要学校、实科学校和完全中学三分结构的学制模式外，还设有综合学校。在高等教育方面，联邦政府下放部分权力，增强了各州及学校在经费、招生、决策等方面的自主权。在职业教育方面，各州在实施九年义务教育之后，实施三年制义务职业教育。职业教育机构有职业学校、专科学校、职业基础学校、职业或专科补习学校。德国职业教育体制较为完善，结构多样化，对欧洲其他国家的职业教育产生了较大影响。在师范教育方面，各州师资培养分为专业训练与实践训练两个不同阶段，并由高等学校承担培养任务。

自测习题

一、名词解释

1.泛爱主义教育　2.文科中学　3.《普通教育学》　4.《人的教育》　5.双元制

二、填空题

1.文科中学系宗教改革时期由梅兰希顿创立的（　　）和斯图谟创建的（　　）演变而来。

2.泛爱主义教育的代表人物是(　　)国的教育家(　　)。

3.新的柏林大学是由(　　)和(　　)联袂创建并领导的。

4.赫尔巴特把人的兴趣分成六种:经验的、(　　)的、审美的、(　　)的、(　　)的、社会的和宗教的兴趣。

5.赫尔巴特把教学过程分成四个阶段:(　　)、联想、(　　)和方法。

6.赫尔巴特在道德教育方面提出培养五种道德观念:内心自由、(　　)、仁慈、(　　)和公平的观念。

7.福禄培尔于1826年写了泛论(　　)的著作(　　),阐述他的基本教育观点。

三、选择题

1.泛爱主义教育运动的代表人物是(　　)。

A.巴泽多　B.康德　C.洪堡　D.赫尔巴特

2.19世纪初,对德国各级学校进行整顿和改革的是(　　)。

A.黑格尔　B.洪堡　C.费希特　D.赫尔巴特

3.赫尔巴特的代表作是(　　)。

A.《人的教育》　B.《人是教育的对象》

C.《教育学讲授纲要》　D.《教育论》

4.德国近代着重讲授自然科学和实用知识的学校是(　　)。

A.文科中学　B.实科中学　C.文实学校　D.文法学校

5.在教学的形式阶段上,赫尔巴特提出了(　　)。

A.三阶段论　B.四阶段论　C.五阶段论　D.六阶段论

6.福禄培尔为幼儿游戏和活动设计的教具,取名为(　　)。

A.积木　B.作业　C.恩物　D.手工劳动

四、判断题

1.在西方教育史上,德国是最早公布强迫教育法令的国家。(　　)

2.实科中学着重讲授实际生活和国民经济各部门所必需的实用知识。(　　)

3.泛爱主义教育的代表人物是德国的教育家福禄培尔。(　　)

4.洪堡在担任公共教育部长期间,开始了对各级学校的整顿和改革。(　　)

5.在赫尔巴特看来,教育的任务是以五种道德观念作为主要内容,努力形成学生"完美""善良"的道德品质。(　　)

6.赫尔巴特把兴趣分成六种:经验的兴趣、思辨的兴趣、审美的兴趣、同情的兴趣、社会的兴趣和宗教的兴趣。(　　)

7.赫尔巴特把教学过程分成四个阶段,即注意、期待、探求和行动。(　　)

8.赫尔巴特把兴趣分成四个阶段:明了、联想、系统和方法。 (　　)

9.福禄培尔于1826年写了泛论儿童教育工作的著作《幼儿园教育学》,阐述了他的基本教育观点,以及它在儿童各年龄阶段教育工作中的应用。 (　　)

10.首创“幼儿园”名称,被人们誉为“幼儿教育之父”的教育家是福禄培尔。 (　　)

11.1861年,福禄培尔的有关幼儿教育的著作,经友人编辑出版,名为《人的教育》。 (　　)

五、简答题

1.19世纪初德国的洪堡改革有何重大的举措?

2.德国中等教育在历史发展中主要形成了哪几种学校类型?

3.赫尔巴特要培养的五种道德观念是什么?

4.赫尔巴特的教学阶段理论包括哪些内容?

5.赫尔巴特所指的人的六种兴趣是什么?

6.赫尔巴特的教育性教学原则的内涵是什么?

7.赫尔巴特关于道德教育的方法有哪些?

8.赫尔巴特关于儿童管理的措施有哪些?

9.福禄培尔提出了哪些幼儿教育的原则?

10.福禄培尔提出的恩物与作业有什么区别?

11.福禄培尔对幼儿教育做出了哪些贡献?

六、论述题

1.赫尔巴特的教学理论体系有何可借鉴及批判之处?

2.试述福禄培尔在学前教育理论和幼儿园实践上的主要贡献。

3.你是如何评价以赫尔巴特为代表的传统教育的?

4.德国近代教育发展有哪些值得汲取的经验与教训?

第八章　美国近现代教育的发展

本章学习目标

本章概括介绍了近现代美国教育管理制度，初等教育、中等教育以及高等教育等方面的历史发展，重点述评了杜威的实用主义教育思想。要求能够从中总结出近代美国教育的基本特点，掌握美国近代教育发展的原因及其影响，着重理解并评析杜威实用主义教育理论观点。

一、美国近代教育发展

19 世纪 60 年代以后，美国经过南北战争(1861—1865 年)，从农业国一跃而成为先进的工业国，在政治、经济等方面都赶上或超过了欧洲的发达国家。到了 19 世纪末 20 世纪初，美国开始进入垄断资本主义时期，工业总产值由资本主义世界第三位一跃而居首位。生产和资本的急剧集中导致垄断组织相继出现。垄断组织不仅垄断了美国的铁路、石油、钢铁、汽车制造等工业，还掌握和操纵了整个美国的经济生活；同时，也控制了国家的政权，决定了政府的对内、对外政策，影响着美国教育的发展。

随着美国资本主义的形成和发展，美国近代教育制度的确立与发展经历了以下阶段。第一，独立战争前教育殖民化的时期。在该时期，美国的教育基本上是宗主国教育的移植，受英国(尤其是清教徒)教育的影响较大，尚未形成独立的教育制度。宗教是教育的主要出发点和归宿。教育与殖民地的生活状况紧密联系在一起，学校数量少、水平低。第二，独立战争后民族教育的觉醒时期。1776 年，北美独立战争胜利后，具有普通教育公立化、高等教育州立化、教育内容世俗化、教育制度法制化等美国特色的教育制度开始形成。第三，南北战争后国民教育制度的确立时期。在南北战争后，美国的经济迅速发展，教育的成效也极为可观。到 19 世纪末，美国已基本确立了从学前教育到高等教育的完整的教育制度。第四，20 世纪初实用主义教育的发展时期。在该阶段，美国的工业总产值已经跃居世界首位。教育的发展也比较迅速，创立了具有自己特色的地方教育管理制度和公立学校制度。在第一次世界大战后，进步主义教育理论成为教育发展的主要指导思想，其具体特征体现在以下几个方面。

在教育领导体制方面，美国和法国正好相反，是典型的地方分权管理教育的国家。19世纪下半期以后，美国虽然表面上仍保持了各州地方分权的领导体制，各州有权制定教育政策和教育发展计划，但实际上垄断资产阶级通过经济手段加强了对教育的控制。各大财团建立"基金会"给教育机构和学校"赠款"，用这种方法掌握对教育方针、学科和专业设置、教学内容、科研项目，甚至教师的聘请等方面的领导权。1857年成立的"全国教育协会""教育政策委员会"等，虽然是非官方性的组织，但实际上是垄断资产阶级在教育界的一批代理者。这些组织提出和制定的教育政策，几乎美国各州都会付诸实施。

在普通教育方面，推行公立学校运动，建立公立中学，扩大受教育的范围，增加普及义务教育的年限，是美国这一时期教育发展的又一重要方面。19世纪初叶，"美国公立学校之父"贺拉斯·曼曾前往德国考察教育，大力主张建立公立学校。1821年，美国第一所公立中学建立；1827年，马萨诸塞州制定了美国第一个州立中学法，各州也相继发布了强迫义务教育法令。从1918年开始，各州又相继颁布了强迫教育法令，规定普及义务教育的年限增加到10～12年。到1918年为止，全国实现了初等阶段的义务教育。为了普及中等教育，美国继续进行学制改革，也是到1918年基本实现了由"八四学制"改为"六三三学制"的目标，当然也有一些州仍保持了"八四学制""六六学制"或"六二四学制"。

在师范教育方面，美国的师范教育则向高层次、多渠道方向发展。为了适应普及义务教育的发展，1823年，伊利诺伊州创办了第一所水平较高的私立师范学校；1839年，马萨诸塞州开办了美国第一所州立师范学校。随后，师范教育得到了长足发展。19世纪末，美国在部分文学院或综合大学，如芝加哥大学内设立教育系，培养学校管理人才和教师，提供教育科研的各种条件。各州也将两年制的师范学校改为四年制的高等师范学院。同时，又在一些著名大学内附设教育学院，学生学完一般科系的两年课程后进入教育学院接受胜任教师的训练，最后可取得学位。

在职业教育方面，美国是一个有重视职业教育传统的国家。18世纪末，美国就有农业职业教育，在小学要求讲授一些农业知识。19世纪产业革命以后，职业教育发展更快，不仅开办了中等职业学校，而且建立了比较完整的系统，开始重视高等学校的现代职业技术训练。1917年，著名的《史密斯—休斯法》颁布后，便确定了联邦职业教育局对全国职业教育的领导权，提高从事职业教育教师的薪金，并对其进行培训，职业技术教育发展更迅速了。

在高等教育方面，美国的高等教育配合经济发展的需要，按照因地制宜、因时设科的原则，得到了长足发展。1636 年，清教徒们在北部马萨诸塞殖民地开办了哈佛学院，这是美洲第一所高等学府。18 世纪 40—60 年代，北美殖民地大学迅速增加，30 年间出现了 6 所大学。到了 19 世纪，美国高等教育在办学形式、学校类型、课程设置、教育规模等方面发生了重大变化，表现出一些新的特点。在办学形式上，以私立为主体，公、私兼有。1819 年，达特茅斯诉讼案（Dartmouth College Case）强调了私立大学的合法性。在办学规模上，高等院校数量大增，但规模较小。在学校类型上，一方面，农工学院兴起。1862 年，《莫雷尔法案》的颁布确立了美国高等教育为工农业生产服务的方向，在一定程度上改善了高等教育发展与社会需要联系不够紧密的状况。另一方面，取法德国经验，建立学术型大学。例如，1876 年，霍普金斯大学的建立使美国高等学校类型进一步多样化。在招生对象上，女子进入高等院校学习。

美国教育虽然发展很快，但存在着严重的自由化和绝对化的倾向，没有先进的思想道德教育，这是美国教育落后于苏联教育的重要原因。强调自由而否定必要的纪律，过分要求民主而否定必要的集中，过分强调儿童的主动性而否定教师的教育责任，强调个性而否定一定的集体教育，这是美国教育特别是学校教育的弊端。美国学校的“公共关系课”教学生如何尔虞我诈、投机取巧，不少电影、电视、书刊是宣扬追逐金钱、醉生梦死的，所以美国教育潜伏着危机，尽管一再强调科技教育，却出现两极分化。创造发明人才多，而青少年犯罪率也很高。美国教育中还存在着比较严重的种族歧视倾向，歧视黑人儿童，不重视黑人的教育，这是美国资本主义制度本身造成的，有深刻的社会根源。

二、美国近代教育发展的原因

美国近代教育“在教育民主化和教育科学化的道路上，都是快步向前的，其各级各类学校多属先进”，形成这一状况的原因主要有以下几点。

第一，面对现实建设需要而锐意创新。内战后，美国由半农业半工业国迅速转变为工农业都高度发达的国家，人人受教育的公立学校运动兴起，使美国成为继德国之后第二个实行义务教育的国家。文实学校和公立中学更是美国人的创造，重视职业教育和青年的就业准备。理工科大学和农业大学的迅速发展加强了高等教育为社会服务、为国家经济发展服务的能力，发展了美国的应用科学，这些都得力于美国教育能勇于开创教育新事物，不为传统的历史包袱所束缚。

第二，视教育为立国之本，为政治革新、社会进步的必由之路。这表现为人们普遍认为：培养民主政治制度下的公民离不开教育；解决社会矛盾也离不开教育；同化移民更需要教育的力量。

第三，政府重视支持，移民踊跃参与。美国的建国者都视教育为立国之本，早期政府都支持教育，为以后的政府树立了榜样。1862年，联邦政府颁布《莫雷尔法案》，以联邦向各州提供联邦土地的形式资助各州发展农业和工艺教育。1914年，国会又通过了《史密斯—列弗法》，促使高等学校进一步推广技术服务。民众对于教育的参与意识也始终是强烈的。

第四，善于吸取别国的先进经验，以别国之长来补美国教育之短。独立后，美国教育立足于本国，积极向欧洲学习，吸取欧洲先进的教育理论和经验。内战后，高等教育向德国学习，努力发展重视学术研究的大学；学习瑞士教育家裴斯泰洛齐的教育理论，尊重儿童天性，崇尚自由，推广实物教学法等，推动了中小学教育的发展。

第五，重视教育科学研究。美国在依靠群众办学的同时，大力依靠教育科学导航，在很大程度上避免了盲目性，而表现出预见性，使美国教育少走弯路。美国的教育专业组织林立，许多属于根本性的教育大政方针和改革常常是由专业学会研究解决的。

三、杜威的教育思想

19世纪末20世纪初，与美国进入垄断资本主义时期的政治经济相适应，美国国内出现了"进步教育"(又称为"现代教育")的改革运动，要求改革传统教育，强调学校要联系社会、联系生产劳动，尊重儿童兴趣，废除死记硬背，以儿童的生活和活动为中心，提倡儿童中心和从做中学等。它以教育家帕克的昆西教学法实验为开端，除此之外还有约翰逊的有机教育学校、沃特的葛雷制、帕克赫斯特的道尔顿制、华虚朋的文纳特卡计划及克伯屈的设计教学法等重要的教育制度和教育方法。

在这一运动中，产生了杜威实用主义教育理论和实践。它是美国教育理论发展最突出的标志。杜威实用主义教育理论在第二次世界大战前广泛流行于整个西方教育界，并对各国的教育产生过相当大的影响，包括中国在内。这一切一直延续到当代教育阶段。

杜威(1859—1952)是美国现代著名哲学家、社会学家、教育家。杜威在其一生中，除短期做中学教师外，大部分时间是在大学任教。他还广泛地参加了学校以外的学术和社会活动，先后担任过美国心理学联合会会长、美国大学教授联合会第一任会长、人民座谈会主席、独立政治联盟全国主席等。曾到日本、中国、土耳其、墨西哥和苏联等国考察教育状况，宣传实用主义教育思想。其代表作有《学校与社会》(1899)、《我们怎样思维》(1910)、《明日之学校》(1915)、《民主主义与教育》(1916)、《经验与教育》(1938)等。杜威的研究生涯可以分为三个时期:10年的门徒身份,10年的摆脱影响和崭露头角,其后50年杜威成了杜威自己。第一个时期是1884—1894年的10年,当时他在密歇根大学和明尼苏达大学教授心理学和哲学。在实践中,杜威清楚地认识到中小学课程内容贫乏,当时流行的赫尔巴特五段教学法机械呆板,于是他萌生了进行教育改革的想法并进而成为教育革新的倡导者。第二时期,1894—1904年的10年是他改革教育的尝试阶段,当时他在芝加哥大学任哲学、心理学和教育学系主任。1896年他创办了芝加哥实验学校,又称杜威学校,以他的哲学和心理学研究为根据进行教育创新。他把教师高谈阔论的课堂变为学生通过活动去获得知识的课堂,把学生静坐听讲的课堂变成儿童能随时移动位置进行活动的课堂。在此期间,他根据自己的教育改革实践,发表了许多重要的教育论著。第三个时期,1904年后直到他1952年去世,是他事业的辉煌时期。1904—1930年,杜威任哥伦比亚大学哲学教授。他与一批教育史学家、比较教育学家和教育心理学家一起,铸成了哥伦比亚大学师范学院的黄金时代。经过长期的教育实践和研究,1916年,杜威出版了《民主主义与教育》。这部经典巨著标志着教育理论发展的一个新时期的开端,创立了实用主义教育哲学体系。1930年,杜威退休,改任哥伦比亚大学名誉教授,仍继续从事教育改革研究。

从政治上说,杜威实用主义教育理论中最根本的东西是社会改良主义。他的全部教育理论符合20世纪初美国资本主义生产发展和垄断企业的需要,而且是为解救资本主义经济危机,训练驯服、熟练工人服务的。其主要内容有以下几点。

(一)主张"教育即生长""教育即生活",批判传统教育的"课堂中心"

杜威认为,儿童出生即具有各种本能,即社交的本能、制造的本能、探究的本能和艺术的本能。"基本本能"的确立与生长是"教育的天国"。儿童心理活动的基本内容就是以本能活动为核心的心理机能的不断发展和生长的过程,教育就是起促进本能生长的作用。而儿童本能的生长总是在生活过程中展开的。人不能脱离环境,学校也不能脱离眼前的生活。学校应将现有的生活情境作为其主要内容。杜威认为,在不断变化的社会中,教育是不断地改造经验、重新组织经验的过程。根据这一思想,他主张"教育是生活的过程,而不是将来生活的预备",[①]并由此提出"学校即社会",要把现实社会生活的一些东西组织到教育过程中去,使学校成为一个"雏形的社会"。杜威提出这样的教育概念,是针对传统教育的。他认为,传统教育远离生活,是过于"专门化的、

① [美]约翰·杜威.学校与社会·明日之学校[M].赵祥麟,任钟印,吴志宏,译.北京:人民教育出版社,1994:6.

片面的和狭隘的"[①]，不适应美国现实的需要。他指出，传统教育有三个弊病：第一，传统教育传授过时的死知识，这种知识以固定的教材的形式提供给学生，教师照本宣科，学生死记硬背；第二，传统教育按照过去传下来的道德规范去训练学生；第三，传统教育的教师是传授知识和技能以及实施行为准则的代理人。杜威对传统教育的批评，在许多方面是切中时弊而富有积极意义的。他强调教育与实际的社会生活协调一致，注重实际有用的科学知识，学校教育要对社会生活起积极作用。杜威还认为，教育的中心应从学科上面搬到儿童上面去，依照儿童长进的程序，使他逐渐发展他的本能，直到它能够自己教育自己为止。[②] 这些在当时都是比较新颖的观点。但是，他把教育等同于生活，把学校等同于社会，则否定了学校教育的特殊职能。因为教育只是社会生活的一部分，社会生活中固然有教育活动，但有些生活就不一定是教育。

（二）主张"儿童中心"，反对传统教育的"教师中心"

杜威说："教师在学校中并不是要给儿童强加某种概念，或形成某种习惯，而是作为集体的一个成员来选择对于儿童起作用的影响，并帮助儿童对这些影响作出适当的反应。"[③]他用一个形象的比喻说明两者的关系："教师是一名向导和指导者，他掌着舵，而驱动船只前进的力量一定是来自学生。"[④]他认为，由教师中心改为儿童中心，"这是一种变革，这是一种革命，这是和哥白尼把天文学的中心从地球转到太阳一样的那种革命。这里，儿童变成了太阳，而教育的一切措施则围绕着他们转动，儿童是中心，教育的措施便围绕他们而组织起来"[⑤]。很明显，杜威过分强调儿童的兴趣，削弱了教师的主导作用，是违反教育规律的。他批评传统教育忽视儿童、压制儿童，要求教育工作心理化，在教学过程中充分估计儿童的心理特点，探索适合儿童身心发展的教育途径和手段，从而增强儿童学习的独立性与创造性的观点，则有其合理的成分。

（三）主张"从做中学"，反对传统教育的"书本中心"

杜威认为，"在做事里面求学问"，比"专靠听来的学问好得多"。学校课程的真正中心应是儿童本身的社会活动，因而提出儿童应"从做中学"，从自身的活动中去学。为此，他提出要以生活化和活动教学代替传统的课堂教学，以儿童的亲身经验代替书本传授。与他的"思维五步法"相适应，他认为教学也有五个阶段：①学习者要有一种"经验的真实情境"；②在这种"情境"里面，要有促使学习者去思考的"真实的问题"；

---

① [美]约翰·杜威.杜威教育论著选[M].赵祥麟，王承绪，编译.上海：华东师范大学出版社，1981：26.
② [美]杜威.杜威五大讲演[M].胡适，口译.合肥：安徽教育出版社，1999：99.
③ [美]约翰·杜威.杜威教育论著选[M].赵祥麟，王承绪，编译.上海：华东师范大学出版社，1981：5－6.
④ [美]约翰·杜威.我们怎样思维·思维与教育[M].姜文闵，译.北京：人民大学出版社，1991：29.
⑤ [美]约翰·杜威.杜威教育论著选[M].赵祥麟，王承绪，编译.上海：华东师范大学出版社，1981：32.

③学习者必须具有相当的知识，从事必要的观察以对付这种问题；④学习者须具有解决这种问题的种种设想；⑤学习者把设想的办法付诸实施，检验这种方法的可靠性。应当指出，杜威主张“从做中学”，强调学习者个人的直接的主观经验，提倡学习者的个人探索，重视知识的学以致用，培养学习者的实际操作能力，就教学过程的一个侧面而言，是有一定道理的；但是把“从做中学”绝对化，其结果必然导致否定间接知识和系统知识的价值，这便不免有所偏颇了。

总之，杜威是美国极具影响力的教育思想家。他反对传统教育，批评传统教育的迂腐，被视为新教育的旗手、进步教育之父及现代教育的代表。他提出了一些富有启发性的问题，发表了一些具有积极意义的主张，如重视儿童自身的活动、需要和经验，强调培养儿童的首创精神和独立思维能力，以及个性化与社会化的协调等观点都具有长久的价值。杜威的实用主义教育思想是适应 20 世纪前后美国政治、经济的需要而产生的，目的在于克服传统教育的弊病，加强教育与生活及社会的联系，培养能适应急剧变化的现实生活，具有一技之长的人。但从整个体系来讲，杜威实用主义教育学同马克思主义的教育学说是有本质区别的。实用主义教育只能在一定程度上满足政治、经济发展的要求。由于杜威过分强调当前的直接经验，忽视间接经验，不可避免地降低了智力训练标准，并因此而遭到抨击。

四、杜威教育思想的影响

杜威的教育思想深刻影响着 20 世纪上半叶美国的教育理论与教育实践。依据他的“从做中学”的教育原则和“问题教学法”等理论，出现了一批教育改革实验。

1918 年，杜威的学生、美国教育家克伯屈（又译为“基尔帕特里克”）创立了设计教学法，提出要打破传统的分科教学和呆板的课堂教学，取消教科书，实行学习大单元；主张由学生自发地决定学习的目的和内容。学生在自己设计、自己实行、自己发展的单元活动中，通过疑问、假设、执行假设、验证假设等教学步骤，获得有关的知识和解决实际问题的能力。根据不同目的，克伯屈将设计教学法分成四种类型：第一，生产者的设计；第二，消费者的设计；第三，问题的设计；第四，练习的设计。设计教学法充分发挥了儿童的主动性和积极性，使儿童成为学习的主人，并力求使教学符合儿童心理发展规律，以提高学习效率；注重培养儿童的合作精神，加强了教学与儿童实际生活的联系。但设计教学法的四个步骤主要是针对生产者设计而言的，克伯屈本人也承认没有为学习知识的设计教学确定明确的步骤。由于强调根据儿童的经验组织教学，设计教学法实施的结果，必然导致系统知识学习的削弱，以致否定了系统理论知识的学习。

1920 年，美国女教育家帕克赫斯特在马萨诸塞州的道尔顿中学创立了一种名为“道尔顿制”的教学制度，其主要措施是：①改教室为各科作业室，按学科性质陈列参考书和实验仪器，供学生学习使用；②废除课堂讲授，把各科学习内容制成分月的作业大纲，学生与教师订立学习公约。这种制度强调独立工作能力的培养，但实际上却形成了教学上的放任自流。

在 20 世纪的前半个世纪中，杜威的实用主义教育思想统治了教育舞台。实用主义教育思想的传播，极大地冲击了传统学校教育，使得学校教育有了新的活力，也使得整个教育理论和实践发生了变革。对于反对传统的教育理论和方法，它无疑具有很强的号召力。但由于杜威的教育理论过分强调以儿童为中心，有轻视系统理论知识传授的偏向，加之他的后学者的曲解和绝对化，曾导致学校教育中知识质量的下降，其理论因此受到批评。杜威是 20 世纪美国影响最大、争议最多的教育家。

杜威的实用主义教育思想曾在近现代中国得到广泛的传播。在民国时期的中国学制、课程和方法上，都可以看到实用主义教育思想的影响。有的学者甚至认为：“自中国与西洋文化接触以来，没有一个外国学者在中国思想界的影响有杜威这样大。”这句话也许有点言过其实，但是它在一定程度上反映了杜威实用主义教育思想对近现代中国产生影响的史实。

五、美国 20 世纪的教育改革

(一)20 世纪初至第二次世界大战前的美国教育

20 世纪初期，美国基本完成了初等义务教育的普及任务。这一时期，中等教育改革成为美国教育发展的主要任务。1891 年，美国全国教育协会任命了一个“十人委员会”，研究中学课程问题和与大学的衔接问题。1895 年，全国教育协会任命了一个“十三人委员会”，研究学院的入学条件问题。1913 年，全国教育协会成立了“中等教育改组委员会”，重新研究中等教育的职能和目的问题，提高中等教育的社会效益。中等教育改组委员会于 1918 年提出了《中等教育的基本原则》的报告，指出美国教育的指导原则应是民主观念的原则，应使每一个成员通过为他人和为社会服务的活动来发展个性。1930 年，美国进步教育协会成立了“大学与中学关系委员会”，委员会制定了一项为期八年(1933—1941 年)的大规模的高中教育改革实验研究计划，即“八年研究”。参加实验研究的学校是从全国推荐的 200 所中学中选出的 30 所中学，所以实验也称“三十校实验”。实验研究具有以下特点：第一，参与实验的学校面广，有代表性；既有公立学校，也有私立学校；学校规模有大有小。第二，实验研究以进步主义教育思想为指导，一些没有进步主义倾向的学校，也很少倾向传统教育的做法。第三，给实验学校以极大的自主性，每一所学校都可以任意规定自己希望实行的教育计划。[1] 实验研究主要涉及以下四个问题：关于教育目的；关于教育管理；关于课程、方法的选择和安排；关于评估工作。

19 世纪末到 20 世纪初兴起的初级学院运动，是这一时期美国高等教育发展中一次最具重要意义的革新运动。1892 年，芝加哥大学的校长哈珀率先提出把大学的四个学年分为两个阶段的设想，第一阶段的两年为"初级学院"，第二阶段的两年为"高级学院"。他把大学的课程也分为两部分，前一阶段的课程类似于中等教育，后一阶段的课程类似于专业教育或研究生教育。1920 年，美国联邦教育总署召开了全美第一次初级学院会议，成立了"美国初级学院协会"。第二次世界大战后，随着美国教育的发展更倾向面向地方政治和经济发展的需要，公立初级学院改称为社区学院。初级学院是一种从中等教育向高等教育过渡的教育形式，它的主要特点是：招收高中毕业生，学制两年，授以比高中稍广一些的普通教育和职业教育方面的知识；由地方社区以及私人团体和教会开办，不收费或收费较低；学生就近入学，可以走读，无年龄限制，也无入学考试；课程设置多样，办学形式灵活，学生毕业后可以直接就业，也可以转入四年制大学的三年级继续学习。

美国职业技术教育是随着美国经济的发展而发展的。1914 年，美国国会任命了一个专门研究对职业教育提供联邦补助问题的"职业教育国家补助委员会"。1917 年，美国国会通过了由史密斯和休斯联合提出的职业教育提案，史称《史密斯—休斯法》。

（二）第二次世界大战后美国教育的改革与发展

第二次世界大战后，美国大规模的教育改革开始于 20 世纪 50 年代末《国防教育法》的颁布与实施。1958 年 9 月 2 日，美国总统亲自批准颁布了《国防教育法》。其主要内容如下：第一，加强普通学校的自然科学、数学和现代外语（即所谓的"新三艺"）的教学；第二，加强职业技术教育；第三，强调"天才教育"；第四，增拨大量教育经费。该法规定，从 1959 年到 1962 年，由联邦政府拨款八亿多美元作为对各级学校的财政援助。[2]

20 世纪 60 年代，美国的教育改革主要在三个方面进行：一是中小学的课程改革。1959 年 9 月，美国科学院邀请 35 位科学家、教育家、心理学家汇集一起，讨论中小学课程改革问题。心理学家布鲁纳担任大会主席，会后他起草的总结报告以"教育过程"

---

① 吴式颖，李明德.外国教育史教程（第三版）[M].北京：人民教育出版社，2015：367.

② 滕大春.外国教育通史（第六卷）[M].济南：山东教育出版社，1994：89—90.

的名称发表。其基本思想可以概括如下:强调早期教育,发掘儿童智力潜能;逐级下放科学技术课程,缩短高级知识与初级知识的距离;用结构主义教育思想做指导,编制结构课程,并使之与教学过程结构和儿童的智力发展结构相适应,成为儿童可掌握的内容;鼓励学生用探索的发现式方法学习。二是继续改善教育机会不平等问题。1965年,美国国会通过了《中小学教育法》,肯定了自20世纪50年代末开始的教育改革,重申了黑人、白人学生合校教育的政策,制定了对处境不利的儿童的教育措施。1966年和1967年分别颁布了《中小学教育法》的修正案,1970年颁布了《中小学教育辅助计划》。三是发展高等教育,提高高等教育质量。美国相继颁布了《高等教育设施法》(1963年)、《高等教育法》(1965年)、《高等教育法修正案》(1968年)。这些法案的精神实质与1958年的《国防教育法》一致,强调大力培养科技人才,促进科技进步,增加对高等院校的拨款,更新高等学校的教学和科研设施,提高学生的贷款和奖学金数额,改革课程和教学,提高教学质量。

20世纪70年代,美国的教育改革是围绕"生计教育"(career education)和"返回基础"(back to basics)而展开的。生计教育是美国教育总署署长马兰于1971年开始倡导的,其实质是以职业教育和劳动教育为核心的适应瞬息万变的社会的教育。生计是一种广义的职业,是人一生中所能从事的所有职业。生计教育是扩大了的职业教育,这种教育要求以职业教育为中心重新建立教育制度。返回基础主要是针对中小学校出现的基础知识教学和基本技能训练薄弱而言的。改革提出以下要求:在小学阶段,强调阅读、写作和算术教学,学校教育应将精力集中于这些方面的基本技能训练上。在中学阶段,应把精力集中于教授英语、自然科学、数学和历史等科目上。教师要在学校教育的一切阶段起主导作用,不让学生有任何自主的活动。教学方法主要包括练习、背诵、日常家庭作业以及经常性测验等。用传统的等第评分法记分,并定期发给学生。严明纪律,把体罚作为可接受的控制学生的方法。经过考试证明学生确已掌握所要求的基本技能和知识后,学生方可升级或毕业。取消只凭学满课程所要求的时间就给予升级和毕业的做法。取消选修课,增加必修课。取消一切点缀性课程。

20世纪80年代初期,美国中小学的教育改革主要集中在消费教育、环境教育、多元文化和多种族教育、反毒品教育、性教育和心理健康教育等方面。在持续不断的教育改革中,教育质量问题始终是美国教育改革的重点和难点。1983年,美国教育优异委员会提出了一份报告《国家在危急中:教育改革势在必行》。该报告以提高美国教育质量为中心,直接引领了美国20世纪80年代中期开始的教育改革实践。1985年,美国促进科学协会颁布了《普及科学——美国2061计划》。该报告指出,美国青少年科学技术知识贫乏,在国际竞赛中长期处于劣势,教育改革应该以学科课程改革为重点,培养学生具有宽厚的基础知识和综合思维的能力，能够适应信息社会生活的需要。除此之外，美国还颁布了五个专题报告：《生物科学和保健科学》《数学》《自然科学、信息科学和工程学》《社会科学和行为科学》《技术》。1991 年 4 月 18 日，美国总统布什签发了教育部长亚历山大起草的《美国 2000 年教育战略》，在分析美国教育存在问题的基础上，明确指出未来美国教育改革的基本目标。① 1994 年 3 月，克林顿总统签署《2000 年目标：美国教育法》，批准成立了"国家教育标准和改进委员会"（NESIC），确立了国家和州级的教育内容标准、操作标准、学习机会标准以及州一级的教育评价标准。1997 年 2 月 4 日，克林顿在《国情咨文》中明确指出，美国要在 21 世纪保持其在国际竞争中的优势地位，就必须建立世界一流的教育制度，培养一流的人才。为了实现该目标，克林顿提出了未来美国教育发展的三大目标及其行动纲领。三大目标为：每个 8 岁的孩子必须能阅读；每个 12 岁的孩子必须能上因特网；每个 18 岁的孩子必须能上大学，并且每个美国成年人必须坚持终身学习。为了实现三大目标，确定了十大行动纲领：制定国家教育标准；推广实施教师许可证书制度；开展阅读运动；加强早期教育；赋予家长为其孩子选择合适公立学校就读的权利；构建校园文明；校舍更新；普及大学；发展继续教育；加强学校图书馆信息网络建设。②

自测习题

一、名词解释

1.设计教学法　2.进步教育运动　3.道尔顿制　4.《民主主义与教育》　5.《明日之学校》　6."从做中学"　7.初级学院　8.《国防教育法》

二、填空题

1.美国教育家贺拉斯·曼被称为（　　）之父。

2.杜威批判传统教育是以（　　）、课堂和（　　）为中心的教育。

3.现代教育是以活动教学、（　　）和（　　）为中心的教育。

4.杜威指出儿童有四种基本的本能：社交的本能、（　　）本能、探究的本能和（　　）的本能。

5.美国现代教育的领导体制仍是（　　），（　　）不负领导全国教育之责。

---

① 国家教育发展研究中心.发达国家教育改革的动向和趋势（第四集）[M].北京：人民教育出版社，1992：546.

② 吴式颖，李明德.外国教育史教程（第三版）[M]北京：人民教育出版社，2015：417.

三、选择题

1.美国独立前,移植的主要是(　　)。

A.法国教育　B.英国教育　C.德国教育　D.荷兰教育

2.被称为“美国公立学校之父”的是(　　)。

A.贺拉斯 · 曼　B.帕克　C.杜威　D.克伯屈

3.美国的教育领导体制,是典型的(　　)。

A.中央集权制　B.地方分权制　C.中央、地方共权制　D.民族区域自治制

4.帕克实验、试行的教学制度是(　　)。

A.设计教学法　B.昆西教学法　C.道尔顿制　D.葛雷制

5.1917 年,美国颁布的支持职业教育发展的法案是(　　)。

A.《权力法案》　B.《史密斯一休斯法》

C.《史密斯一列弗法》　D.《1785 年土地法令》

6.美国第一所注重学术研究的研究型大学是(　　),它首先创立研究生院,强调教学与科研的统一。

A.社区学院　B.哈佛大学　C.约翰 · 霍普金斯大学　D.赠地学院

7.美国著名教育家杜威的代表作是(　　)。

A.《国民教育与民主主义》　B.《民主主义与教育》

C.《人的问题》　D.《童年的秘密》

8.在师生关系问题上,杜威的主张是(　　)。

A.教师中心论　B.儿童中心论　C.双主体论　D.教为主导,学为主体

9.道尔顿制是教育家(　　)提出的。

A.克伯屈　B.沃特　C.华虚朋　D.帕克赫斯特

10.在美国进步主义教育运动中被称为“设计教学法之父”的教育家是(　　)。

A.沃特　B.帕克赫斯特　C.约翰逊　D.克伯屈

11.美国教育家华虚朋提出的教学法是(　　)。

A.葛雷制　B.文纳特卡制　C.道尔顿制　D.双校制

12.1971 年,美国教育总署署长马兰提出了(　　)。

A.回归教育　B.生计教育　C.终身教育　D.自由教育

四、判断题

1.美国独立前,整个殖民时代的教育贯穿一个特点,即完全是宗主国法国教育的移植。(　　)

2.美国马萨诸塞州教育厅厅长贺拉斯 · 曼被称为“美国公立学校之父”。(　　)

3.美国的历史发展及其政体形式，决定了美国实行的是典型的中央集权的教育领导体制。（ ）

4.1862 年《莫雷尔法案》的颁布，确立了美国高等教育为工农业生产服务的方向。（ ）

5.克伯屈的教育实践与总结被称为昆西教学法。（ ）

6.美国不存在像欧洲那样的双轨制学校，这与它没有封建社会的历史传统以及一向要求“民主教育”有关。（ ）

7.1917 年，美国颁布了著名的《史密斯一列弗法》，规定由政府拨款协助各州发展职业教育。（ ）

8.杜威批判传统教育是“三中心”的教育，即仅仅以学习前人知识、课堂系统讲授和教师主导作用作为教学活动的中心。（ ）

9.20 世纪前半期，在美国出现的许多教学制度与方法，如设计教学法、道尔顿制等都与杜威的教育教学理论有着密切的联系。（ ）

10. 1983 年颁布的《国家在危急中：教育改革势在必行》直接引领了美国 20 世纪 80 年代中期开始的教育改革实践。（ ）

五、简答题

1.美国是怎样形成地方分权的教育管理体制的？

2.杜威提出的“五步教学法”的内容是什么？

3.杜威的“儿童中心论”应如何评价？

4.杜威教育思想产生的背景是怎样的？

5.克伯屈的设计教学法有什么特点？如何评价？

6.1958 年美国《国防教育法》的主要内容及其对美国教育发展的意义是什么？

六、论述题

1.美国资本主义教育制度的确立与发展经历了哪些阶段？美国教育发展有些什么特征？

2.杜威实用主义教育思想理论是在什么背景下产生的？试评杜威教育思想中某一主要观点。

3.试比较赫尔巴特和杜威的教学阶段理论。

4.试分析美国近代教育后来居上的原因及对我们的启示。

第九章　日本近现代教育的发展

本章学习目标

本章概括介绍了近现代日本的教育管理制度，初等教育、中等教育、高等教育的历史发展，重点述评了日本明治维新教育改革和被誉为“日本近代教育之父”的福泽谕吉的启蒙教育思想。要求能够从中总结出近代日本教育发展的特点及经验、教训，了解福泽谕吉在日本近代教育史上的贡献，着重掌握福泽谕吉德智体和谐发展和家庭、学校、社会三位一体培养人才的思想。

一、日本近代教育发展

日本是亚洲第一个建立资本主义制度的国家，曾是第二次世界大战的策源地之一，第二次世界大战后又成为世界瞩目的经济大国。在这当中，教育起了重大作用。

日本的近代教育是从明治维新以后开始的。在这之前，日本的古代教育、中世纪教育经历了大化革新时期的教育、奈良时期和平安时期的教育、镰仓至战国时期的教育、江户时期的教育，以儒学和佛教为背景发展起来的学校已有相当程度的发展。17世纪初到19世纪中叶的学校，主要有武士阶层举办的藩学和为平民开办的寺子屋。另外，民间举办的私塾和向西方文化学习的“兰学”[①]也得以发展。至明治维新前，日本国内已有40%的男孩和10%的女孩获得了读写能力，这就为明治维新以后的教育发展奠定了一定的基础。

1868年，明治政府推行资产阶级改革，从此，日本进入了比较发达的资本主义近代化的历史时期。明治维新是具有民族特点的资产阶级革命，政府以“富国强兵”“殖产兴业”“文明开化”为总目标。这个目标也是日本教育改革的指导思想。1872年，明

① 注：18～19世纪，日本为了掌握西方科学技术，曾经努力学习荷兰语文，当时他们把西方科学技术统称为兰学，即日本锁国时代通过荷兰传入的西方科学文化知识叫作兰学。兰学是西方资产阶级的近代科学，它对日本生产力的发展和反封建思想的产生都起过重大作用。

治政府为了追赶欧美先进国家，颁布了《学制令》，实行了第一次教育改革。改革的主要内容有：①确立教育改革的基本方针为“破旧有之陋习，求知识于世界”；②颁布教育改革法令《学制令》，实行全国范围的强迫义务教育；③大力开办师范学校，积极培养师资；④派政府官员到先进的欧美国家学习考察教育；⑤重视大学教育和科学研究；⑥严格而积极地选派留学生到国外学习；⑦从欧美国家聘请专家、学者到高等学校任教。

日本第一次教育改革及工业化时期的教育发展的作用是巨大的，它对日本经济的发展和国家的富强起了积极的推动作用，主要表现为：一是确立了近代学校教育制度。至 1886 年，日本先后颁布了《帝国大学令》《师范学校令》《中学校令》和《小学校令》，对各级各类学校做了一些调整和修正，形成了全国性的完整教育体制。二是普及了初等教育。19 世纪七八十年代，明治政府为了培养爱国守法的国民，对教育极其重视，尤其重视初等教育，日本政府集中力量普及初等教育，中央政府建立了资助普及初等教育的基金。1910 年，地方政府用于初等教育的经费约占其预算的 40%，因此，初等教育在这一时期日益普及，小学的入学率迅速上升。据统计，1873 年，日本小学入学率仅为 28%，1891 年则达到了 50.3%。三是发展了中等教育。19 世纪后期，明治政府开始把力量转到了中等教育方面，形成了由中学（中学校和高等学校）、女子中学和中等技术学校等三类学校组成的中等教育系列。学校数目和学生人数成倍增长。四是扩充了高等教育。明治政府非常重视东京大学的建设，大量拨款给予资助；同时又建立了另外几所帝国大学，一些私立大学也被建立起来，打下了日本高等教育的基础。五是充分发展了师范教育。明治维新时期，大规模推动教育改革以及大肆兴办学校，尤其是初等教育的发展为师范教育的发展提供了有利条件，师范教育的发展也保障了初等教育的师资稳定。[①] 到 1874 年，日本已经创办了包括东京师范大学在内的七所师范大学，并且颁布了《师范学校令》，通过立法进一步保障了师范教育的发展。

虽然 19 世纪日本政府颁布了一系列教育法案推动了教育的改革，使得日本各级各类教育事业获得了很大的发展，为日本从封建国家转型为资本主义国家提供了大批人才，但第一次世界大战前后的军国主义教育也曾为极端国家主义和军国主义效劳，这使日本走进了罪恶的深渊，给世界人民和日本人民造成了严重的灾难。这种深刻的历史教训，值得人们重视和警惕。

二、福泽谕吉的教育思想

福泽谕吉（1835—1901）是近代日本一位百科全书式的启蒙思想家，他的著作是一

① 吴式颖，李明德. 外国教育史教程（第三版）[M]. 北京：人民教育出版社，2015：273.

个包罗万象的体系，无论在政治、经济领域，还是在社会文化、思想、教育领域都曾发生过重大影响。福泽谕吉在世时就有许多弟子和追随者。他的影响波及日本人民和日本政府两方面。他扮演了文明开化的巨匠和启蒙运动旗手的角色。在他逝世之后，仍有人继续传播他的思想。

福泽谕吉的代表作《劝学篇》给予国民的影响很大，可以说它比日本其他所有启蒙思想家著作的影响之和还要广泛深刻。我们只要看一下《劝学篇》发行的册数，就可以知道其影响的深广。据福泽谕吉自己说，到 1880 年，《劝学篇》的单行本已售出70 万册。

福泽谕吉的著作《童蒙教草》《劝学篇》《穷理图解》和《西洋事情》等被文部省指定为教科书。当时社会上流行着这样的评论："文部省在竹桥，文部卿在三田。"[①]意思是说文部省这个教育行政管理机关虽然在东京的竹桥，而文部大臣却不在那里，福泽谕吉是实际上的文部大臣，他在东京的三田指导着文部省的工作。

福泽谕吉的教育思想主要体现在以下几个方面。

(一)肯定教育的作用

"知识富人，教育立国。"福泽谕吉认为，对于个人而言，众生平等，不存在所谓的高低贵贱之分，现实生活中之所以存在富人穷人，无非是有无知识造成的，人并非生来贫贱，也并非生来富贵，只有勤于学问、知识丰富的人才能富贵。[②] 对于国家而言，实施教育和文明开化政策是国家独立富强的前提和保证。所以，在他看来，教育不管是对人还是对国家，其作用都是极为重要的。福泽谕吉对遗传、环境和教育的关系及教育作用有明确认识，认为人的智慧只有通过教育才能得到发展。他对遗传和环境的作用也予以肯定，在他看来，遗传素质是人接受教育的基础。

(二)主张体育、德育、智育三个方面的均衡、和谐的发展

福泽谕吉认为，人生下来之后，必须体育、智育、德育同时加以注意。强健的体魄是实现理想的基础，学校教育应该重视体育，把它列为必修课程。福泽谕吉认为，只要能体现体育强身健体的本意，每个国家可以根据自己的传统，选择合适的体育锻炼方法。道德不是单纯地靠人为的教诲可以达成的，而是学生自身努力实践产生的。德育的主要目的是培养国家观念和独立意识，道德教育的方法就在于个人的努力，教师只能说明道理。在德育的内容方面，福泽谕吉始终站在反对封建伦理道德的立场上。关

---

① 注：竹桥系当时文部省所在地，三田系福泽谕吉执教的庆应义塾所在地。

② [日]福泽谕吉.劝学篇[M].群力，译.北京：商务印书馆，1984:2.

于智育，福泽谕吉反对封建时代的“空理虚谈”[1]和脱离现实生活的儒学教育，提倡以西方文明为目标，向学生传授实际有用的知识；认为学校教育不是以单纯灌输知识为目的，而应以开发人的天赋能力为目标，即挖掘、培养人的身心中蕴藏的各种能力。而要发展人的各种能力，就应该从体育、德育、智育三个方面来进行。

（三）论证家庭、学校、社会三位一体培养人才

福泽谕吉非常重视家庭环境的影响及幼儿时期习惯的形成，主张在幼儿时期，父母不要给孩子规定特定的课程，而应让孩子在自然的气氛中，通过良好的家风，影响和熏陶他们，特别是要重视儿童体质的锻炼和良好习惯的养成。他认为学校是普及教育、培养人才的场所，主张每个儿童根据自己的家庭社会经济条件来决定受教育的机会。他反对大力发展官立学校，主张发展私立中学和私立高等学校。他指出，社会是增长知识、培养道德的大学校，较学校更为重要，因此，他很重视社会教育对人的全面发展的作用。

（四）重视发展女子教育

福泽谕吉批判了当时社会上流行的男尊女卑现象和上层社会纳妾的坏习俗，着重强调了女子教育问题。他认为，在教育上男女不应该有差别，更不能受到身份的限制；在培养目标上应该使女子养成强健的体魄、柔顺的品格和治家的本领。

总之，在日本明治维新时期，福泽谕吉作为新兴资产阶级的代言人，以革新进取精神积极从事思想启蒙运动，批判封建主义意识形态，引入西方资本主义文明，号召日本走西方资本主义道路，对日本近代历史的发展起了积极的推动作用。但是，随着日本资本主义的发展，军国主义势力抬头。福泽谕吉在其晚年曾鼓吹“官民调和论”[2]，抛弃了自由民权的主张，而倒向国权论，要求人民从属于天皇制国家；由提倡“脱亚入欧”[3]而蜕变为积极支持明治政府侵略亚洲，表现了日本资产阶级的妥协性与保守性。因此，对福泽谕吉的历史功绩，我们要予以肯定，然而对其过错与局限，也应予以严肃的批评。

三、日本20世纪的教育改革

明治维新之后，日本在政治、经济、文化和教育方面发展迅速，但第一次世界大战之后，日本成为军事封建主义国家，具有强烈的侵略性，与此对应的日本教育也逐步演

① 注：《学制令》序言中强调，学问为立身之资本。学习内容“不应趋于词章记诵之末，陷于空理虚谈之途”。应先学日用常行之语言、书算，再学士、官、农商、百工技艺及法律、政治、天文、医疗等职业技术知识。

② ［日］小川原正道.福泽谕吉与日本政府[M].尤一唯，译.北京：九州出版社，2016：350－357.

③ 脱亚入欧，是日本近代化以来，明治维新开始后产生的社会文化符号，即倡导全面西化。

变成军国主义教育。19世纪末，经过前一阶段改革的日本，社会的各个方面得到了较快的发展，同时，西方的各种文化，包括自由主义思想，也迅速渗透到日本社会中，强烈地冲击着日本的传统文化。为了寻找一条继承日本传统文化，抵御西方文化影响的途径，1890年，日本颁布了《教育敕语》，重申忠孝为日本国体之精华、日本教育之渊源，要求日本国民孝父母、友兄弟、遵国法，义勇奉公、辅佐皇运等为其主要内容。[①] 从此，日本教育的发展转向强调民族主义和加强国家对各类教育的控制。这一时期，日本加强了对初等教育的控制，1907年颁布了《再改正小学校令》。该法案规定所有的私立小学全部改为公立小学，小学年限延长为六年并纳入义务教育体系；在改革初等教育学制的过程中，也对初等教育课程提出了新的要求，增设了修身、阅读、作文、算术、体操、地理、历史等一系列课程。日本的中等教育也在这一时期进行了整顿，1918年和1919年，日本分别颁布了《高级中学令》与《修订中学校令》，重点发展高中教育，强调高中应以完成高等普通教育为目的，加强国民道德教育的实施，同时强调利用各种途径发展高中教育；除了国立高中外，允许并鼓励私立高中和地方高中的设立，放宽高中的学习年限，三年制和七年制并存。同时期，日本政府还颁布了《高等女子学校令》和《高等女子学校令施行规则》两个法案来加强女子中等教育，中等师范院校和中等职业院校也随着《修订实业学校令》的颁布得到了进一步的改善和发展。为了培养高级人才，日本政府于1918年颁布了《大学令》，除了国立大学外，允许设立私立大学和地方大学，大学可以是由多个学部组成的综合大学，比如东京大学、九州大学等，也可设单科大学，比如东京商科大学、新潟医科大学等。该法案的颁布，推动了日本高等教育的发展。总而言之，这一时期的日本政府对各级各类教育都进行了深刻的改革，进一步促进了日本教育的发展。

但在1926年，日本裕仁天皇即位后，大肆鼓吹军国主义教育和民族精神教育，日本教育开始军国主义化，主要表现为：颁布一系列的政策强化军国主义；加强对日本师生民主进步运动的控制和镇压；强化军国主义教育的内容；军国主义思想的传播；军事训练学校化和社会化。[②] 到1937年前后，日本开始实施战时教育体制，教育成为战争的工具和机器，军国主义思想广泛传播于学校和社会生活的方方面面。战时日本政府也提出了一些教育改革措施。在初等教育方面，颁布了《国民学校令》；在中等教育方面，实行中等教育综合制度；在师范教育方面，修改了《师范学校令》；在高等教育方面，强调大学要培养军国主义分子。但由于战争的进行，这些改革并未落到实处。1945年，日本颁布《战时教育令》，学校一律停办，日本教育一度陷入瘫痪状态。直到第二次世界大战结束，日本教育才得以复苏和重建。

---

① 瞿葆奎.教育学文集·日本教育改革[M].北京：人民教育出版社，1991：32.

② 吴式颖.外国现代教育史[M].北京：人民教育出版社，1997：306－307.

第二次世界大战后，日本宣布放弃军国主义政策，实施和平建设的基本国策。1946年，日本颁布了新的《日本国宪法》，为第二次世界大战后的发展奠定了基础。1947年，日本国会相继颁布了《教育基本法》和《学校教育法》，彻底否定了战时军国主义教育，为新时期的教育发展指明了方向，是战后日本教育改革的开端。《教育基本法》的主要精神包括：①确定教育必须以陶冶人格为目标，培养和平的国家和社会的建设者；②全体国民接受九年义务教育；③尊重学术自由；④政治教育要培养有理智的国民；⑤国立、公立学校禁止进行宗教教育；⑥教育机会均等，男女同校；⑦教师应完成自己的使命，受到社会尊重，保证教师的良好待遇；⑧家庭教育和社会教育也应该得到鼓励和发展。[①]《教育基本法》的精神与战前军国主义教育截然不同，对战后日本发展具有重要意义，因此它被称为日本教育史上划时代的教育文献。作为《教育基本法》的补充，《学校教育法》规定废除中央集权，实行地方分权；采用"六三三四学制"等。除此之外，对儿童入学年龄、男女同校、高级中学的课程设置、高等教育机构的改组、教员、校长、教育经费等也做了相应的规定。虽然只是补充法案，其中也有不完善的部分，但是《学校教育法》的实施，为第二次世界大战后日本教育改革提供了强有力的法律支撑。

20世纪五六十年代后，日本经济发展迅速，经济高速增长的趋势一直持续到20世纪70年代。这一时期，作为社会子系统的教育也随着经济的激增得到了快速发展。日本每次提出发展经济计划都会伴随着相应的教育改革，把培养人才作为实现经济目标的重要条件，经济与教育相互促进、相互发展。20世纪50年代以后，日本普通高中的毕业生成了社会各行各业的主要就业人员，普通高中的毕业生与职业技术人员竞争岗位的矛盾日益明显。为了解决这个矛盾，1951年，日本文部科学省颁布了《产业教育振兴法》，强调振兴职业教育，在发展职业高中的同时，将职业课程纳入普通高中课程体系，双管齐下促进职业教育的发展。1957年，日本出台了《新长期经济计划》，首次通过立法的形式将教育发展计划编入经济计划，加强科学技术的教育，实施科教振兴战略。此后的10年，日本政府相继颁布了一些政策，都是围绕培养科技人才、振兴日本经济展开的。1960年颁布了《国民收入倍增计划》，强调普及和提高中等教育，加强科学技术教育和职业教育，为国家培养科技人员；1965年颁布了《中期经济计划》，再一次强调提高人的能力和振兴科学技术；1967年颁布了《经济社会发展计划》，重申提高人的能力，并且加大对教育的投资力度。仅仅20年，日本就增加了20.97倍的教育经费额。[②] 虽然这一时期日本的教育和经济发展取得的成就巨大，但也出现了一些新问题，比如应试教育。

---

① 吴式颖，李明德.外国教育史教程(第三版)[M].北京：人民教育出版社，2015：445.

② 吴式颖，李明德.外国教育史教程(第三版)[M].北京：人民教育出版社，2015：447.

不同时期会有不同的教育现象和教育问题，刚进入20世纪70年代，日本政府就面临着新的教育改革任务——废除应试教育的统治地位。1971年，日本中央教育审议会提出了《关于今后学校教育综合扩充、整顿的基本措施》咨询报告，拉开了日本自明治维新和战后初期两次重大教育改革之后的第三次教育改革的序幕。这次改革涉及的内容广泛，主要在中小学教育和高等教育方面。在中小学教育方面，日本提出了三个基本目标：重视人的个性发展及终身成长；国家和政府有责任和义务提高课程水平、为适龄儿童提供均等的教育机会及制定合理的教育政策；教育者要具备较高的水平和特长，要对教育工作充满自豪感。为了实现这三个目标，日本政府还制定了相关的十项具体措施，包括课程体制改革；学校教育各个阶段的改革；家庭、社区、学校三者互助；教学组织形式的变革；扩充幼儿园；实现教育机会均等，改善教育条件；制定多样化的特殊教育政策；规范管理私立学校；保证教育者的质量；建立专门的教育研究机构。在高等教育方面，报告提出了五个方面的要求：高等教育机构不仅要为人们提供多种类的教育机会，还要提高学术研究水平；高等教育应将一般问题的解决方案纳入专门教育课程；高等教育机构兼具教育和研究的自由；促进高等教育面向社会开放；高等教育的发展要满足社会的需要。为了实现上述五个目标，报告提出了十二项具体措施：要根据入学要求和修业年限的不同对高等教育机构进行分类；高等教育应该对一般公众开放；运用教学工具改革教学方法；课程的深化改革；建立健全高等教育机构管理机制；设立独立的行政管理中心；禁止内外组织对高等教育施压；建立校外评议会制度；促进基金组织发挥其功能；建立资助体制，改革奖学金制度；倡导课外活动；改革招生体制。以上报告内容被文部省采纳后，对日本教育改革起到了重要作用。20世纪70年代后期，日本文部省颁布了《关于改善中小学教学计划的标准》《小学初中教学大纲》及《高中教学大纲》，基本内容就是通过改革教学，使学生健康成长、快乐学习。

20世纪80年代以来，日本的教育改革更加深入和具体。随着全球化进程的推进，日本掀起了以教育的个性化、自由化、国际化为目标的新一轮教育改革。1984年，日本成立了临时教育审议会。1987年，日本文部省成立了教育改革推进本部。二者成为推进日本20世纪80年代教育改革的领导机构。从1984年开始，日本临时教育审议会反复征求各方意见，提出了一系列报告和改革建议。1987年颁布的《为使教育适应我国社会变化和文化发展而进行的各项改革的基本方针》，提出了面向21世纪要培养面向世界的日本人的教育使命。

20世纪90年代，日本的教育改革主要集中在基础教育和高等教育上。基础教育阶段：加强国家观念及道德观念的学习，推行地方分权教育管理体制，学校教育和社会教育有机结合，改革入学考试制度等。高等教育阶段：注重大学的个性和特色，改革教学以培养社会所需人才，强化大学的社会服务意识，进一步提高民众的终身学习意识等。此后，日本政府陆续推行了许多新举措，不断通过立法的形式保障各个阶段教育的实施，教育改革不断深化，教学内容也变得更基本、更科学、更实用、更能反映时代发展。[①]

自测习题

一、名词解释

1.《学制令》（日本）　2.《教育基本法》（日本）　3.《劝学篇》

二、填空题

1.日本的近代教育制度具有浓厚的（　　）和（　　）的性质。

2.1890 年，日本颁布了（　　），重申忠孝为日本国体之精华、日本教育之渊源。

3.为了培养高级人才，日本政府于 1918 年颁布了（　　），除国立大学外，允许设立（　　）大学和（　　）大学。

三、选择题

1.1872 年，日本文部省仿效法国教育制度而制定了（　　），实行第一次教育改革。

A.《学制令》　B.《教育令》　C.《帝国大学令》　D.《中学校令》

2.福泽谕吉的教育代表作是（　　）。

A.《劝学篇》　B.《学制令》　C.《实业补习学校规程》　D.《全人教育论》

3.知识富人、教育立国是（　　）的教育观点。

A.森有礼　B.井上毅　C.福泽谕吉　D.大隈重信

4.20 世纪 80 年代，日本国会批准成立的日本教育改革领导机构是（　　）。

A.中央教育审议会　B.临时教育审议会　C.学生管理局　D.教学局

5.（　　）拉开了日本第三次教育改革的序幕。

A.《教育基本法》　B.《学制令》　C.《大学令》

D.《关于今后学校教育综合扩充、整顿的基本措施》

四、判断题

1.日本的近代教育制度具有浓厚的封建性和军国主义性质。　（　　）

① 朱永新，王智新.当代日本教育改革[M].太原：山西教育出版社，1992：57.

2.第一次世界大战后，日本将1890年颁布的《教育敕语》尊奉为教育工作的最高原则，严格实行。（　）

3.1947年，由日本文部省颁布的《教育基本法》是第二次世界大战后日本的一部根本教育大法。（　）

4.日本的《教育基本法》确认了教育机会均等的原则，以及男女同校的原则。（　）

5.1947年《教育基本法》和《学校教育法》的颁布，揭开了日本教育史上的一个新的时期，是日本进行了明治维新以来的第二次教育改革。（　）

6.第二次世界大战后，日本继续奉行大化革新时期确定的以兴办教育为"立国之本"的国策，十分重视教育问题。（　）

五、简答题

1.日本明治维新时期教育改革的要点有哪些？

2.日本在发展教育的过程中是怎样向外国学习的？

3.福泽谕吉提出了哪些教育观点？

4.第二次世界大战后日本政府颁布的《学校教育法》的基本内容有哪些？

六、论述题

1.明治维新时期教育的特点是什么？明治维新时期的教育在日本教育史上的作用如何？我们应如何借鉴日本教育发展的经验？

2.试述第二次世界大战后日本教育的特点，以及颁布《学校教育法》和《教育基本法》两个法案的重要意义。

第十章　俄罗斯近现代教育的发展

本章学习目标

俄罗斯教育按18世纪至19世纪初叶、19世纪60年代至19世纪末、20世纪三个时期来划分。本章分别叙述了这三个时期的经济、政治、思想意识对教育的影响，述评了俄国著名教育家乌申斯基的教育思想，以及苏联教育家马卡连柯、凯洛夫和赞科夫的教育思想。要求掌握俄罗斯近现代教育发展的特点，着重理解和评析四位教育家的教育原则和教学思想。

一、俄罗斯近代的教育发展

俄国近代教育制度的建立，是从彼得一世实行文化教育改革开始的。它的发展过程可以划分为三个阶段，即从1689年彼得一世亲政至19世纪60年代；从19世纪60年代到19世纪末；从20世纪初至十月社会主义革命。

彼得一世以前，俄国教育由东正教会操办，其目的主要是培养有文化的神职人员和传播东正教。彼得一世在其统治时期，为改变俄国落后于西欧先进国家的面貌，采取了一系列改革措施。在文化教育方面采取的重要改革措施是：简化俄文字母；出版定期刊物，奖励翻译西欧著作和出版科学书籍；创办世俗性的国立学校和职业专门学院；筹办国家科学院等。彼得一世的文化教育改革改变了东正教会垄断教育的局面。18世纪上半叶，沙皇政府在扩大贵族特权地位的同时，形成和加强了俄国教育制度的等级性，各类学校都是为一定的社会阶层而设的。18世纪中期，俄国文教事业中的突出成就是莫斯科大学的设立(1755)，这是俄国著名科学家罗蒙诺索夫和当时一些进步知识分子努力的结果。

18世纪后期，随着资本主义因素的增长和农奴制的逐渐解体，以叶卡捷琳娜二世为首的沙皇政府不得不采取一些措施，以满足市民的要求。在教育方面，她于省城设立了五年制的忠心国民学校，在县城设立了两年制初级国民学校。19世纪初，沙皇亚历山大一世即位，迫于国内外资产阶级改革潮流的压力，不得不在教育方面做了一些改革，1803年颁布了《国民教育暂行条例》，1804年颁布了《大学附属学校章程》，逐渐开始建立和完善本国学校体系和管理体制。[①] 此外，1802年，他还宣布成立国民教育部，建立了全国上下衔接的学校系统，形成了全俄统一学制和学校网，课程内容也比较充实。但是，随着俄国加入“神圣同盟”[②]，成为侵略、镇压革命的“欧洲宪兵”后，教育上也采取了一些倒退措施，加强了各级学校的宗教教育，削减了自然科学。沙皇尼古拉一世在位时，这种倒退的趋势更是有增无减。1828年和1835年先后颁布的《大学所属各级学校规程》和《大学章程》，取消了各级学校间的衔接，限制招生对象，还取消了大学的自治权和成立科学社团的权利，扩大了监视学校师生行动的视察员和学校监督等官吏的权力。认定东正教、沙皇、农奴制为实施国民教育的三条原则，各级学校发展极为有限。

19世纪60年代是俄国历史的一个转折时期，也是俄国教育思想与学校发展的重要阶段。1861年，沙皇政府在决定自上而下地废除农奴制的同时，也酝酿着进行自上而下的教育改革。俄国的进步人士开始创办各种教育杂志，出现了个人和社会集团兴办学校的热潮。外科医学家和教育家皮罗戈夫、文学家托尔斯泰在国民教育问题上提出了自己的见解。革命民主主义者车尔尼雪夫斯基和杜勃罗留勃夫等提出了普及教育、学校民主化和培养反对专制政体及农奴制残余的革命者等教育主张。教育家乌申斯基就俄国教育理论探索的方向，以及小学教育、女子教育和师范教育的实践问题，提出了系统的意见。19世纪60年代的教育改革虽然很不彻底，但仍具有一定的进步意义，使得各级教育均有一定程度的发展。改革以初等教育为重点，宣布人民有权接受各级教育，并授权地方自治机关、社会团体和私人开办国民学校；在初等教育阶段，允许男女同校，并吸收女子担任教学工作；建立了领导学校教导工作的省、县级教育委员会。

由于俄国农奴制残余势力的强烈反对和沙皇政府对革命高潮的极端恐惧，以尼古拉二世为代表的沙皇政府不仅不准备彻底实行19世纪60年代的学校改革法令，还采取了各种反对改革的措施，诸如保留贵族学校的特权，将所有中学改为古典中学，支持教会学校，坚持教学内容的古典主义方向，削弱实科学校的地位等，形成了20世纪初的俄国学制。这一学制包括3～4年制的一级小学，5年制的二级小学，以及与初等学

---

① 吴式颖，李明德.外国教育史教程(第三版)[M].北京：人民教育出版社，2015：264.

② 注：神圣同盟(Holy Alliance)是1815年9月，在俄罗斯帝国皇帝亚历山大一世的倡议下，俄罗斯帝国皇帝亚历山大一世、奥地利帝国皇帝弗朗茨二世和普鲁士王国国王腓特烈·威廉三世三国君主在打败法兰西第一帝国皇帝拿破仑一世后缔结的同盟，目的是维护君主政体，反对法国大革命在欧洲所传播的革命理想。

校相衔接的4年制高等小学，它们组成了俄国的初等教育体系。初等农业学校、技工学校、商业学校和师范学校建立在初等教育的基础之上，小学与中学之间是相衔接的。除此之外，还有隶属于工商部的商业学校。20世纪初，还兴办了一些私立的男子文科中学、实科学校、商业学校和私立女子文科中学。

与同时期的西欧、北美和日本的教育相比，20世纪初的俄国教育是十分落后的。1914年，学龄儿童入学率仅达20%，文盲占全国成年国民的75%，中等教育和高等教育只能为有产阶级所享受，需要进行根本的改造，这就是十月革命后苏联教育改革的任务。

二、乌申斯基的教育思想

乌申斯基(1824—1871)是19世纪后期俄国著名的民主主义教育家、俄国国民学校和教育科学的奠基人，一生追求真理，热爱人民；认真实践，大胆总结；自强不息，成就斐然，被称为“俄国教师的教师”。他的著作《人是教育的对象》等被视为教育工作者的必读书。

乌申斯基在政治上代表着俄国资产阶级民主派，是解放农奴的拥护者，主张以和平手段废除农奴制度。在哲学思想上，他从唯心主义走向唯物主义，但是并没有走完这条道路。

这位卓越的民主主义教育家在其教育活动和教育理论中，始终强调民族性问题。教育的民族性原则是他的整个教育体系的基础，蕴含着丰富的内容。第一，这一原则有着强烈的进步特征和明显的针对性，是对沙俄农奴教育制度及其官方民族性的有力反驳。乌申斯基深信，人民有强大的创造力量；国民教育应该还给人民，使新生一代都受到义务教育。第二，这一原则主张建立具有本民族特色、符合全民族利益的教育体系，“每个民族都应当有它自己特殊的国民教育制度”和“特殊的教育体系”[①]。第三，这一原则主张在建立本国独特的教育体系的过程中，还必须吸收借鉴别国有益的经验。第四，这一原则要求培养具有民族情感、道德高尚的人，要形成新一代人的爱国主义思想。第五，这一原则还要求发扬本民族优秀的文化传统，必须用祖国语言进行教育和教学。这表明乌申斯基对祖国及其优秀文化遗产的热爱，对发展民族教育的极大热忱。

乌申斯基把教学理解为教师将知识和技能传授给学生、学生掌握这些知识和技能

① 郑文樾.乌申斯基教育文选[M].张佩珍，冯天向，郑文樾，译.北京：人民教育出版社，1991：83.

的过程,教学是学生从不知上升到知的过程。他要求把生理学、心理学作为教学论的基础,根据儿童的年龄和心理特点来建立教学过程。他主张教学必须充分注意儿童的兴趣,但认为学习首先是意志过程,是一种严肃的劳动,应该发展和巩固儿童的意志,反对把学习变为游戏。他强调教学的教育性,主张教学不仅要传授知识、发展智力,而且要培养学生的道德品质,道德的影响是教育的主要任务。他还论述了教学的直观性原则、连贯性原则、自觉与积极性原则、巩固性原则和量力性原则。他科学地划分了教学的基本阶段、教学的步骤和课的类型,认为只有运用讲解、讲述、谈话等多种教学方法,才能达到掌握系统的现代知识、发展智力的目的。

乌申斯基赋予劳动,特别是农业劳动以特别重要的意义,认为劳动不仅是一个人发展的条件,而且是一个人的体力、智力和道德日益完善的保障,是使人获得自由与幸福、得到很大快乐的源泉。没有劳动,人就会失去一切,失去品格。

乌申斯基非常重视师资的培养。他认为教师有极大的教育力量,这种力量是任何教材都不能替代的。他主张教师必须是学生的良好榜样;必须关心人民的利益,以人民性的精神来教育儿童;必须热爱自己的专业,热爱儿童;必须熟悉自己的专业知识和技能;必须学习教育学、心理学和教学法等教育科学知识和技能。他还非常重视未来教师的教育实习,主张师范学校应附设"实习学校"。他说:"师范学校没有实习学校犹如医学系没有医院;而没有理论的教育实践犹如庸医巫术。"

乌申斯基的教育思想在俄国影响极深,他所编写的教科书《儿童世界》《祖国语言》等使用了将近50年之久,他的许多精辟见解对十月革命后的苏联教育也有很大影响。

三、俄罗斯20世纪的教育改革

1917年10月,俄国爆发十月社会主义革命,俄国的经济、政治和教育进入苏联时代。十月革命之后的几年,苏维埃俄国进行了多次教育改革,致力于改进教育,改造教师。苏联是世界上第一个无产阶级专政的社会主义国家,苏联政府非常重视无产阶级的教育,大力改革旧教育,尝试创建社会主义新教育。到第二次世界大战前,苏联教育的改革可以分为建国初期改革、20世纪20年代学制改革、20世纪30年代教育调整三个阶段。[①]

① 吴式颖,李明德.外国教育史教程(第三版)[M].北京:人民教育出版社,2015:380.

建国初期，为了适应新的社会环境，苏维埃政府采取各种措施对旧时代的教育进行彻底改革，改革教育管理体制，将管理教育和教养事业的权力移交给教育人民委员部，将原管理教育部门的一切房屋财产转交给教育人民委员部。为了彻底消除封建残余，允许男女同校，允许无产阶级和贫困农民子女入学。1918 年，苏维埃政府还公布了《统一劳动学校规程》和《统一劳动学校宣言》，通过立法的形式建立统一劳动学校制度，强调教育和生产劳动的结合。① 在法案颁布之前，普通学校教育工作便开始改革；立法之后，苏维埃政府尤为重视学校教育教学工作方面的改进。在教学组织方面，将班级集体授课制与小组和个人授课相结合；在教学方法方面，除了讲授法、谈话法之外，还强调实验法和演示法等；在思想道德教育方面，强调爱国主义和集体主义教育。团结、教育和改造教师是建国初期又一重要的教育改革措施，在原有教师的基础上，大力发展师范教育，培养新型教师，并且不断组织各种讲习所和政治学习班，旨在提高教师的政治觉悟和教育工作水平。

20 世纪 20 年代，苏维埃进入和平建设发展期，为了恢复发展国家经济，需要大量的技术人才和管理人员，按照原先的统一劳动学校制度培养出来的学生难以适应当时社会的需要，苏维埃政府不得不进行学校制度的调整。1920 年，俄共召开国民教育首次会议，决定在七年制学校的基础上设立学习年限为 3～4 年的专门的中等技术学校和职业学校。调整后的学制能够在短时间内为国家培养各种技术人员，促进了当时经济建设的发展，但是也出现了高等学校和中等学校培养水平出现偏差的情况。随后又进行了综合教学大纲试行改革，取消学科界限，将自然、社会和劳动三个板块的内容以劳动为中心综合在一起编排，新的大纲自然伴随着新的教学方法。由于新大纲以劳动为中心，学生缺乏系统知识的学习，也使得苏联的教育走了弯路。为了弥补统一大纲的缺点，促使学校与实际生活联系更加紧密，苏联政府加强了劳动教育和综合技术教育的改革，提高了生产水平。20 世纪 20 年代末，联共中央开始着手高等教育的改革，改革招生制度，渐渐恢复大学新生的入学考试；改革学校管理；强调学校与生产生活的联系等。经过多方努力，这一时期的苏联在培养技术人才方面取得了很大进步，但是也出现了新的问题，比如忽略理论的学习等。

20 世纪 30 年代，苏联进入了一个新的发展阶段，建立了强大的工业体系。由于国内、国际形势的新变化，为了满足人民日益增长的物质文化需要，苏联政府对国民教育的质量提出了更高的要求。② 1931 年，苏联政府颁布了《关于小学和中学的决定》，这个决定可以看成当时苏联发展国民教育的纲领性文件。其主要精神有：改革学校教

① ［苏］克鲁普斯卡雅.克鲁普斯卡雅教育文选（下卷）［M］.卫道治，译.北京：人民教育出版社，2006：116.

② 瞿葆奎.教育学文集·苏联教育改革（上册）［M］.北京：人民教育出版社，1993：241－242.

育制度，将之前的七年制改为十年制，延长学习年限，加强学生对基础知识的掌握；采取各种措施在全国范围内实施普及义务教育，提高全民文化水平；规范普通学校的根本任务，改进普通学校的教学工作，提高教学质量；发展师范教育，提高教师素质，保证教师质量；从专业、招生、教学和管理等方面继续改革和调整高等教育。[①] 总之，从十月革命到第二次世界大战爆发之前，苏联作为世界上第一个社会主义国家，在创建社会主义教育方面做了不少努力和尝试，不管是成功的经验还是失败的教训，都值得我们借鉴和深思。

在第二次世界大战中，苏联的教育事业受到重创。第二次世界大战结束后，苏联政府带领广大人民群众对教育工作进行了恢复和重建。1946 年，苏维埃政府通过《关于恢复与发展国民经济的五年计划》，规定要给予教育事业特殊的支持，大幅度提高教育投入。在第一个五年计划中，普通教育得到了迅速发展，中小学的数量和在校学生人数都超出了计划数量；高等教育也得到了迅速发展，高等教育招生人数比战前多了很多；师范教育和职业教育取得的成就也不容小觑，这一时期各方面的恢复工作都已经超额完成。

20 世纪 50 年代至 80 年代，苏联一直处于探索究竟是文化教育更重要还是生产劳动教育更重要的时期。1958 年，为了改变 20 世纪 30 年代以来教育过程中缺乏生活经验的传播和忽视劳动技能的训练两大缺点，苏共中央颁布了《关于加强学校同生活的联系和进一步发展全国国民教育制度的建议》。该建议实施后，职业教育和高等教育都得到了发展。但由于各地区的教学工作中生产劳动教育占用了过多学时，导致学生普通文化知识水平有所下降，为高校的招生和社会高水平人才岗位的就业造成了很大的困难。1964 年，苏联政府颁布了《关于改变兼施生产教学的劳动综合技术普通中学的学习期限的决定》，标志着《关于加强学校同生活的联系和进一步发展全国国民教育制度的建议》要求的教育改革告一段落。为了适应国际竞争的需要，1966 年，苏共中央颁布《关于进一步改进普通中学工作的措施》。该措施指出，学校的主要任务是使学生掌握科学理论基础知识，加强基础知识教学，提高教育质量。但是在强调教育内容科学化、加强学生学习理论知识的同时，又造成了教育与生产部门的脱节。于是，20 世纪 70 年代，苏联又进行了新的教育改革。1977 年，苏联政府通过《关于进一步完善普通学校学生的教学、教育和劳动训练的决议》。决议强调理论和实践有机结合的重要性，要求二者统一，提出学生要全面发展。苏联的教育改革尽管曲折，但不可否认，苏联的教育发展在世界上也是首屈一指。

---

① 瞿葆奎.教育学文集・苏联教育改革（上册）[M].北京：人民教育出版社，1993：233－235.

1991年，苏联解体，新俄罗斯联邦继承了苏联大部分主权，呈现了与苏联不同的政治、经济、文化、科技等社会结构，俄罗斯的教育也开始了不一样的改革进程。1992年，俄罗斯政府颁布了独立以来的第一部教育基本法《俄罗斯联邦教育法》，虽然有着与苏联时期不一样的社会背景，但新法案关于教育的总体构想基本沿用了苏联奉行的国家教育政策，并进一步加强教育投入力度，确立多元化办学方针，延长义务教育年限等。俄罗斯的国民教育实行联邦中央、联邦主体、地方三级管理，强调分级管理。俄罗斯教育体系主要由普通教育、职业教育以及补充教育组成、普通教育主要传授科学系统的文化知识，属于基础阶段；职业教育主要培养社会所需的各种人才；补充教育是终身教育在制度上的体现，主要任务在于全面满足公民个人、社会和国家对教育方面的各种需求。① 随着俄罗斯社会的转型以及全球国际化进程的加快，新的教育法于2012年正式颁布，更加突出教育民主、教育科学、教育开放、教育信息化等特点。总之，俄罗斯的教育作为俄罗斯社会的子系统，经历了同俄罗斯社会一样的进程，从低迷到复苏再到取得巨大成绩。虽然有矛盾有困难，但俄罗斯的教育改革从未停止探索前进的脚步。

四、马卡连柯的教育思想

马卡连柯(1888—1939)是苏联早期著名教育家，代表作有《教育诗》《塔上旗》《父母必读》。马卡连柯从辩证唯物主义教育观、革命的乐观主义和社会人道主义出发来论述他的教育思想。② 马卡连柯非常重视教育的目的，他认为学校的任务是为社会培养需要的人才。在教育目的上，他主张把社会需要和个性发展相结合，培养“健康、善于工作和有斗争能力的新一代”。③

(一)论集体教育

集体教育是马卡连柯教育理论的重要组成部分。他提出，教育工作的基本对象是集体，教育工作的主要方式是集体教育。马卡连柯认为，社会主义国家的每一个教育机构和学校都是一个集体，而作为集体的学校，必须提出总的集体的目的。在学校或教育机构里有学生也有教师，因此在学校这个统一的集体之下，还应当建立学生集体和教师集体。学生集体和教师集体是教育工作的重点和中心。形成统一的学校集体，建立健全的学生集体，发展优良的教师集体，是优质教育的基础和保障。此外，马卡连柯还十分重视集体优良传统在集体教育中的重大作用，提出了“平行教育影响”原则。

---

① 肖甦，王义高.俄罗斯转型时期重要教育法规文献汇编[M].北京：人民教育出版社，2009：686.

② 吴式颖，李明德.外国教育史教程(第三版)[M].北京：人民教育出版社，2015：400—401.

③ 吴式颖，等.马卡连柯教育文集(下卷)[M].北京：人民教育出版社，2005：367.

(二)论纪律教育和劳动教育

马卡连柯认为,纪律教育和集体教育是相互促进的,集体的建立和发展要以纪律的形成为条件,而集体的发展又会更好地推动纪律的形成。纪律不是教育的手段,而是教育的结果,当纪律形成后才变成教育的手段。他还对劳动教育做了高度的评价,认为劳动是培养人的重要途径。

(三)论家庭教育

马卡连柯认为,早期家庭教育对儿童的成长影响非常大,家庭教育的基本条件是建立一个完整团结的集体。重视父母自身行为在家庭教育中的重要作用,让儿童参与家庭经济管理与劳动,组织游戏等也是家庭教育的重要方法。①

五、凯洛夫的教育思想

凯洛夫(1893—1978)是苏联教育界最主要的代表人物之一。他的教育思想主要反映在由他主编的《教育学》中。凯洛夫在《教育学》中论述了教育的起源和教育的社会作用,他认为教学是教育的基本途径,还提出了教学的六个环节和指导教学的五条基本原则,强调班级授课制是教学工作组织的基本形式。② 他还对德育工作的任务和内容、德育的原则和方法等进行了论述。

凯洛夫力图以历史唯物主义思想为指导阐述教育这一社会现象,全面系统地反映20世纪三四十年代苏联普通教育的实践经验,建构完整的教学论体系。他提出的共产主义道德教育等方面的见解,代表了苏联理论建设的一个阶段。但他未能根据苏联当时已有很大变化的文化教育状况、教育自身特点及其发展规律,提出和解决新的教育理论与实际问题。

六、赞科夫的教育思想

赞科夫(1901—1977)是苏联著名教育家和心理学家。赞科夫主要通过他的教育与发展关系问题实验来发展和丰富苏联的教育理论与实践,其代表作有《和教师的谈话》《教学与发展》等。他是苏联早期关注教育与学生发展的教育家,从1952年到其逝世,他一直致力于教育与发展关系问题的实验。对于教学与学生发展之间的关系,他

① 吴式颖,李明德.外国教育史教程(第三版)[M].北京:人民教育出版社,2015:408.

② [苏]凯洛夫.教育学[M].沈颖,南致善,等译.北京:人民教育出版社,1953:56－61,77,84.

有着深刻的见解。他强调，要从根本上提高学校工作效率，必须揭示教学与学生发展之间的客观联系，并且利用它们之间的联系和规律进行教学。[①] 他还认为，不管毕业后从事何种工作，学生一般发展的意义都是非常重要的。[②] 他强调一般发展是特殊发展的牢固基础并在特殊发展中表现出来，而特殊发展又在促进一般发展。[③] 一般发展不仅包括身体、智力的发展，还包括思想、情感态度、意志等精神方面的发展。基于多年教学实验的结果，他提出了发展性教学理论，将注重学生一般发展的教学体系称之为"新体系"。他认为，要培养创造性人才，必须对传统的侧重理论知识传授的教学体系进行改革，改革的核心就是在教学过程中使学生获得一般发展。为了促进学生的一般发展，他提出了五条教学原则：以高难度进行教学的原则；在学习时高速度前进的原则；理论知识起主导作用的原则；使学生理解学习过程的原则；使班上所有学生不论成绩好坏都得到一般发展的原则。每一条教学原则既相互独立，有其特殊的作用，同时又相互联系、相辅相成、相互促进。赞科夫在教育理论和实验研究方面取得了巨大成就，但依然存在一些局限。他的研究主要从儿童心理的角度进行，对于教学过程中的社会政治道德要求却有所忽略。

自测习题

一、名词解释

1.《人是教育的对象》　2.乌申斯基　3.彼得改制　4.教育的民族性原则

二、填空题

1.俄国皇帝彼得一世改革教育的主要措施是：(　　)、(　　)、创办世俗性的国立学校和职业专门学院、(　　)。

2.俄国近代教育的最突出特点，就是它带有鲜明的军事的(　　)和(　　)的性质。

3.乌申斯基为俄国初等学校编写的(　　)和(　　)两部教科书在俄国影响很大。

4.乌申斯基要求在师范学校附设(　　)学校，作为师范生进行(　　)的场所。

5.凯洛夫的教育思想主要反映在由他主编的(　　)中。

6.19 世纪 60 年代的教育改革在俄国教育史上是一个(　　)，它使俄国的教育向(　　)方向前进了一大步。

---

① [苏]列·符·赞科夫.教学论与生活[M].俞翔辉，杜殿坤，译.北京：教育科学出版社，1984：2.

② 俞翔辉，等.赞科夫新教学体系及其讨论[M].北京：教育科学出版社，1984：108.

③ [苏]列·符·赞科夫.教学论与生活[M].俞翔辉，杜殿坤，译.北京：教育科学出版社，1984：25.

三、选择题

1.倡议并创建莫斯科大学的是(　　)。

A.彼得大帝　　B.罗蒙诺索夫　　C.叶卡捷琳娜　　D.乌申斯基

2.提出教育工作的对象是集体,教育工作的主要方式是集体教育的苏联教育家是(　　)。

A.乌申斯基　　B.马卡连柯　　C.凯洛夫　　D.赞科夫

3.被称为"俄国教师的教师"的教育家是(　　)。

A.别林斯基　　B.乌申斯基　　C.皮洛果夫　　D.托尔斯泰

4.乌申斯基的教育代表作是(　　)。

A.《祖国语言》　　B.《儿童世界》　　C.《人是教育的对象》　　D.《人的教育》

5.乌申斯基教育体系的原则是(　　)。

A.教育的民主性　　B.教育的民族性　　C.教育的直观性　　D.教育的神学性

6.俄国近代复杂、紊乱的学制仍以(　　)为主要特点。

A.单轨制　　B.双轨制　　C.多轨道　　D.中央集权制

四、判断题

1.俄国皇帝彼得一世改革教育的主要措施是:开办普通学校;建立各种专门学校;创建科学院。(　　)

2.18 世纪,俄国著名的科学家罗蒙诺索夫对教育做出了重大贡献。(　　)

3.1764 年,在莫斯科市郊的斯莫尔尼建立了俄国第一所贵族女子中学——贵族女子学院。(　　)

4.19 世纪 60 年代,教育的改革在俄国教育史上是一个里程碑,它使俄国的教育向资产阶级方向前进了一大步。(　　)

5.近代俄国教育的最突出的特点是沙皇高度控制教育,以致它始终都具有更大的反动性。(　　)

6.乌申斯基特别强调并重视教育的民族性原则,把民族性作为他的整个教育理论的基础。(　　)

7.乌申斯基为俄国初等学校编写的《世界图解》和《祖国语言》两部教科书在俄国影响很大。(　　)

8.乌申斯基的教育代表作是《人的教育》。(　　)

9.乌申斯基特别重视本族语教学,并把本族语教学放在特别重要的地位。(　　)

10.乌申斯基要求在师范学校附设实习学校,作为师范生进行教育实习的场所。(　　)

五、简答题

1.俄国近代教育发展经历了哪几个重要历史阶段？

2.19 世纪 60 年代的农奴制改革对俄国教育有何影响？

3.十月革命前俄国教育的基本情况如何？

4.乌申斯基的教育民族性原则的基本观点是什么？

5.乌申斯基总结了哪些教学原则？

6.乌申斯基认为教学的理论基础应是什么？

7.乌申斯基关于师资培训有何论述？

8.乌申斯基对教师有哪些要求？

9.凯洛夫的《教育学》中教育思想体系的贡献和局限何在？

10.第二次世界大战结束之后，苏联教育改革和发展的成就及其影响有哪些？

六、论述题

1.简述俄国近代教育发展的阶段及其特点。

2.试析乌申斯基的教学思想。

3.试析乌申斯基教育民族性原则及其现实意义。

4.试述马卡连柯的主要教育观点及其影响。

5.略述苏维埃俄国建国初期教育改革的意义。

6.简述赞科夫的发展性教学理论。

下编　外国现当代教育改革

第十一章　学前教育的改革

本章学习目标

1.了解20世纪现代学前教育发展的阶段和特点。

2.掌握20世纪80年代以后学前教育改革的主要措施。

3.理解20世纪学前教育的主要发展趋势。

一、20世纪80年代以前的学前教育

20世纪80年代以前，学前教育的发展经历了两个阶段：19世纪末到第二次世界大战前为第一阶段，学前教育在世界范围内确立了其社会地位；第二次世界大战后为第二阶段，学前教育得到进一步发展和完善。

(一)学前教育社会地位的确立

19世纪中叶，学前教育逐步在世界范围内确立了其社会地位。这一时期，学前教育的发展主要体现在以下三个方面。

1.各国政府以法律形式确立学前教育的社会地位，将学前教育变成国民教育事业的有机组成部分

英国于1870年通过《初等教育法》(又称《福斯特法案》)，确定幼儿学校(招收5～7岁儿童)为初等教育的一部分。1918年颁布的《费舍教育法》正式承认保育学校属于国民学校制度的一部分，要求地方当局必须为儿童开设幼儿学校和幼儿班。1933年发表的《哈多报告》提出保育学校对城市儿童的发展有重要作用，要求大力增设保育学校、幼儿学校和幼儿部附设的保育班，建立以7岁以下幼儿为对象的独立的幼儿学校。这样，英国政府在法律上确立了幼儿教育的地位。

日本于1899年颁布了《幼儿园保育及设备规程》，以法律手段使幼儿教育很快普及到全国各地。1926年，文部省制定了日本第一部《幼儿园令》，标志着日本的学前教育逐渐趋于制度化而进入了一个新的发展时期。1938年，厚生省公布《社会事业法》，规定可设立“育儿院、托儿所等其他儿童保护设施”，使托儿所的建立有法可依。自此，

日本的学前教育机构迅速发展。

德国于1922年制定《青少年法》，其中强调要设立“白天的幼儿之家”（包括幼儿园、托儿所及幼儿保护机构等），同时提出训练修女担任看护工作，并加强幼儿教师的培训，幼儿园得到极大发展，成为德国幼教中的主流。

2.学前教育理论和方法体系获得较大发展

以1909年出版的《蒙台梭利教学法》为标志，意大利女教育家蒙台梭利创立了以感官为基础的幼儿教育教学体系，并提出了系统的幼儿教育原则和方法。蒙台梭利的主要教育思想表现在以下方面。

第一，儿童具有天赋的潜能，教育的基本任务是使每个儿童的潜能在适宜的环境中自然发展，使儿童成为身心健康、自信和有学习能力的“正常儿童”。

第二，教育方法必须以了解儿童为基础，促进儿童个性的发展，不能局限于传授知识；教师的职责在于提供符合儿童发展规律的环境，帮助儿童实现自我教育。

第三，教学内容包括体育训练、感官训练、知识训练及生活训练四个方面，尤其强调感官训练和肌肉练习。

除蒙台梭利外，杜威、弗洛伊德、克鲁普斯卡雅、格塞尔、华生等人都先后发表过他们研究儿童教育的成果，其中不少人还积极从事过幼儿教育实践活动，他们的理论都对现代幼儿教育产生过（或仍在产生）重要影响。

3.重视儿童身心发展，开始趋向于国际合作

进入20世纪，儿童中心主义教育思潮席卷世界。1924年，各国签订了《日内瓦儿童权利宣言》，强调儿童的身心必须得到正常发展，这是各国政府在幼儿教育方面国际合作的开端。

（二）学前教育的进一步发展和完善

第二次世界大战后，早期教育的观念深入人心，各国政府和一些国际组织更加重视学前教育在教育中的地位。

1.各国纷纷制定相关的法律和政策，以法规的形式推动幼儿教育事业的发展

1966年，英国教育咨询委员会委员长普洛登女士发表一篇报告书，呼吁大力发展英国的幼儿教育，尤其是教育不发达地区的幼儿教育。1972年，教育科学大臣撒切尔又发表《教育白皮书》，提出将“扩大幼儿教育”定为内阁将要实行的四项教育政策之一。白皮书发表后，英国的幼儿教育有了一定的发展。

日本在第二次世界大战后大力发展幼儿教育，制定了许多法律和政策，尤其是1972年制定的《振兴幼儿教育十年计划》的实施大大推动了日本幼儿教育的发展。自此，日本学前教育的水平跻身于少数发达国家之列。

美国的幼儿教育在第二次世界大战后有很大的发展，特别是1964年布鲁姆发表的《人类特征的稳定性与变化》给所有幼儿机会均等的主张提供了重要理论依据，对美国的幼教事业产生了深刻影响。1965年，联邦教育总署提出“开端计划”，要求对“处境不利者”的子女进行“补偿教育”。1972年后，“开端计划”实施了收纳10%的残疾儿童的行动，并着手进行包括幼儿、家庭和社区在内的综合改革实验。

2.重视幼儿教育师资建设

日本从第二次世界大战后，将幼儿园的保姆改称为“教谕”或“助教谕”。根据《学校教育法》，欲取得有关称号者，必须接受高等教育。保育所的教师仍称“保姆”，根据《儿童福利法》，合格的保姆必须具备以下三个条件之一：①普通大学、短期大学或保姆养成所毕业生；②高中毕业生，经都道府县举行的保姆考试合格者；③经厚生省大臣特批者。

美国对幼教师资要求也很高，一般要求其具有大学学历。幼儿园和保育学校的师资通过设有早期儿童教育系的综合大学或师范学院来培养。

英国对幼儿教育师资（主要是保育学校及保育班的教师）亦有严格要求。幼教师资主要由教育学院培养，所培养的学前教师要求入学前有半年以上的从事学前教育的实际工作经验，学习年限为3～4年。毕业后尚需考核一年，合格者由教育部颁发合格教师证书。

3.国际交流和合作日益发展

在第二次世界大战中，产生了世界上第一个为儿童谋福利的国际组织——联合国儿童基金会（UNICEF）。战后，该组织将工作重点转向筹集资金，提供人力物力，为改善发展中国家儿童的状况服务，并取得显著成效，于1965年获得诺贝尔和平奖。

1959年，联合国大会通过了《儿童权利宣言》。《儿童权利宣言》特别强调：在承认儿童基本权利的同时，各国应“逐步采取立法及其他措施，为捍卫这些权利而努力”。

1974年，在委内瑞拉的加拉斯加召开的世界幼儿教育机构大会提出，学前教育应随时谋求行动的新规范，学前教育机构是由幼儿、教师、父母及其他社会人士组成的儿童教育中心。

二、20世纪80年代以后学前教育改革的主要措施

在1981年11月召开的第三十八届国际教育大会上，许多国家的代表普遍强调把加强学前教育作为世界未来的主要目标之一。在这一思想的指导下，各国都把学前教育作为整个教育的基础，并尝试新的改革，以促进本国学前教育的发展。

（一）调整学前教育目标，注重幼儿的社会性品质和个性品质的培养

20 世纪 60 年代，美国心理学家布鲁姆关于儿童早期智力发展的观点受到许多国家的重视。加强早期智力开发成为美、日、苏、德等国教育改革的重要内容之一，并导致“智育中心主义”。随着冷战的结束和人文主义教育观的回归，20 世纪 80 年代以来，各国教育工作者都呼吁要注重幼儿的整体发展。1985 年 6 月在日本召开的“日、美、欧幼儿教育、保育会议”的中心内容就是要求从“智育中心”转向幼儿个性的全面发展。

1990 年 4 月，日本开始实施新修订的《幼儿园教育要领》。该要领规定了幼儿教育的目标：①培养为了健康、安全和幸福生活所需的基本生活习惯和态度；②培养幼儿对人的感情和信赖感，养成自立和协同的态度，并奠定其初步的道德基础；③通过培养幼儿对自然等身边事情的兴趣和关心，使其对自然等有丰厚的感情，并培养其思维能力的萌芽；④通过日常生活培养幼儿对言语的兴趣和关心，使其养成喜欢听说的态度并对言语产生感情；⑤通过多种多样的体验丰富幼儿的感性认识，使其创造性能得到更好的发展。

美国在 20 世纪 90 年代制定的学前教育方案中指出，学前教育目标包括：①帮助每个儿童经验智能的增长和接受环境刺激；②帮助每个儿童成为情绪稳定的人；③帮助每个儿童成为社会的良好适应者；④帮助每个儿童获得健康的身体；⑤帮助每个儿童提高审美能力。

1992 年，经叶利钦签署，《俄罗斯联邦教育法》颁布施行。该法规定，俄罗斯学前教育工作的目标包括使儿童能够适应社会，保证儿童创造性、才能和兴趣的发展等内容。

可见，世界各国因各自国情的不同，对学前教育的培养目标的规定和要求各有偏重，但注重良好的社会性品质和个性品质的培养却是共同的特点。

（二）改革幼儿园课程，突出儿童德、智、体、美等方面的和谐发展

历来的教育改革莫不以课程为突破口，改革幼儿园课程也就成为各国学前教育的首要任务。

全美幼儿教育协会在 20 世纪 80 年代末推出了幼儿（0～8 岁）发展适应性早期教育方案，这代表了美国幼儿教育的发展方向。该方案对幼儿教育的课程内容、目标、设置等做出了具体规定。

20 世纪 80 年代以来，法国政府开始进行幼儿教育改革，颁布了《幼儿学校教学大纲》，对幼儿学校课程的目标、内容、组织与实施等提出了新的规定。

总的来说，20 世纪 80 年代以后，各国幼儿教育课程改革具有以下特点：第一，强调幼儿主体性的发展，自我的主动构建成为各国幼儿教育课程的基本精神之一；第二，强调幼儿学习的积极性和主动性，体验是儿童中心课程观的根本；第三，强调在活动与游戏中学习；第四，强调幼儿的情绪、情感、态度、动作的发展及课程内容的现实意义，生活化的真实体验是幼儿学习的重心；第五，树立大课程观，加强家园合作；第六，尊重幼儿的个别差异，促进幼儿的学习兴趣、风格和个性特点；第七，强调每个儿童都具有发展潜力，教育要充分关注每个儿童的发展并给予其充分的发展时间。

（三）实施混龄班教育

首先，混龄班教育的指导思想的核心是重视儿童个体发展的差异性，允许超前和落后，使优秀生和后进生都能获得有效发展。其次，不同年龄儿童混合在一起共同活动，通过社会交往，学会合作，学会关心，并获得社会能力的发展。再次，混龄班教育还促进了教师对儿童的因材施教、父母和教师之间相互联系的加强以及父母之间的交流。

法国政府在 1900 年就颁布了关于建立初等教育 3 年制学习阶段改革计划的法令，进行打破传统的年级概念的改革尝试。其具体做法是：将 2～11 岁儿童的教育分为 3 个阶段，每个阶段一般由 3 个学年组成。第一阶段为初步学习阶段，包括幼儿学校的小班和中班，儿童年龄为 2～5 岁；第二阶段为基础学习阶段，包括幼儿学校的大班和小学前两个年级，儿童年龄为 5～8 岁；第三阶段为深入学习阶段，包括小学后 3 个年级，儿童年龄为 8～11 岁。近年来，在美国，人们对学前教育中的混合年龄组和小学低年级中的不分年级计划也倍感兴趣，20 世纪 90 年代就颁布了《肯塔基教育改革法》和《俄勒冈州迎接 21 世纪教育法案》，对混龄班教育进行了规定和阐述。

（四）以终身教育观念为指导，建立健全幼儿园与小学衔接机制

第二次世界大战后，随着科技的发展，中小学的起点要求有所提高，幼儿园与小学之间如何衔接的问题也日益突出。各国从终身教育的观点出发，认为幼儿教育是终身教育的一个重要组成部分，幼儿园与小学的衔接问题被置于终身教育的背景下来考虑。

苏联政府于 1984 年 4 月正式决定，儿童入学年龄从 7 岁提早到 6 岁。1985 年 1 月，苏联教育部公布了实施这项决定的章程。章程规定：由 6 岁儿童组成的一年级设在幼儿园，它既是幼儿园的一个班，又是附近某个普通学校的一年级。教学工作中不能用对待 7 岁入学的一年级学生的办法来对待他们。

法国对幼儿园与小学衔接问题的解决主要借助于师资培训，即将幼儿园师资的培

训与小学师资的培训相结合。高中毕业生经会考进入师范院校接受两年幼儿园教育与小学低年级课程的专门训练及教学实习。这样使得幼儿园与小学的衔接更为容易,在一定程度上减少了幼儿的不良适应性问题。

(五)重视家长对幼儿教育的参与,加强幼儿园与家庭的合作

20 世纪 80 年代,各国的幼儿教育改革都十分重视幼儿园与家庭的合作。

日本极为重视家园合作。临时教育审议会在 1986 年 4 月 23 日发表了《关于教育改革的第二次咨询报告》,其中提出了有关家庭教育及家园合作的建议。在这些建议的指导下,日本建立了多渠道、多形式的家园共育的方式,包括家庭调查、问卷调查、联络簿、联系板、家庭访问、保育通讯、保育参观及各种仪式活动等。日本还狠下功夫提高父母的教养水平,主要通过两个渠道:一是学校教育;二是作为社会教育与终身教育的重要一环来培训父母,如开办"母亲班""双亲班"。

(六)注重儿童的早期教育,提出学前教育从零岁开始

20 世纪 80 年代以后,各国更加注重儿童早期教育,提出学前教育从零岁开始。日本著名幼儿教育家井深大于 1987 年发表了《零岁:教育的最佳时期》,强调早期教育的可能性与必要性。法国、瑞士等国也出现了零岁开始教育的潮流。

苏联主张尽早开始幼儿教育,并把它纳入正规的、系统的教学计划中。从出生第一年起就对婴儿进行有目的、有计划、有组织的教育活动,第二年开始要求每天进行两次作业。2～3 岁作业内容增加,包括纸工、建筑、游戏等。

在美国 1989 年 9 月举行的"教育首脑会议"上,布什总统提出:"改善学龄前儿童的准备教育,加强儿童保健。把这方面的经费由目前的每年约 12 亿美元增至每年约 40 亿美元。"由此可见,美国对幼儿的早期教育是相当重视的。

三、学前教育的发展趋势

20 世纪 80 年代以后,世界各国更加重视学前教育,采取了一系列的改革措施,进一步促进了学前教育理论和实践的发展,学前教育因而表现出一些新的发展趋势。

(一)日益更新的教育观念更加注重儿童权益的保护,突出现代幼儿教育价值

儿童观直接影响着幼儿教育目标的确立、内容的选择、方式和手段的运用、评价标准的制定,因此,如何看待儿童、对待儿童是幼儿教育价值的根本,也是最直接的体现。1989 年 11 月 20 日,第 44 届联合国大会通过了《儿童权利公约》。1990 年 9 月 29 日

至30日,71国的国家和政府首脑出席了世界儿童问题首脑会议,通过了《儿童生存、保护和发展世界宣言》和《执行90年代儿童生存、保护和发展世界宣言行动计划》。

1995年8月,在日本横滨召开了第21届世界幼儿保育机构大会,来自美国、新西兰、南非、中国等几十个国家和地区的专家、学者参加了会议。与会者一致认为,任何国家、任何家庭的幼儿教育都应该遵循尊重性原则、自主性原则、个体化原则、社会化原则、兴趣原则,使教育的内容、方式、方法适应幼儿不同年龄、水平、能力、兴趣的需求,为每个幼儿提供学习、表现和发展的机会和条件。

(二)寻求科学的幼儿教育理论的指导,发展多元化的幼儿园课程模式

许多国家的幼儿园以不同的学前教育理论作为教育指导思想,如蒙台梭利教育法、皮亚杰的儿童认知发展理论、行为主义学习理论以及建构主义理论等,其中蒙台梭利教育法在世界范围内引起了高度重视,很多国家纷纷加以采用。意大利的瑞吉欧教育体系,1990年被美国《新闻周刊》评选为"全世界最好的教育系统之一"。它以杜威、皮亚杰、维果茨基等人的理论为基础,提出了具有人文主义特色的课程模式,其课程目标是让儿童"更健康、更聪明、更具潜力、更愿学习、更好奇、更敏感、更具随机应变的适应能力、对象征语言更感兴趣、更能反省自己、更渴望友谊"。课程内容来自周围的环境,来自儿童生活中感兴趣的事物、现象和问题,来自儿童的各种活动。

(三)学前教育的办学形式和校园功能向多样化方向发展

近年来,许多国家学前教育机构的办学形式日益多样化,主要表现在以下三个方面。

首先,扩大幼儿园服务社会的功能。如日本,除了实行全日制和半日制保育以外,还发展临时保育事业,以方便家庭主妇临时出门购物,或为那些母亲突然生病以及有其他紧急情况的儿童提供服务。

其次,学前教育机构微型化和家庭化。如法国,为了让更多的儿童受到教育和适应集体生活,除了继续发展正轨教育的幼儿学校之外,还创办了一些民间托幼组织和试验性机构。

最后,社区学前教育机构发展起来。学前教育社区化是当今世界发达国家学前教育发展的一个重要趋势。美国、日本、英国等国的社区学前教育都较为发达。社区学前教育的基本特点是非正规性、开放性、综合性和地域性。

(四)学前教育更加注重现代科技手段和成果的运用

20世纪70年代以后,由于受到第四次技术革命浪潮的影响,电脑开始走进幼儿园。许多电脑专家为幼儿园开发了教学软件,大大提高了幼儿教育水平。此外,电视、

摄录像技术、激光声像技术、卫星传播技术的发展，也给现代幼儿教育带来了新的发展。

（五）特殊儿童的教育更加受到重视

特殊儿童是指有生理或智力发展缺陷而需要特殊帮助的残疾儿童。当前，一些国家为特殊儿童开设了特殊幼儿园、特殊幼儿学校、疗养幼儿园、儿童保健中心等，以便对他们进行专门的治疗和教育，从而使他们以后能更快地适应特殊学校的学习条件和生活环境，同时开展研究工作，了解特殊儿童的身心发展特点，以更好地促进对特殊儿童的治疗和教育工作。

（六）学前教育的科研工作正在走上组织化和系统化的轨道

与此同时，各国加强学前教育的科学研究。美国于 1972 年建立了国家教育科学研究所，近年来又建立了全国幼儿教育实验室，并在各大学设立研究中心。英国课程主管部（QCA）与早期儿童教育理论及实践专家通过长期合作研究，于 2000 年颁布了《英国基础阶段教育（3～5 岁）课程指南》，强调为儿童提供有效的学与教。

20 世纪是人类科学技术飞速发展的世纪，也是学前教育改革层出不穷的世纪。迈入 21 世纪，我们深信，学前教育的发展将会出现一个更加崭新的局面，21 世纪将真正成为儿童的世纪。

自测习题

一、名词解释

1.《哈多报告》　2.幼儿发展适应性早期教育方案　3.混龄班教育

二、简答题

1.20 世纪 80 年代以前学前教育的发展特点有哪些？

2.20 世纪 80 年代以后学前教育改革的主要措施有哪些？

3.20 世纪 80 年代以后世界各国幼儿园课程改革的一般发展趋势是什么？

三、论述题

1.简述蒙台梭利的主要教育思想。

2.试析学前教育的发展趋势及对我国学前教育发展的启示。

第十二章　初等教育的改革

本章学习目标

1.了解20世纪以来，不同的历史时期，世界各国初等教育形成与发展的历史过程，尤其是20世纪80年代在新科技革命影响下世界各国初等教育进行的一系列改革。

2.掌握世界各国初等教育在各个历史时期出现的共性与特性，20世纪80年代各国对初等教育所采取的主要改革措施，以及进入21世纪后初等教育发展呈现的基本趋势。

3.理解世界各国初等教育发展如何与社会发展相一致，新的历史条件下初等教育的改革措施及其今后的发展方向。

一、20世纪初等教育的发展

(一)20世纪前期的初等教育

19世纪末20世纪初，初等教育受到了人们的普遍关注并开始了多方面的改革。

1.初等教育的基本体制和改革趋势

(1)初等教育的基本体制

在欧洲，20世纪初，教育体制已成形，即初等教育与中等教育构成双轨的体制。双轨制和单轨制的斗争日益白热化，而这种斗争事实上反映了社会上进步力量与保守势力的斗争，体现了教育民主化进程的不断深入。美国的情况则与欧洲完全不同。独立战争后的美国崇尚民主、自由，教育体制也同样不分贵贱，形成了单轨的教育制度，即小学与中学相衔接。

(2)课程改革:迎合社会需要

在教学内容上，各国初等教育大都围绕两个重心:一是培养学生良好的品质——诚实、勤劳和爱国心;二是培养学生掌握读写算的能力。前者是为了统治，而后者则是为了生产。进入 20 世纪后，两者都有了扩展。

2.新教育运动和进步教育运动影响下的欧美初等教育的一般特点

19 世纪末 20 世纪初，在欧美兴起的教育革新运动对欧美各国的教育产生了深远的影响，这一教育革新运动即欧洲的新教育运动和美国的进步教育运动。

新教育运动也称新学校运动，即一些教育家通过创办学校来实验他们的改革思路。这些学校主要是为 6～12 岁儿童开设的属于初等教育阶段的学校，也有与之相衔接的高一级学校。这些学校的一般特点大致可归纳为以下几个方面：第一，在学校设置上，大多采用寄宿制形式且收费昂贵；在管理形式上，反对固定、呆板的学校生活，主张学校生活采用灵活多样的方式，适应社会生产和社会生活的变化。第二，在课程设置上，反对学校硬性规定的课程，主张学校课程设置要更多地反映现代科学的影响，增加具有技术和活动特点的弹性课程。第三，在教学上，反对传统的机械服从的指导学生的模式，主张通过学生的自我管理和自我服务，为学生的个人自由和完善发展创造条件。

新教育运动开始在欧洲兴起的同时，美国也出现了教育革新的思潮，产生了进步教育运动和代表该运动的进步学校。这些学校一般具有以下几个方面的特点：第一，强调自由的原则。在课程设置与安排上，进步学校以活动为主，并在活动的基础上进行智力学习，各项活动都根据儿童的兴趣来设计。第二，在办学目标上，进步学校强调儿童发展与社会生活相结合。第三，在课程内容取舍上，进步学校力求贴近实际，反对固定课程及固定内容，内容编排也鼓励灵活多样。第四，在教学管理上，进步学校强调无压力学习。

3.第二次世界大战前工业国家初等教育的发展

1902 年，著名的《1902 年教育法》，也称《巴尔福教育法》为英国初等教育和中等教育的发展提供了公共的财政保证，使教育成为地方服务设施之一。国家增加了对初等教育的补助，英国初等教育的学生人数增加很快。1918 年，英国国会通过了一项新的教育法案，即《费舍教育法》，使英国教育行政系统向前迈进了一步，初步建立了包括幼儿园、小学、中学和各种职业学校在内的公立学校系统。到 1934 年，公立初等学校的学生人数已达 385 万余人，实现了 14 岁以下儿童的义务教育。

进入 20 世纪后，法国的初等教育改革与发展的主要措施为提供义务、免费和世俗化的教育。1923 年，法国政府规定，初等教育阶段实行统一学校制，即所有初等学校不论是公立小学还是中学预备班，都必须开设同样的课程，按照同样的教学大纲，由具有同等资格的教师来实施教学。1925 年后，这项规定已普遍得到实施，法国实现了小学阶段的“统一”。

1893 年，美国全国教育协会任命了一个“十五人委员会”专门研究初等学校课程的问题，并于 1895 年发表了报告。报告建议，在初等学校的课程中，应该设置语法、文学、算术、地理和历史五个科目。此外，在学生的学习时间中，还要安排自然科学、美术、手工、音乐、生理卫生、道德等科目。“十五人委员会”的报告对之后美国初等教育的发展产生了较大的影响。

1907 年，日本颁布了《再改正小学校令》，对 1886 年颁布的《小学校令》做了第三次修改，正式规定寻常小学的修业年限为 6 年，属于免费义务教育，并规定一律废除私立小学，全部改为公立。从 20 世纪初起一直到第二次世界大战结束前，日本的初等教育系统并无重大变化，但从 20 世纪 30 年代起，随着法西斯统治的加强，日本的学校教育带有了浓厚的军国主义色彩，成了为侵略战争服务的工具。

（二）第二次世界大战后初等教育的发展

1.第二次世界大战后世界初等教育的总体发展

第二次世界大战以后，各国对初等教育的课程、教学和教材都进行了一系列的改革，这些改革一直持续到 20 世纪 70 年代，有以下主要特征：第一，在教学思想上，强调学生独立思考问题、分析问题和解决问题的能力的培养，以期使学生从小养成能像科学家那样思考、探索和质疑事物的习惯；第二，在课程内容上，重新评价了新教育运动和进步教育运动以来的以儿童为中心的课程内容组织思想，重新强调重视儿童对系统的基础科学知识的掌握；第三，在课程开发上，强调课程的综合性和整体性，并发展了一些新的教育领域；第四，在教学形式上，特别鼓励学生以广泛讨论、创造性写作和艺术或其他任何适当的形式学习。总之，第二次世界大战后到 20 世纪 70 年代，初等教育革新运动的核心是将重点放在儿童解决问题的能力上，放在儿童适应社会并为社会的繁荣有序发展服务上。

2.各国初等教育的发展

美国从 20 世纪 50 年代末开始，开展了规模较大的教育改革运动。1958 年，美国联邦政府颁布《国防教育法》，进行教育改革。这一时期，初等教育的一个最显著的变化是教学方法方面。各地广泛采用发现法，以培养儿童的认识能力。在课程方面，开设的学科有语文、算术、社会、美术和应用艺术、音乐、体育、卫生和劳作。根据《国防教育法》的要求，美国的小学广泛使用各种现代化的教学手段及其他电化教具。第二次世界大战后的美国初等教育得到了迅速的发展。到 20 世纪 70 年代初，适龄儿童的入学率已达 99%。

第二次世界大战后英国初等教育的一个最大的特点是始终受新教育和进步主义教育思想影响，强调教育应该以儿童为中心，强调教育应该从儿童的个性出发，重视通过教育使儿童多方面潜能得到发展。英国初等教育的另一个特点是多样性和灵活性。学校的课程设置、教学方法以及教科书等，都由校长和教师自行决定，国家无权干预。这种灵活的教育特点，有利于发展儿童的各项能力，增加他们与当地社区的联系。

第二次世界大战后法国的普通教育改革重心主要在于：一是使教育适应和促进战后经济建设和科技进步的需要，实现教育的现代化；二是促进教育机会的民主化。1947 年的《郎之万—瓦隆教育改革方案》，首次提出了“教育民主化”的思想，并倡导“以儿童为中心”的改革方案，对法国初等教育的发展具有深远的意义。

根据 1947 年颁布的《教育基本法》和《学校教育法》的规定，第二次世界大战后日本初等教育改革主要表现为以下几个方面：第一，规定了九年制的免费义务教育，确定了教育机会均等的原则，以及男女同校的原则；第二，强调人的个性的多方面发展，注重人的多种能力的培养；第三，在社会目标上，要求初等教育帮助学生“正确理解人类相互关系”，“发展儿童对乡土和国家的现状与传统的正确理解，进而培养国际合作的精神”。

二、20 世纪 80 年代以后初等教育改革的主要措施

（一）20 世纪 80 年代以后世界初等教育改革概况

20 世纪 80 年代，教育改革成为一种世界性的浪潮。初等教育作为教育改革的基石，在教学目标、教学内容、教学方法、教学组织形式以及管理等方面都进行了较大的革新。

1.教学目标

20 世纪 80 年代，世界各国都纷纷意识到，初等学校教育的教学目标应当与当今社会科学技术的发展、产业结构和劳动力市场的变化相适应，纷纷采取措施使初等教育突破单纯传授书本知识的传统，着重培养学生观察、分析、表达、理解、应用能力以及充分发挥学生的创造性。如 1984 年，日本临时教育审议会提出，当前的教育目标重点在于培养具有创造力的人才。美国在确定教育所要培养的人才规格时，认为教育一方面要培养人们拥有积极的生活目标和强烈的社会责任感，另一方面还要培养学生的创造精神，使他们在未来的生活中具有不断克服自身局限的能力。

2.教学内容

20 世纪 80 年代，世界各国都主张课程内容要及时反映科学技术的最新成就和社会生活的基本要求。1984 年，第 39 届日内瓦国际教育会议建议，各国教育部将科学技术教育作为初等教育课程改革的重要内容之一，从而为未来社会高科技的挑战做好准备。在科学技术教育中，各国纷纷致力于发展儿童的创造精神和创造能力。

在课程设置上，各国将综合课程和分科课程相结合。一方面，为避免各学科教学内容的重复，使学生更好地从整体上理解各学科的相互联系，世界各国都将开设综合课程作为初等教育课程改革的重要举措；另一方面，在这种综合课程改革中，对课程综合化是有选择的，大多数国家为了确保学生能掌握读写算的基本技能，主张保留语文和数学的分科教学，并增加这两门课程的教学时间。在日本小学中，语文占总课时数的 27.5％，数学占总课时的 18.0％。

各国在提高学生的基础文化素质和基本技能的同时，更注重加强学生的道德品质教育。新加坡高素质的公民和良好的社会风气，正是取决于政府从初等教育起就重视儿童的道德教育。日本政府在吸收西方科技文明的同时，也注重对儿童进行团结合作和热爱祖国等方面的道德培养。

此外，为了顺应现代信息技术时代的要求，初等教育教学内容中又增加了计算机课程。1980 年，英国教育科学部开始实施“微电子学教育计划”，经过 5 年的发展，90％的初等学校已经配备了计算机。1985 年，日本耗资 50 亿日元为初等学校引进计算机。

3.**教学方法和手段**

20 世纪 80 年代，世界各国在革新初等教育教学目标和教学内容的同时，还在努力探索各种教学方法，更新教学手段。尽管具体方法多种多样，但各国在教学方法上的改革却存在着一些共同的特点。

第一，课堂教学从知识本位向能力本位转变。各国改变了传统的被动学习，提倡学生进行自主性学习。学生在这种主动学习中，灵活应用知识和技能，发展自己独立分析问题、解决问题的能力。

第二，注重学生参与获取知识的过程，发挥学生的创造性。各国在教学方法的改革过程中，非常注意指导学生参加各种实际活动，如调查、观察、实验、制作、讨论等，使学生手脑并用获得知识、技能。

第三，重视学生的个别差异，充分发展学生的个性。各国教育家一致认为，教育就是要在全面系统地了解学生的个性特征的基础上，充分挖掘他们的潜力，使所有人都得到全面的发展。

第四，以现代化教学手段为依托，提高教学质量。

4.**教学组织形式**

随着教学手段现代化水平的日益提高，传统规模庞大的班级授课制也受到了一定的冲击，逐渐形成班级教学、小组教学和个别教学相结合的教学组织形式，班级规模朝小型化方向发展。班级规模小型化，需要大量的师资、设备以及资金的投入，因此，这将是一个长期的发展过程。

此外，各发达国家还大力提倡小组教学和个别化教学。至于分组的方法和个别化教学的具体形式，则是 20 世纪 80 年代初等教育改革后各国都在尝试、探索的问题。

5.教学检查和评估

为了提高教学质量，在初等教育中改革考试制度、统一评估标准是 20 世纪 80 年代以来初等教育改革的一项重要内容。美国、英国、法国等发达国家纷纷把建立全国统一的教学评估标准以及与之相适应的教学评估体系作为初等教育改革的重点之一。同时，更加注重教学考核评估的全面性、客观性和主动性。

（二）各国初等教育改革的主要措施

1.美国的初等教育改革

1983 年，美国教育优异委员会发表了题为《国家在危急中：教育改革势在必行》的重要报告。根据该报告的建议，美国初等教育改革主要从四个方面入手：第一，改革美国原先"自助餐式"的课程，确立英语、数学、自然科学、社会科学和计算机科学五门新的基础课程；第二，为学生设立统一的目标和标准，规定他们经过学习应具备的知识、能力和技能水平；第三，增加学生的有效学习时间；第四，通过提高教师素质来改善教学质量和效果。为了提高教师队伍的素质，美国采用根据教师工作成绩实施奖惩、提高教师待遇、加强对初等教育师资培训以及在缺乏教师的领域聘请非学校的人员等措施。

2.英国的初等教育改革

《1988 年教育改革法》的颁布为 20 世纪 80 年代英国的教育改革指明了道路。该法的一个最主要的措施是在学校设立全国统一课程。统一课程包括英语、数学和科学 3 门核心课程和历史、地理、工艺学、艺术、音乐、体育和外语 7 门基础课程。通过立法的形式规定全国统一课程，使英国初等教育课程走上统一化、规范化的轨道。

调整现行的考试制度与课程改革紧密相连。为了便于对学生的学习效果进行评价，《1988 年教育改革法》为核心课程和基础课程制定了成绩目标，规定了不同能力的学生在 7 岁、11 岁和 16 岁时应掌握的内容，并要求对这几个年龄阶段的学生进行全国统一考试。

教师质量是直接关系学校教育质量的关键问题。为此，英国政府从 1980 年起就采取各种措施加强初等教育师资的培训和管理，规定教师应具备的素质，加强对教师的在职培训，建立有效的评估机制，改善对教师的管理和使用。

3.日本的初等教育改革

20 世纪 80 年代，日本进行的教育改革涉及初等教育的主要有以下几个方面：第一，改革初等教育课程内容。1983 年，日本课程改革提出以"自我教育能力的培养"为原则。

根据这一原则,日本政府加强了德育和国际化教育。为了适应信息化的要求,日本开设了计算机课程,并对能灵活运用计算机的学生实行奖励。第二,改革初等学校师资的培养和任用制度。首先,改革教师资格证书制度,使教师资格证书制灵活化。按学历高低将原先初等教师的两级许可证制度改为三级,此外,还设立了"特别许可证",专门聘用社会上具有一定实践经验、学历水平或资历的专业人才。其次,从扩充教师知识结构和扩大教师来源两条途径,进一步改善教师培养制度。再次,为了培养初等学校新任教师的实践指导能力和使命感,创设了新任教师研究进修制度。新任教师必须在任职后研修一年,这一年作为新任教师必经的暂时录用期。第三,切实改善初等学校教学条件。尽力缩减规模过大的班级和学校,规定每班学生不能超过40名。此外,政府还投入大量的教育经费,改善学校的各项硬件设置,尤其是为小学购置计算机教学设备。

4.法国的初等教育改革

20世纪80年代,法国初等教育改革围绕质量问题展开。针对初等学校学生学业失败现象严重的事实,法国加强了初等学校的个别化教育。为此,教育部积极推广个别辅导制,规定所有学校必须对在法语和数学学习上有困难的学生进行个别辅导或课外补习。1982年,为了平衡地区与地区之间的教育差异,政府在初等学校中实施了优先教育区政策。国家对属于优先教育区的地方采取特别政策,尤其在经费、师资、设备等方面予以特殊照顾。

三、初等教育的发展趋势

由于时代特征对初等教育已经产生和即将产生的影响,未来初等教育在培养目标、教学内容、教学手段、教学方法,教学组织形式等方面都将产生相应的变化。

(一)培养目标全面化

世界各国初等教育的培养目标主要可以概括为以下几点:学习和掌握与日常生活有关的技能;理解科学概念、原理;在飞速变化的世界中成长为自信且有责任感的公民,具有对科学事物的广泛兴趣;认识到科学方法的有效性和局限性,并了解它对其他学科和日常生活的作用;对威胁健康的因素有清醒的认识;形成节约自然资源和保护环境的积极态度;认识到科学的局限性;形成对科学及其探究方法的兴趣、好奇心和鉴赏力;认识到科学是合作性的活动,而且是国际性的合作活动;懂得科学受社会、经济、技术、政治、伦理和文化等因素的影响和限制;了解科学知识和科学观念的历史演进;在学习中掌握并应用信息技术的各种技能。

从上述世界性的初等教育培养目标的基本内容可知,目前初等教育的培养目标正朝全面化方向发展。初等教育既要使学生掌握现代社会需要的基础知识和基本技能，又要注意激发学生的学习兴趣和求知欲，甚至还涉及培养学生对健康和环境的正确态度。

（二）教学内容综合化

随着初等教育的培养目标从单纯强调知识向技能、能力、素质全面发展转移，初等学校的教学内容也必须向综合化方向发展。课程综合化着眼于后天的、广义的能力概念，强调环境和教育对学生一般能力培养的作用。综合课程将知识与经验、理论与实际、学校与家庭、社区有机结合，促进学生个性的、和谐统一的发展。

1998 年，日本教育课程审议会公布了新的中小学课程审议案草案，并于 2002 开始实施。新课程方案的最大改革是增设了一门新课程——综合学习课程。学校在设置这门课程时，要发挥自己的自主权，要让学生根据自己的兴趣、特长等主动选择学习内容。此外，加拿大、英国也开始推行综合理科课程。德国提出了 STS 课程（科学—技术—社会课程），它已成为世界各国初等教育课程综合化改革的一种新的科学教育构想，目前仍在探索中。

（三）教学手段现代化

近年来，发达国家、中等发达国家在中小学教育改革的实践中都强调，应广泛地运用电视、电影、广播、录音、录像、激光视盘、计算机、复印机等现代化教育技术来提高教育质量。随着信息技术的日益成熟和普及，多媒体技术和网络技术在教育中的应用也越来越普遍。

1997 年，美国总统克林顿在国会发表再任演说时就提出了“十二岁孩子能联机上网接受媒体网络化教育”的目标，希望“到 2000 年使网络联结所有的教师和图书馆”。为此，国会在五年内提供了 20 亿美元的特别拨款购置设备。1998 年，英国在国拨教育经费中，法定的 6%必须作为学校专款专用的计算机购置费，以保证英国 20%的初等学校能上因特网。1997 年，法国教育部部长宣布了一项为期三年的多媒体教学发展计划。该计划规定，学生必须从初等教育起就参加多媒体学习活动。

（四）教学方法多样化

以现代化教学手段为依托，现代教学方法也向多样化和个性化方向发展。目前，除了传统的一些教学方法外，各国竞相研究出各种各样的新方法。

1.抛锚式教学模式

抛锚式教学模式是 20 世纪 90 年代在约翰·布朗斯福特的领导下开发出来的，是在建构主义学习理论影响下，以技术学为基础的一种重要的教学范型。抛锚式教学模式与情境学习、情境认知以及认知的弹性理论有着极其密切的关系,它试图创设有趣、真实的背景以激励学习者对知识进行积极的建构,使教师和学生在这种背景下自由探索,从而达到从多个角度去分析和解决问题的目的。

2.认知学徒制

认知学徒制是通过让学生获取、开发和利用真实领域中的活动工具,来支持学生在某一领域中学习的一种方法。在传统的学徒制中,完成所学任务的步骤通常易于观察。然而,在认知学徒制中,只有师徒之间思维过程明确且具有一致性时,学习才有可能达到既完善行动又改进潜在过程的效果。

3.网络教学模式

随着计算机科学技术的迅速发展,网络技术在教育中的应用日益广泛和深入,特别是因特网与校园网的接轨,为学校教育提供了广阔的前景、丰富的资源,产生了基于网络教学(Web-Based Instruction,WBI)的可能性。

4.合作教学法

合作教学法建立在对小学生生活中最重要的两种活动形式——学习与游戏的相互关系进行论证的基础上。这种教学法是一种能激起儿童兴趣的师生关系体系和一套能鼓励儿童自愿参加教学活动并接受教师影响的对待儿童的方法,旨在改善师生之间强制教学的关系,强调师生之间教学上的和谐关系。

5.学导式教学法

学导式教学法让学生课前预习,课堂上成为教学过程中认识活动的主体,要求教师在教学过程中,努力创造能使学生的智能获得普遍发展的条件和情境,采用各种教学手段,激发学生的求知欲,让学生主动探索。学导式教学法主要由四个环节构成:自学、解疑、精讲、操练。

总之,这些新的教学方法注重学生主动的探索性学习,旨在培养学生的科学精神和创造能力。这一方面适应了飞速发展的现代科学技术对现代教育的要求,另一方面也是现代课程改革的重要方面。

自测习题

一、名词解释

1.统一学校　2.发现法　3.全国统一课程　4.优先教育区政策　5.综合学习课程　6.抛锚式教学模式

二、论述题

1.简述新教育运动和进步教育运动中初等学校改革的基本特点。

2.简述第二次世界大战后发达国家教育改革的重心与策略。

3.简述20世纪80年代世界各国课程改革的共同特点。

4.评析当前初等教育中各种教学方法的优劣。

5.谈谈你对20世纪80年代以后世界各国初等教育改革的认识，以及对我国目前初等教育改革的看法。

6.试析世界初等教育改革的发展趋势。

第十三章　中等教育的改革

本章学习目标

1.了解20世纪国外中等教育发展的基本线索。
2.掌握20世纪80年代以来各国中等教育改革的主要措施。
3.分析国外中等教育改革的经验得失及对我国中等教育改革的启示。

一、20世纪中等教育的发展

(一)20世纪前期的中等教育

20世纪,世界中等教育进入了一个新的发展时期。

在美国,进入20世纪以后,困扰中等教育的思想桎梏逐步破除,加之美国公立中学近百年的经验积累,中等教育终于迈入千家万户。20世纪20年代和30年代,是美国公立中学迅速普及的辉煌年代。中学学校数量有了很快的增加,从1920年至1940年,中学学校数量平均每年增加550所之多,这种增加率是19世纪90年代发展速度的5倍多。

在德国,1920年的《基础学校法》废除了贵族化的中学预备学校,要求各类中学从统一的初等教育机构——四年制基础学校中招收新生,中等教育的民主化获得了一定的发展,数量也得以扩充。这一时期,魏玛共和国政府致力于教育复兴和教育的民主化,扩大民众的受教育机会,促进了中等教育的发展。

20世纪上半期是英国建立中等教育制度的重要时期。1902年的《巴尔福教育法》基本上理顺了中央和地方的教育领导关系,使得中等教育成为重要的地方事业之一,接受公共资金补助的中学数量大为增加。1918年的《费舍教育法》初步确立起一个包括中等学校在内的英国国家学校系统,提高了中等学校的地位。1926年的《哈多报告》进一步明确地界定了中等教育的基本概念。1938年的《斯宾斯报告》将中等教育机构确定为文法中学、技术中学、现代中学三种,这成为后来三轨式中等教育制度的先声。该报告提出的建立多科性中学(multilateral school)兼具以上三种中学的特点的设想,也颇具后来综合中学的影子。

从19世纪末期到20世纪的第二次世界大战之前,法国的中等教育改革主要在两大方面进行:一是由于1902年《莱格法案》之后的改革,课程设置的现代化有所发展;二是由于资产阶级民主思潮的发展及“统一学校运动”的展开,中等教育学校制度的贵族性有所松动。20世纪前期,中学生入学人数中出身工农家庭的比例,从1936年的5%上升到1943年的23%,法国中等教育领域的民主化取得了一定的进展。

(二)第二次世界大战后中等教育的发展

第二次世界大战结束以后,世界中等教育迅速发展,显示出了民主化和科学化的新特征。

1.中等教育结构的变化

第二次世界大战后,中等教育结构的变化显示了这一领域教育民主化的进展。各国中等教育的结构可以划分成单轨制和多轨制两种类型,或称单一型结构和多样型结构两类结构。

美国中学是典型的单一型结构。其公立中学是直接与小学相衔接的,中学以4年制和6年制两种为主,6年制中学内往往又分为初中3年和高中3年。4年制中学或3年制高中大多是综合中学,内分学术科、职业科和普通科。日本和解体前的苏联也是单一型结构。

英国、法国、德国等,属于中学多样型结构的国家。第二次世界大战后,英国的中学分为文法中学、现代中学、技术中学、综合中学等多种类型。到了20世纪六七十年代,综合中学运动逐步开展,大多数中学已成为综合中学,但在中学内部仍有学术科、职业科和普通科等区分。英国还有一个私立中等教育系统,以“公学”为主要教育机构,是历史上遗留下来的贵族学校。德国的中学也是多样性的,包括主要学校、文科中学和实科中学三种。在法国,初级中学一般是4年制单轨学校,高中3年则是多轨的,有普通中学、技术中学等多种类型。从上述情况可见,即使在中等教育多样型结构的国家,初中阶段也主要是单一型的。

初中阶段教育任务和学制年限的一些变化,是中等教育结构变化的特点之一。如德国和法国主张在初中设定向教育阶段,通过前两年的观察和引导,发现学生的特长和发展倾向。同时,还因为普及教育年限的延长和加强初中阶段文化基础知识的需要,初中阶段修业年限出现了延长的趋势。例如,英国初中从4年延长到5年,法国从3年延长到4年。

高级中学的多样化也是许多国家中等教育结构的主要特征，但其发展的又一重要特点是综合中学数量的增加。例如，英国一些地方将文法中学、技术中学和现代中学合并为综合中学，到 20 世纪 70 年代取得了较大的成绩。

2.中等教育课程的改革

中等教育的课程改革也是第二次世界大战后中等教育发展的重要内容。课程现代化改革首先表现在教材内容的更新方面：新的数学教材中编入了集合理论、数理逻辑、程序设计、线性规划等内容，增加了映射、群、环、域等基本概念；物理学教材中加强和增加了热力学、固体物理、量子力学、核物理和空间科学的知识；在生物学教材中，遗传学、分子生物学和生态学等方面的知识也大为增加。教材内容更新的另一种方式是将高等教育中的有关教学内容下放到中学阶段，或将中学高年级的教学内容下放到中学的低年级。

20 世纪 60 年代开始的课程改革由于过多地加深了教材的内容，脱离了大多数学生的实际水平，教师也不能很好地适应，引发师生负担过重、教学质量明显降低的不良结果，同时使得学生不能很好地适应毕业后参与社会职业生活的需要。这种现象在美国和日本尤其严重。到了 20 世纪 60 年代末，课程改革的势头逐渐减弱。但是，教学内容的现代化改革是现代生产和现代社会生活对教育的客观要求，因此课程改革是大势所趋。

二、20 世纪 80 年代以后中等教育改革的主要措施

（一）英国 20 世纪 80 年代以来的中等教育改革

20 世纪 80 年代以后，英国政府发表了一系列关于教育改革的重要文件。这些文件中涉及中等教育改革的内容主要有以下几个方面：第一，实施全国统一的课程计划。《1988 年教育改革法》最主要的内容，就是要求在全国实施统一的课程计划。该法规定，5～16 岁义务教育期间的所有学生，都必须学习宗教课程和 10 门必修课程。第二，设立两种新型的中等教育机构——城市技术学校和城市艺术技术学校。第三，实行“入学开放”的新政策，允许家长跨地区为子女选择学校。第四，扩大中央政府对公立学校的管理权限和部分学校的权利，鼓励增加“直接拨款学校”。第五，“第三级学院”(tertiary college)和“第六学级”(sixth form)的发展丰富了义务教育之后“继续教育”的形式。

综上所述，20 世纪 80 年代以来，英国中等教育的改革是以提高质量为基本出发点和基本目标的。其特点主要是：第一，设立国家课程导致了中学课程正式趋于中央

集权；第二，由于整个教育管理体制的调整，学校的行政自主权有了扩大；第三，由于加大学校行政自主权和加大家长的参与权，以及实行“直接拨款学校”等方式，将学校推向市场，让它们通过教育质量的积极竞争去发展自己，从而向着提高质量的方向发展。

为了缓解人们对国家课程的抵触情绪，也为了迎接全球经济和科学技术的发展带来的更大挑战，以迪尔为首的“学校课程和评价总署”在 1994 年 1 月提出终结报告，主张裁减全国统一课程的内容，简化考试科目。同年，教育部部长宣布采纳该委员会的有关建议并将修订的国家课程计划发到每个学校。

（二）法国 20 世纪 80 年代以来的中等教育改革

20 世纪 80 年代以后，法国中等教育的改革转入了以教学内容、课程设置以及教学方式方法为中心的阶段。1983 年的《为建立民主的初中而斗争》和《21 世纪前夕的高中及其教育》两份报告影响了 1985 年 10 月和 11 月公布的初中及高中的新课程计划。

1985 年，初中新课程计划规定了 11 门课程，另有 6 个跨学科主题供初中阶段选择作为课外活动，让学生有所接触。课程计划强调了法语、现代外语、公民、信息等基础实用课程的学习，适应了科技发展的社会大趋势和在可预见的未来建立欧共体共同市场对人才的需求；同时，在教学方法方面强调了个别教育和对部分学生帮差补缺的必要性。

1985 年公布的高中新课程计划要求高中教育符合国家需要和更好地适应学生的多样性。其原则要求是必须使学生“取得成功的途径多样化，不把数学课程作为唯一的筛选标准，发展应用科学和工艺学课程，革新文学课程的学习”。新课程计划鼓励各地在中学二年级（毕业班的前一年级）设立实验性的课程。

20 世纪 90 年代以后，法国政府进一步加大了教育发展的步伐。法国教育部从 1999 年开始制定新的课程大纲，并决定于 2000 年开始实施。新课程大纲的特点主要是：本国语课程将允许教师自己选择适应学生需求的课文；减少历史与地理课程的内容；经济与社会、公民与法制课程将在高中所有年级实施，并采用讨论和研究的方式教学；加强与职业技术教育的沟通；外语课程改革的重点是加强交流能力，同时还有 400 多所高中开设“欧洲班”并用英语或德语等“欧盟语言”上课，以适应欧洲一体化的趋势；数学课程将更为重视信息技术的教学，并且将信息技术教学贯穿于所有学科的教学之中；等等。

（三）美国 20 世纪 80 年代以来的中等教育改革

20 世纪 80 年代，美国中等教育的改革以提高教育质量为主要目标。1983 年 4 月国家教育优异委员会发表的报告《国家在危急中:教育改革势在必行》,以及美国联邦教育部长贝内特在 1988 年 4 月向里根总统提交的《关于美国教育改革的报告》,是这一时期美国教育改革的重要文献。

《国家在危急中:教育改革势在必行》详细列举了美国中等教育的种种危机,提出了提高教育质量的一系列建议。具体来说,报告建议加强五门新的基础学科(英语、数学、科学、社会科学、计算机)的训练,让学生用更多的时间学习新的基础课程;学校应当对学生提出更高的标准,高等院校也应采取更加严格的和可测量的标准来衡量学生的品德和学习成绩;改进师资培养,提高教师待遇,使教师成为受人尊敬的职业;各级政府都要负起教育改革的职责,全体公民也应积极资助学校的改革;等等。

《关于美国教育改革的报告》是对 1983 年以来美国教育改革的总结。该报告建议进一步加强教育改革:第一,充实中学几门基础学科的教学内容,保证学生掌握最基本的知识和技能;第二,加强学校管理,加强道德教育,严格校纪校规,培养学生良好的道德品质、勤奋好学的态度和良好的生活习惯;第三,要从各行各业中招聘优秀人才,充实教师队伍和聘任校长。

20 世纪 80 年代末 90 年代初,美国政府及民间团体不断推出教育改革的各种计划。美国促进科学协会 1989 年发布了著名的《普及科学——美国 2061 计划》,提出了美国教育尤其是科学技术教育改革的宏伟设想。1991 年 4 月,美国总统布什签署了《美国 2000 年教育战略》报告,确立了 20 世纪 90 年代要实现的六大教育目标。1993 年,克林顿总统又签署了《2000 年目标:美国教育法》,进一步明确了国家教育标准,力争创办世界一流的教育,中等教育继续致力于提高质量的改革。

(四)日本 20 世纪 80 年代以来的中等教育改革

20 世纪 80 年代以来,日本中等教育的改革主要集中在课程改革和学制改革两大方面。

1.积极开展中等教育的课程改革

20 世纪 80 年代,日本课程改革的重要标志是文部省教育课程审议会于 1987 年 12 月发表的最终研究报告《关于改善幼儿园、小学、初中和高中课程标准》。该报告提出的课程改善的要求和目标是:“从培养独立思考、判断、行动能力、谋求教育的质的飞跃这一基本观点出发,面向 21 世纪,培养生存于国际社会的日本人,重视国民所必备的基础知识和基本技能,充实个性教育,使学生有主动学习的欲望,能主动地适应社会的变化,培养具有丰富的内心世界、坚韧不拔的人。”据此,文部省又在 1989 年 3 月主持修改了《学校教育法实施规则》,并公布了新的《学习指导要领》。

日本文部省于 1998 年 12 月发布的《中学校学习指导要领》和 1999 年 3 月颁布的

《高中学习指导要领》，体现了减轻学生负担、加强德育、加强校内外结合以及改善初、中、高各级学校联系等基本精神，并提出一系列重要改革措施，进一步全面提高青少年学生的基本素质。一是新设“综合学习时间”；二是调整课时数量，减少课堂教学时数；三是精简和调整教学内容。

2.积极实施中高一贯制学制改革

改善各级学校之间的联系，在中等教育阶段创设初中和高中 6 年一贯制中学，是 20 世纪 90 年代中期以来日本中等教育改革的重要内容之一。实行中高一贯教育的学校主要有三种形式：单独设立、实施一体化初中和高中 6 年一贯制教育的中等教育学校；同一设置者（如县或市）设置的初中和高中接续起来实施中高一贯教育的中高一贯教育学校，称为并设型初高中，在其内部免除初中毕业生的高中入学考试；由不同的设置者所属的现存初中和高中联合而成的联合型初高中。在中高一贯学校的课程设置等方面，一些学校在实践中也进行了可贵的探索。

总之，20 世纪 90 年代以来，日本普通中等教育改革指导思想较新，改革幅度较大，目前仍在进一步深入之中。但另一方面，日本的普通中等教育改革也存在着保守的一面，特别是在教学中如何正确地看待侵略战争的历史，如何恰当地分析和看待自己的文化传统，如何使学生真正树立尊重世界其他民族和国家的观念等方面，仍然是日本中等教育以及整个日本教育在 21 世纪面临的重要课题。

三、中等教育的发展趋势

普通中等教育作为教育体系中承上启下的重要一环，在各国的教育改革中受到了极大的重视。教育课程内容的调整和充实、现代化教学手段的运用、学制的改革等，成为世界各国中等教育发展的共同特征。

（一）中等教育课程内容进一步充实和丰富

世界科学技术的发展，形成了以信息技术为主导的科学技术革命浪潮。将最新的科学技术成就及时地反映到课堂教学中，并且注意科学课程与人文课程的结合或者设置一些新的综合性课程，从而加强中等教育的基础性，加强学生综合能力、创新能力、人文道德精神的培养，构建学生合理的知识结构和终身教育理念，不断提高中等教育的整体发展水平，成为中等教育的一项重要的改革目标。

中等教育课程加强的重要方面之一是信息技术教育。“德国 21 世纪的信息社会”的行动计划，就是由德国联邦政府和企业共同支持的在学校中开展信息教育的计划。

日本的高中课程设置表现出课程数量增加的趋势。近年来，普通学科的科目由

40 多个增加到 60 多个，必修课也有所加强，新设了一些培养信息化人才和国际化人才、有利于学生个性发展的课程。

在美国，克林顿政府在将英语、数学、自然科学、历史和地理 5 门学科列为核心学科的基础上，又增加了以外国语和艺术为核心课程，同时着力发展其他新课程。近年来，美国的一些机构还计划在中学的生物课程中增加基因组方面的内容，向中学生介绍最新的关于基因的知识。

（二）制定国家课程标准，全面提高中等教育整体水平

为了提高国家整体的教育水平，克服地方各自为政的现象，一些国家加大了对教育改革的统一指导。例如，《美国 2000 年教育战略》就是从国家利益的高度提出的教育战略。该计划提出的美国教育改革的 4 项“教育战略”和 6 项“国家教育目标”，就涵盖了改进包括中等学校在内的 11 万所学校、将高中毕业率提高到 90%、在初中和高中加强核心课程教育、保持秩序井然的学习环境等内容。

英国在 20 世纪 80 年代末通过教育改革法规定实行国家统一课程，结束了英国在全欧唯一不设置全国统一课程的历史。

（三）教育设施和教学手段的现代化

教育设施和教学手段的现代化既是当代科学技术高度发展的必然结果，也是未来世界各国中等教育改革的重要趋势。这一点在当前的教育发展中已经十分明显。

日本从 1992 年开始就有了“多媒体教育软件研究与发展规划”，该项目的目标是要在传统教育体制和教学方法的框架之外，探索一种全新的教学模式，让学生学会在全日本范围乃至全世界范围进行广泛的信息交流，培养他们获取、分析和处理信息的能力，培养适应 21 世纪国际竞争所需要的人才。

1996 年，美国总统克林顿也提出了一项“教育技术行动”，计划到 2000 年，全美的每间教室和每个图书馆都将联上信息高速公路，让所有老师和学生均可在教室使用新型的多媒体计算机并通过信息高速公路进行教学和学习，并让教育软件的使用和在线学习方式成为学校教育教学工作的有机组成部分。

法国 1997 年制定了一项为期 3 年的多媒体教学发展计划，目标是在 2000 年实现初中学生 16 人一台计算机，高中学生 6 人一台计算机，初高中学生都能通过互联网进行学习，并培养 1000 名年轻博士从事多媒体教学。

（四）学制的调整与改革

除了课程内容、课程标准教学手段的改革以外，许多国家也进行了学制及其他方面的调整与改革。

在 2000 年 5 月的德国高校校长联席会议年会上，高校校长们再次指出，由于德国中学毕业生年龄较大，影响了高等教育的国际竞争力。他们认为，将小学到完全高中毕业的 13 年改为在许多国家实行的 12 年是完全可行的。这一认识得到了包括德国普通中等教育界人士在内的许多人的积极响应，德国全面缩短学制已经势在必行。

在日本，1997 年 6 月中央教育审议会的第二次咨询报告明确提出了对现行"六三三学制"做适当修改的建议，主张增加初中和高中六年一贯制中学。为此，立法机构在 1998 通过了《学校教育法部分修正案》。国民教育会议进而提出了使六年一贯制中学达到 50%的设想。

俄罗斯中等学校的类型将进一步由单一化转向多元化，与此相适应，从 1993 年 7 月起，俄罗斯联邦的中小学校开始采用多种教学计划，其中主要是俄罗斯联邦普通学校基础教学计划、地区基础教学计划和学校教学计划等。

总的看来，在中等教育阶段，初中的统一化和高中的多样化，加强初高中之间的接续和联系，以及根据本国情况缩短或延长学习年限等，成为许多国家中等教育制度方面的重要发展趋势。

自测习题

一、名词解释

1.综合中学　2.《国家在危急中：教育改革势在必行》　3.《1988 年教育改革法》　4.中高一贯制　5.《美国 2000 年教育战略》

二、简答题

1.第二次世界大战后国外中等教育课程改革的特点有哪些？

2.世界各国中等教育发展的共同趋势是什么？

三、论述题

1.试述 20 世纪国外中等教育结构的演变。

2.试谈国外中等教育改革对我国中等教育的启示。

3.结合自身实际，谈谈中等教育改革必须解决的迫切问题。

第十四章　职业技术教育的改革

本章学习目标

1. 了解20世纪职业技术教育所经历的发展阶段及其特点。
2. 掌握20世纪80年代以后职业技术教育改革的主要措施。
3. 学会分析职业技术教育的发展趋势。

一、20世纪80年代以前职业技术教育的发展

从世界范围来看，20世纪80年代以前职业技术教育的发展经历了两个阶段：第二次世界大战以前为第一阶段，这是现代职业技术教育制度的确立阶段；第二次世界大战以后为第二阶段，这是职业技术教育的进一步发展阶段。

（一）职业技术教育制度的确立

19世纪末到20世纪初，各国先后通过立法建立了正规的职业技术教育制度。

在美国，1905年成立的马萨诸塞州工业和技术教育委员会提出了职业技术教育的改革方案，这对于整个美国职业技术教育制度的形成起了先导作用。1917年，美国国会通过的《史密斯—休斯法》标志着美国职业教育制度的最终形成。

进入20世纪以后，日本的职业技术教育已经形成了体系，并且继续走向完善。1903年，日本政府颁布了《专科学校令》，增设了各种培养中级技术人员的职业科高等专科学校。大正时期，为了适应发展军国主义经济对技术人才和熟练劳动力的需要，日本政府于1920年颁布了《修订实科学校令》。

俄罗斯中等职业技术教育起步较早，也形成了一定的特色。在20世纪20年代前期，苏联就逐步形成了适应当时社会需要的学制结构，其中有初级职业中学、中级职业学校和工厂艺徒学校。1928年，联共(布)中央会议通过了《关于培养专家的改进措施》，大力兴办新型的高等和中等技术学校，自此苏联初步建立了一套较完整的包括初级、中级、高级在内的职业技术教育体系。

从20世纪初到第二次世界大战结束，世界的职业技术教育进入了一个新的历史发展阶段。这一阶段和前期相比，具有一些明显的新特点：第一，各国都大大加强了对职业技术教育的干预程度，有关职业技术教育的法规颁布频繁，形成了这一时期的一大特色；第二，职业技术教育不仅纳入各国国民教育的正规学制，而且形成了包括初级、中级、高级在内的完整体系，管理体制也在不断走向完善；第三，职业技术教育的重心在逐渐上移，中等教育结构在不断地调整，地位在不断地提高，中等职业技术教育逐渐成为各国发展职业技术教育的重点；第四，各国国情不同，发展差异较大，德、日、美、苏发展较快，法、英则步伐迟缓，而许多亚非拉国家尚在起步。

（二）职业技术教育的进一步发展

20世纪五六十年代以来，各国的职业技术教育都得到了进一步发展。

英国在第二次世界大战后开始重视职业技术教育，采取了许多措施。1944年颁布的教育法把职业技术教育作为继续教育的核心内容，这标志着职业技术教育被正式纳入公共教育体系。1945年发表的《珀西报告》促进了高等技术教育的发展，这是推动战后职业技术教育发展的第一份文献。根据1956年技术教育白皮书的精神，英国的继续教育学院分为四种类型，分别承担培养高级技术员、中级技术员和熟练工人的任务，这是英国职业技术教育的主体。成立于1974年的人力培训和就业委员会，推行了一系列的青年职业训练计划。这些计划的推行减少了英国的失业率，促进了人力资源的开发，提高了个人的受雇能力。

美国在第二次世界大战后十分重视职业技术教育。1958年颁布的《国防教育法》的第八章对职业教育的发展提出了新的要求，具体包括：为不能胜任工作的居民开办公开的职业训练机构；根据国防的需要，向对科学技术发展有影响的领域的职业训练提供经费补助；有计划地为青年人、中年人、高龄者开办职业训练、技术训练、再训练，使之成为科学技术领域的专门人才或熟练工人；设立地区职业教育领导机构。1963年制定的《职业教育法》，扩大了受职业教育者的范围，提高了职业教育的数量和质量，完善了职业教育经费补助制度。

以"双元制的职业培训"为显著特征的职业教育是德国经济飞速发展的重要原因。1969年，德国联邦议院通过了《职业教育法》。该法对初级职业训练、进修职业训练和转业职业训练都做了严格而明确的规定，标志着"多元制"作为一个完整的培训体系完成了其制度化过程。

日本、韩国等国也通过法律的颁布实施以及采取种种措施促进了职业技术教育的发展。

由上可见，这个阶段各国职业技术教育具有以下几个共同特点：第一，职业技术教育立法层出不穷,各种配套改革逐步完善。第二,职业技术教育体系得到了进一步完善,专业设置、课程内容、教学方法和师资培训等方面充满了新时代的气息。第三,中等职业技术教育成为各国职业技术教育的重点;高等职业技术教育日益受到重视,发展相当迅速。第四,普通教育与职业技术教育相结合,培养专业面宽的熟练工人与中级技术人员,逐渐成为各国政府的共识和努力方向。

二、20 世纪 80 年代以后职业技术教育改革的主要措施

(一)以终身教育思想为指导,确立职业教育是终身教育的重要组成部分,使中等教育与高一级教育相互衔接沟通

在终身教育思想的指导下,学校职业教育被看作人一生所接受的阶段性教育而不是终结性教育。如何变终结性的中等职业教育为阶段性的教育,增强职业教育发展的动力和吸引力呢?联合国教科文组织在 1998 年 10 月召开的世界高等教育会议上通过的《21 世纪的高等教育:展望与行动世界宣言》中总结了解决这一课题的基本思路:建立和完善中等职业教育与高等职业教育相互衔接的机制,打通中等教育通向普通高等教育的路径。

为给职高学生提供接受普通高等教育的机会,20 世纪 80 年代以来,英、法、德等国采取了一些措施,给予职业教育和普通教育同等地位。如法国规定,中等职业教育毕业生再学习两年,获得职业高中会考证书,同时也就取得了报考普通高等院校的资格。德国的许多州也规定只要具有中等职业教育和继续职业培训资格的学生就可以报考大学,还规定实施双元制的职业学校的毕业生在某种情况下相当于具有了普通高中第一阶段教育学历。

(二)发展综合高中,推迟分流时间,提高学生普通教育水平,处理好升学与就业的关系

综合高中的特点是分班不分校,一所综合高中一般分为普通班和职业班,两班学生都在同一所学校就学,所有学生在第一学年都学习相同的文化基础课程,专业定向性课程从第二年开设,高二分流。这种做法的益处有:分流时间的推迟,提高了学生的普通教育水平;实施宽口径专业课程,增强了学生的适应性;建立与高一级教育相衔接沟通的有效机制,容易处理好职业班学生就业与升学的关系。

发展综合高中很具代表性的两个国家是瑞典与挪威。在长期的办学过程中,两国发展综合高中有如下共同措施:通过立法保证学生接受高中教育的权利;延长受教育

的年限，提高学生普通教育水平；拓宽专业口径，增强适应性，避免过早专业化；积极发展学徒制培训形式。

（三）根据社会发展需要，拓宽专业面向，调整专业设置，加强环保教育和外语教学，培养学生的创业能力

大力调整专业设置和结构是近二十年来职业教育改革的一项重要措施。英国多科技术学院的专业完全是根据当地的工业、商业、服务业的实际需要而确定的。1993年，匈牙利国家职业教育研究所同德国联邦职业教育研究所合作，开始调整中等职业教育专业目录，大幅度削减专业数量。两国专家工作小组先后对电力、冶金和建筑行业专业设置进行调整，后又调整金融、保险、商业和企业管理行业。1994年，调整范围扩大到环保领域，进一步优化专业结构，更好地适应经济社会发展的需要。

环保是关系人类可持续发展的重大问题，一些国家日益关注职业教育中的环保教育，法国在"职业学习证书"教育中开设"化学和污水处理"专业，在"职业能力证书"教育中开设"城市卫生"专业。

欧盟委员会在《教与学：迈向学习化社会》白皮书中提出学生在高中毕业时应掌握两门外语的目标。该委员会从1995年开始实施"达芬奇"跨国职业教育和培训计划，计划规定加强职业教育学生外语能力的培养，实施跨国职业教育学生交流项目。

创业能力的培养受到越来越多的关注。第二届世界技术与职业教育大会主题工作文件指出，创业能力是普通教育和职业技术教育应培养的核心能力之一，它是使在一切领域工作的个人发挥创造性、乐于创新的重要工具。

（四）加强学校同企业的合作，发展现代学徒制度，密切职业教育与劳动力市场的联系

学徒制是一种传统的职业教育形式。1996年，欧洲理事会要求欧洲委员会就"学徒制在增加就业机会中的作用"进行调研。受欧洲委员会委托，1997年，荷兰经济研究所提交题为"学徒制在提高就业能力和增加就业机会中的作用：学徒制在劳动力市场中的重要性"的报告。该报告认为，学徒制培训对改善青年人的就业前景起着关键作用。

发展学徒制培训最具代表性的国家是德国、丹麦和奥地利，它们发展学徒制培训的规模比较大，制度也比较完善。学徒制培训在德国和奥地利称"双元制"，在丹麦称"交替培训"。事实表明，德国、丹麦、奥地利三国的低失业率和高经济成就同其发达、完备的学徒制培训有着重要的联系。

(五)重视社会特殊群体的职业教育,发展全民职业教育,促进职业教育机会的均等

在联合国教科文组织提出"全民教育"概念后,第二届国际职业技术教育大会提出"发展全民职业教育"的建议,并作为大会的六个议题之一。按照大会的建议,全民职业教育是指建立全纳性职业教育制度,满足全体学习者的需要,努力发展边缘群体的职业教育,增加妇女受职业教育的机会,鼓励男性进入以女性为主导的培训和职业领域,发展残疾人职业教育事业。大会还指出,实现全民职业教育需要制定完善的政策和措施,增加投入,实现灵活多样的办学形式,大力改善办学条件,促进男女职业教育机会均等,提高职业教育教师的地位和待遇,加强企业参与。

1994 年 12 月,欧洲理事会通过了实施"达芬奇"跨国职业教育和培训计划的决定。该决定制定了 19 项目标,其中 5 项涉及职业教育和培训机会均等。广大发展中国家也日益重视特殊社会群体的技术和职业教育。在古巴,政府规定技术和职业教育项目 50%的招生名额一定用于女性同学。在印度和其他一些宗教传统浓厚的国家,技术和职业教育帮助女子打入传统上被男子独占的工种,塑造新女性形象。

(六)贯彻能力本位职业教育的主张,大力发展职业资格证书制度

能力本位职业教育与培训是 20 世纪 80 年代以后才日益受到重视的一股教育思潮。建立一个统一的国家资格证书体系是体现这一思潮的中心工作。20 年来,各国都在为此做出不懈的努力。

在英国,建立一个统一的全国性的资格证书体系最早是在罗恩・迪林爵士的《对 16～19 岁资格证书的报告书》中提出的。两年来,英国政府在英国资格与课程委员会(QCA)的帮助下,对所有资格证书制进行了修订。修订部分从 2000 年 9 月开始实行。英国的职业资格证书制度满足了学生、学校、学院、高等教育及雇主的未来的需要,使英国的教育更能迎接新世纪的挑战。

实践证明,发展这种国家资格证书体系的意义在于:增大教育和培训的机会和灵活性,以提高资格证书获得率和国民素质;通过明确资格证书的级别层递,促进终身学习;避免不必要的重复和浪费,同时保证资格证书种类的广泛性,以满足各种类型的需要。

(七)适应国际交往的需求,发展国际合作办学模式

办学模式国家或地区间合作,教学内容适应国际交往的需求,这是近 20 年来职业教育发展的一大特征。1993 年,联合国教科文组织发起了一项国际技术与职业教育计划,至 1994 年已有 84 个国家提名 100 多个机构参与这一项目。这项计划的一个重要目标是建立各地区和全球性的职业技术政策规划、教师培训和技术机构的资源网

络，支持和分享经济、专门技能和智力资源，促进职业技术教育改革与各成员国经济、工业、商业和农业的变革需求相协调。近20年来，世界跨国公司长足发展，国际经济形成区域集团化，这为职业教育国际化提供了条件。新加坡已同日本、德国、法国、荷兰等国政府或跨国公司合作创办了多行业、多层次的职业技术教育学院、培训中心等。

理论界认为，国际合作办职业教育的优点有：第一，经济性。合作办学经费一般只有自办经费的1/2或1/3。第二，应变性。世界经济区域化，人才广泛地跨国流动，非常需要职业教育采用国际一致化的办学与管理体系，国际合作办学的应变性正好与此相吻合。第三，先进性。国际合作办学可以取长补短，先进带动后进。

三、职业技术教育的发展趋势

职业技术教育要创造未来，要在21世纪发挥作用，就必须对自身的发展趋势有充分的了解。

（一）在概念和内涵上，"技术和职业教育与培训"取代"职业教育"是当今世界职业技术教育的发展趋势

"职业技术教育"（Vocational Technical Education，简称VTE）这一术语在不同的历史时期，往往有不同的称谓和内涵。传统的提法是"职业教育"（VE）或"职业技术教育"（VTE），国际劳工组织的提法是"职业教育与培训"（VET），世界银行和亚洲开发银行在20世纪80年代中期以来开始使用"技术和职业教育与培训"（TVET）的概念。在1999年召开的第二届国际职业技术教育大会上，联合国教科文组织首次在正式文件中使用了这一概念。

这种提法的变化至少反映了两种趋势：其一，世界范围内新技术革命的深入发展和信息产业的迅猛崛起，对从业人员的要求不断提高。其二，许多国家加强了教育、培训与就业部门的密切协调与合作。如澳大利亚制定了《通向未来的桥梁——澳大利亚1998－2003年的国家职业教育和培训战略》，这个战略的着眼点在于加强教育界与企业界的合作伙伴关系，努力创建一种适应学生与就业者需求和为终身技能培训打基础的职业教育和培训体制。

（二）在教育目标上，对学生品德、能力、身体全面素质的培养，已成为世界职业技术教育所追求的共同目标

美国劳工部于20世纪80年代成立了一个专门委员会，用两年的时间对社会各界进行了广泛的调查研究后，提出了当今技术时代从事任何职业都应该具备的五种基本能力和三项基本素质。五种基本能力即合理利用与支配各类资源的能力、处理人际关系的能

力、获取并利用信息的能力、综合与分析能力、运用技术的能力。三种基本素质即基本技能、思维能力和个性品格。这对美国职业教育提出了全面素质化的培养目标。

1989年,联合国教科文组织在北京召开的面向21世纪教育国际研讨会上,埃利雅德博士提出的在未来社会中就业者应具备“三张教育通行证”的观点被写进会议报告。这三张教育通行证即学术性证书、职业性证书和企业性证书(表示事业及开拓技能的证书)。这一观点,向职业教育提出了挑战,在包括职业教育在内的整个教育界引起了强烈的反响。正因为如此,世界各国纷纷改革其职业教育内容,由原来的岗位技能培训转向更加注重综合职业能力培养。

(三)在发展阶段上,技术和职业教育与培训的水平与国民经济发展水平及教育发展的整体水平密切相关

一般来说,一个国家的职业教育发展水平是同该国的产业结构、经济发展水平和教育整体发展水平密切相关的。在经济发展以低附加值产品为主的阶段,职业教育多是由传统的学徒制度提供的狭隘的专门化技能培训。当经济结构向工业化阶段转轨时,学校职业教育大量发展,以企业为基础的培训在政府的支持下初步发展。随着国家经济结构向重工业和高技术产业转轨,职业教育从中等教育开始向中学后水平延伸,以企业为基础的培训进一步加强,同时辅之以专门化管理,各种非正规教育与培训也广泛开展。从总体上看,欧美发达国家和日本在20世纪60年代职业教育开始向高中后延伸;亚洲部分新兴国家和地区在20世纪六七十年代中等职业教育发展很快,进入80年代后高中后职业教育也开始发展。

(四)在政策导向和动力机制上,各国不仅仅把职业技术教育作为普及教育的一种手段,而是更多地从发展自身经济,从而有效参与国际竞争的高度来发展职业技术教育

近20年来,各国为了更好地促进本国经济的发展并更有效地参与国际竞争,纷纷制定有关技术和职业教育与培训的法规,加大拨款数额和建立专门的管理机构等,加强对职业教育的干预。美国在20世纪八九十年代颁布了一系列重要的职业教育法案,这些法案都是以增强美国的经济竞争力为基轴的。例如,1982年的《职业训练合作法》、1988年的《美国经济竞争力强化教育训练法》便是美国20世纪70年代末国际竞争力衰退的产物。1990年制定的《卡尔·D.帕金斯职业与应用技术教育法案》则明确地阐明了其立法目的:通过更充分地开发美国所有阶层的学术能力及职业能力,进一步提高美国的国际竞争力。

(五)在教育与培训的模式上,经济发展水平不同的国家呈现出一定的差异性

目前,世界上公认的职业技术教育模式通常有三种:第一,学校模式,以全日制职业学校为基础,提供广泛的普通技术和职业课程;第二,双元制模式,由学校和企业合作设立各种专门职业培训的学徒计划;第三,以企业为主的培训模式,或称混合模式,更强调非正规部门的训练。大多数发展中国家职业技术教育与培训模式主要依靠学校模式和传统学徒制模式。近些年来,企业制培训模式在一些新兴工业化国家兴起,而发达国家的教育和培训模式也都有较大的变化并呈复合趋同的趋势。学校培训模式力图使学校与企业建立更密切的联系,在企业主的帮助下,为学生提供实践的机会;学徒制培训通过进一步发挥学校培训的作用来减少技能培训狭隘的弊端;国家对完全依靠企业自身内部培训的体制给予更多干预。

1999 年 4 月 26 日—30 日,联合国教科文组织在韩国汉城(现首尔)召开了第二届国际职业技术教育大会。大会的主题工作文件以中国的谚语作为引语:"当风向改变时,有的人筑墙,有的人造风车。"职业技术教育在新时代之风面前,不应消极地筑墙挡风,被动应付,而应积极主动地借助时代的风势,大造风车,抓住机遇,迎接挑战。

自测习题

一、名词解释

1.技术和职业教育与培训　2.《史密斯—休斯法》　3.创业能力　4.全民职业教育　5.能力本位

二、简答题

1.20 世纪职业技术教育的发展特点是什么?

2.为什么说"技术和职业教育与培训"取代"职业教育"是当今职业技术教育的发展趋势?

3.为什么说经济发展水平决定职业技术教育的培训方式和内容特点?

4.各国是怎样根据社会发展需要进行职业技术教育方向和内容的变革的?

三、论述题

1.20 世纪 80 年代以后各国采取了哪些措施发展现代职业技术教育?

2.试分析世界职业技术教育的发展趋势。

3.根据世界职业技术教育的发展趋势,试提出你对我国发展职业技术教育的建议。

第十五章　高等教育的改革

本章学习目标

1.了解20世纪高等教育的发展阶段及其特点。
2.掌握20世纪80年代以来高等教育改革的主要措施。
3.理解高等教育未来的发展趋势。

一、20世纪高等教育的发展

纵观20世纪前80年世界高等教育的发展，大致经历了两个阶段：第一阶段是从20世纪初至40年代，为高等教育的延续与准备阶段；第二阶段是从20世纪50年代至70年代，为高等教育的大发展阶段。

(一)高等教育的延续与准备阶段

从20世纪初到第二次世界大战结束，一方面，各国高等教育在规模、结构方面以及整体格局上基本上没有多大的改变；另一方面，一些国家的高等教育也进行了局部的、零碎的和片段性的变革，为以后的高等教育发展准备了条件。

英国从20世纪初到第二次世界大战结束，由于受到两次世界大战及经济萧条的影响，其高等教育没有出现重大的发展，只是19世纪中叶涌现出来的一批大学学院，在20世纪前后相继获得了皇家特许状，成为有学位授予权的城市大学(civic university)。

20世纪初，日本的经济产生了质的飞跃，并出现了自由主义、民主主义的改革思潮。1918年，日本颁布了新修订的《大学令》，由此形成了国立大学、公立大学和私立大学三足鼎立的高等教育结构，满足了社会和国民对高等教育不同的需求。但是，由于第二次世界大战的到来，日本高等教育的成果基本上被葬送殆尽。

20世纪上半叶，由于第二次世界大战和其间世界性经济危机的影响，高等教育的发展呈现以下特点：第一，各国高等教育在总体上仍沿袭旧有的教育模式，依然奉行英才主义的教育方式，高等教育的整体格局没有多大变化；第二，从高等教育的层次来看，高等教育的结构日臻完善，为第二次世界大战以后短期内高等教育的大发展奠定了基础；第三，在高等教育的职能方面，以“威斯康星思想”为代表，高等教育社会服务的职能得到了进一步的拓展，形成了较为完备的高等教育职能体系；第四，就高等教育的管理而言，形成了政府与高校之间相对独立的中介组织，对高等教育宏观运作机制进行了积极的探索。

（二）高等教育的大发展阶段

第二次世界大战以后，由于科学技术的突飞猛进、民主主义运动的高涨以及人力资本理论的诞生，世界高等教育得到了迅猛的发展。发达国家的高等教育先后从英才型高等教育向大众型高等教育转变，有些国家的高等教育甚至走向了普及。

美国在1944年颁布了《退役军人重新适应法》，规定对第二次世界大战中退伍军人志愿入学者提供受教育的便利。以此为开端，美国高等教育进入快速发展时期。1957年，苏联人造地球卫星的上天，引起了美国朝野的震惊。为此，美国进一步加大了高等教育的发展力度。1950年，美国有各类高等学校1 851所；到1960年，美国高等学校增加到2 004所；而到了1970年，美国高等学校达到了2 483所。同时，战后初级学院与社区学院的拓展和研究生教育的兴盛，使得战前以本科教育为主体的高等教育结构发生变化，从而形成了具有典型代表意义的高等教育的“金字塔”结构。

第二次世界大战以后，日本相继颁布了《日本国宪法》《教育基本法》和《学校教育法》，对其高等教育进行了全面、彻底的改造。20世纪50年代以后，伴随着经济的迅速恢复和飞速发展，日本高等教育进入高速扩展时期。1961年，为了适应中等专业技术人才培养的需要，日本增设了介于初中与大学之间的五年一贯制的高等专门学校；1964年，日本从法律上确认了20世纪50年代暂定名的短期大学的合法地位；到1975年，日本已有大学420所，短期大学513所，高等专门学校65所。另外，1975年，日本又建立了一种新型的高等教育机构——专修学校。至此，日本形成了多样化的高等教育体系。

第二次世界大战以后，由于新科技革命的兴起和民主主义运动的高涨以及教育价值观的更新，高等教育的发展形成了鲜明的特点：第一，高等教育在数量和规模上强劲扩展，从英才型高等教育步入了大众型高等教育，有的国家甚至走向了普及，特别是战后60年代成为高等教育发展的“黄金时期”；第二，高等专科教育和研究生教育不断发展，形成了较为合理、完善的高等教育结构；第三，高等教育的专业设置、课程内容和教学方法不断优化，较好地满足了社会的需求；第四，愈来愈多层面的人参与高等学校的管理，高等教育的管理日益民主化。

二、20 世纪 80 年代以后高等教育改革的主要措施

20 世纪 80 年代以后，以信息技术为先导的科学技术革命深刻地影响着经济发展和社会生活的各个层面，各国为了适应时代和社会发展的需要，采取了各种措施发展和改革其高等教育。

（一）转变高等教育观念，以终身教育的思想重构高等教育体系

终身教育的思想最早是由联合国教科文组织成人教育局局长、法国学者保罗・朗格朗提出的。到 20 世纪 80 年代，终身教育作为一种系统的理论逐渐为人们所接受，各国都开始以终身教育思想为指导，对本国的高等教育制度进行重构。

瑞典的高等教育是终身教育思想的典型代表。其高等学校向社会开放，招收 18～64岁的瑞典公民。大学实行“回归制”，高中毕业生可以直接上大学，也可以工作一段时间后再上大学，并允许学生中途休学，外出工作。据调查，瑞典 25～44 岁的公民，大多数都经历了“学习—工作—再学习—再工作”的良性循环过程。

（二）将高等教育质量作为发展的中心，注重数量与质量的协调发展

第二次世界大战以后，世界高等教育得到了迅猛的发展。随着高等学校数量大幅度的增长，高等教育的质量日益成为各国政府、教育界和公众普遍关注的焦点。

1983 年 4 月，美国教育优异委员会发表了《国家在危急中：教育改革势在必行》的报告，指出美国教育正面临着严峻的危机。继此之后，美国社会各界纷纷对高等教育进行检讨和反思。1983 年 10 月，联邦教育部部长贝尔成立了“高质量高等教育研究小组”，于 1984 年提出了《投身学习：发挥美国高等教育的潜力》的报告。1986 年，美国卡内基教学促进基金会经过 3 年的调查研究，发表了《美国大学的本科教育》的报告。1987 年，美国卡内基教学促进基金会主席欧内斯特・博耶提出了《美国大学教育：现状、经验、问题及对策》的权威报告。尽管这些报告的侧重点有所不同，但它们都不约而同地将注意的重心放在了高等教育的质量上。

日本的高等教育在第二次世界大战以后得到了飞速的发展，大学生占适龄人口的比例超过了 40%。但是，在高等教育快速发展的同时，日本也出现了严重的“教育荒废现象”，教育质量日趋下降。为此，日本在 20 世纪 80 年代进行了第三次教育改革，通过改革大学招生的方式，革新普通教育和专业教育的课程体系和内容，加强教育管理的弹性化，充实研究生教育等多种方式，提高高等教育的质量。

（三）建构多样化的、相互融通的高等教育体系，满足社会各方面的需求

20 世纪 80 年代以来，高等教育无论在层次、科类，形式方面，还是在办学主体方

面，均发生了深刻的变革，从而较好地满足了经济、政治、文化以及学生个体各方面的需求。

就高等教育的层次而言，1876 年，美国创办了约翰斯·霍普金斯大学，在本科之上建立了研究生院，首创了研究生教育；20 世纪初，美国又在伊利诺伊州创办了两年制的初级学院，从而形成了高等教育的三级结构。第二次世界大战以后，高等专科教育和研究生教育得到了长足的发展，高等教育的结构得到了进一步的优化。

从高等教育的科类来看，在中世纪大学里，学科设置通常只有文、法、医、神四类，其中，以神学的地位最高。19 世纪初，随着自然科学的发展，高等学校又增设了理学学科。19 世纪下半叶，工业革命的发展促进了生产技术的进步，高等学校又增设了工学学科。第二次世界大战以后，随着生产规模的扩展和管理科学的日益成熟，高等学校又增加了管理学科。另外，为了适应第二次世界大战以后“科际整合”的学科发展特点，高等学校出现了许多跨学科的“学科群”。可见，随着时代的发展和科学技术的进步，高等教育的学科门类会不断分化，同时又会不断综合。

在高等教育的形式方面，传统大学是以综合性大学为主要类型的。19 世纪以后，在法、英、德等国逐渐出现了高等工科大学。20 世纪初，在美国又出现了初级学院。第二次世界大战以后，各类短期高等教育机构相继出现。同时，在正规的全日制高等教育机构之外，还出现了各种部分时间制的高等教育机构。最近几年，为了适应现代计算机及网络技术的发展，又出现了网络大学、虚拟大学等新型的高等教育形式。

就高等教育的办学主体而言，一方面，过去以公立高等教育为主体的国家开始大力推行私立高等教育，如日本、韩国、中国台湾等东亚国家和地区；另一方面，以私立高等教育为主体的国家却积极发展公立高等教育，从而形成了国立、公立和私立高等教育相结合的多样化的办学形式，满足了高等教育大众化的需要。

（四）加强大学与社会、经济和市场的联系，促进教育、科研和生产一体化

为了打破传统大学崇尚博雅、与社会分离的传统，1862 年，美国国会通过了《莫雷尔法案》，资助建立了一批赠地学院，从而开创了大学为经济建设服务、讲授实用技术的先河。20 世纪以后，随着美国经济的蓬勃发展，人们对高等学校有了更高的要求。1904 年，美国威斯康星大学提出了“威斯康星计划”，使大学“社会服务”的理念更为丰富。第二次世界大战以后，以斯坦福大学为核心，建立了世界上最大的科技园区，形成了享誉世界的“硅谷”，使美国大学“社会服务”的理念在新时代得到了进一步的体现。可以说，“硅谷模式”代表着高等学校人才培养、科学研究和社会服务三大职能之间的联系不断加强、不断整合的趋势，是教学、科研和生产一体化的集中体现，它预示着现代高等教育发展的一个新阶段。

目前,许多国家都开始以大学为依托,以高科技为中介,联系大批科研机构和企业,建立科技园区。全世界比较规范的科技园(区)已经达到900个之多,同时,发展中国家的科技园(区)也蓬勃兴起。我国自1988年在北京兴建第一个科技工业园以来,已先后建立了53个国家级科技工业园(区)。

(五)在运作机制上,强调高校自主办学、政府宏观调控和社会中介评价的有机结合

高等学校自主办学在西方大学中有着深厚的历史渊源,这是当时大学免遭政治、经济以及宗教等外部势力非正当干涉,维持大学正常运作的必要前提。然而,随着时代的发展,高等教育在社会发展中扮演着愈来愈重要的作用,因此,许多国家和政府对高等学校日益关注,加强了对高等学校的调控。

国家对高等学校的管理主要有两种方式:一种是欧洲的"国家控制模式",即由教育部规定入学条件、课程设置、教学人员的任用和报酬;另一种是以美国为代表的"国家监督模式",即只给高等学校规定总的框架,一切决定都由高等学校自主做出。另外,伴随着政府对高等学校调控的不断加强,英、美等国开始建立一种介于大学与社会和政府之间的中介组织。

从管理机制的视角来看,自从大学产生以来,政府与大学之间就一直存在着政府管理与大学自治难以平衡的矛盾,因此,理顺政府与大学之间的关系成为高等教育管理领域重要的同时又是两难的问题。目前,国外的一种发展趋势是由直接管理向间接管理发展;另一种趋势就是建立一种既不隶属于政府,又不凌驾于大学之上的相对独立的中介组织。这种中介组织,在缓解政府与大学之间的对立、矛盾、冲突的过程中,往往起着"缓冲器"和"减压阀"的作用。

(六)多渠道筹措教育经费,着力提高教育投资的效率

第二次世界大战以后,高等教育的规模不断扩大,高等教育经费短缺成为一个世界性的问题。特别是20世纪70年代以后,世界性的经济危机致使许多国家都把削减教育经费作为紧缩公共开支的重要方面。许多高等学校,甚至包括一些名牌大学的财政经费也是每况愈下。另外,一些国家的高等学校脱离实际,未能有效地促进本国的经济发展和社会进步,致使一些国家的政府有意识地削减对大学的投入,迫使大学从市场、从企业、从解决经济发展和社会进步的实际中去获取经费。因此,20世纪80年代以后,引入市场机制、多渠道地筹措经费几乎成为各国高等学校普遍采取的举措。

教育经费的来源渠道,一般包括政府(含地方政府)的拨款、学生的学费、社会的捐赠以及学校附属事业的收入等方面。虽然各国高等学校的经费来源比例不尽相同,但

都开始努力实现经费来源渠道的多元化。在此，应该说明的是，即使是私立教育占很大比例的国家，其公共教育经费在教育投入中也占相当的比例，这反映了教育事业的公益性质。

同时，一些国家开始改变对高等学校的拨款方式，将以往无条件的拨款改为按市场规则签约的方式。这样，一方面可以促进高等学校的市场意识和竞争意识；另一方面也使得政府有可能通过拨款对高等学校加以调控，从而提高教育投资的效率。

三、高等教育的发展趋势

世纪之交，面对着科学技术的突飞猛进、国际竞争的日趋激烈和知识经济的初见端倪，高等教育发挥着越来越重要的作用。在新的世纪，高等教育的发展将呈现以下趋势。

（一）从高等教育的价值和功能来看，高等教育日益呈现出轴心化的趋势

从高等教育的价值和功能来看，在农业时代，高等教育游离于社会经济发展之外，成为自我封闭的“象牙之塔”；到了工业时代，高等教育也随之从“象牙之塔”走出来，为社会的经济发展服务，但它依然处于社会的边缘；而在新的世纪，知识经济成为世界经济的主流，高等教育将逐步与经济发展和人的完善融为一体，成为现代社会的“轴心机构”。

从词义来看，知识经济的核心是“知识”，这正好与高等教育的教学和研究职能相吻合，再加上高等教育运用知识为社会服务，因此从性质上来说，大学是当今社会唯一的集人才培养、科学研究和社会服务为一体，对知识创新、加工、传播和应用加以整合的机构。以斯坦福大学为主导的“硅谷”与世界上一些著名的科技园（区），都是以大学为核心建立的，它们充分体现了大学在以高科技为基础的知识经济时代举足轻重的作用。

除此以外，在关于社会政治、经济发展的重大判断和决策上，而且在区分善恶、建立信念、认识真理等许多方面，人们也转向了大学。今天，通过吸收知识和运用知识拯救自己已经日益成为现代人的“宗教”，大学也同时成为“社会的良心”。

（二）从高等教育的内涵和外延来看，高等教育有向“中学后教育”和“第三级教育”演变的趋势

高等教育是一个动态的概念，随着其职能的不断拓展、形式的不断变化，高等教育的内涵和外延也在不断地演变着。

现代意义上的高等教育最早发轫于欧洲的中世纪大学。中世纪大学是在仿效行

会组织的基础上发展起来的，是由教师和学生组成的一种专门的、独立的学术与教育机构，其组织形式、管理制度和教学方式成为现代高等教育的传统，为现代高等教育直接承继下来。从内涵来说，中世纪大学所实施的教育是以学科、专业为核心的专业教育。资产阶级革命以后，随着工业革命的发展，欧洲各国的教育制度基本确定，中等教育逐步与高等教育相衔接。从此，大学教育开始建立于中等教育基础之上，并且不断制度化和规范化。

19世纪后半期，随着时代的发展，高等教育无论在内容还是在形式方面都发生了深刻的变化：一方面，高等教育的层次多样化，在大学和学院之下派生出社区学院、短期大学和专科学校等短期高等教育机构；另一方面，高等教育的形式多样化，在正规的、全日制大学之外又出现了许多非正规的高等教育机构。20世纪90年代以后，许多国家还发展了新型的高等教育形式——网络大学、虚拟大学。显然，高等教育的概念已不能用中世纪“大学教育”的概念来指称了。于是，国际上出现了“中学后教育”（Post-second Education）和“第三级教育”（Tertiary Education）等新的高等教育概念。

（三）加强人文素质教育，促进人文素质与科学精神的整合

从古希腊、古罗马到文艺复兴，人文教育一直都占据着教育的主导地位。但是近代以来，随着近代科学的产生与发展，人文教育走向了衰落，科学教育逐渐成为教育的主宰并在20世纪发展到了极致。然而，纯粹的科学教育并不能告诉人们如何善待科技成果，并不能解决人类目前面临的许多难题。20世纪80年代以来，面对着人们的精神危机、信仰缺失以及诸多全球问题的激化，世界各国纷纷开始重视高等学校的人文素质教育。

最能代表这一国际发展趋势的当数从“学会生存”向“学会关心”的转变。1972年，联合国教科文组织发表了《学会生存——教育世界的今天和明天》的报告，指出第二次世界大战以后，随着知识的爆炸、科学技术的迅猛发展以及由此带来的产业结构的调整和劳动力市场的变化，一个人要不断学习、终身学习才能适应经济和社会发展的要求，即学会生存。1989年，联合国教科文组织在北京召开面向21世纪教育国际研讨会，将“学会关心”确定为本次会议的主题。会议强调，由于日益加强的国际联系和严重威胁人类生存的生态问题，人类当前和未来所面临的挑战都远远超出了个人的范围，具有全人类、全球性质。因此，要对学生进行超越自我、关心他人和周围世界的教育，要让学生学会关心。

（四）适应社会对人才多样化的需求，高等教育显现出个性化的趋势

为了适应市场经济的多样化需要和世界多元化的发展潮流，世界高等教育出现了

个性化的趋势。高等教育的个性化主要表现为高等学校的个性化和人才培养的个性化两个层面。

高等学校的个性化，也就是人们通常所说的高等学校特色化。它是指各个高等学校要办出自己的特色，突出自身的个性，要以自己独特的价值和方式存在于社会，使自己在社会和高等教育体系中拥有不可替代的地位。美国是高等学校个性化的典型代表。在美国，高等学校没有统一的教育目标和培养规格，因而大学之间的差异特别大，可谓各具特色。凡得到社会认可的高等学校都有权不经政府审查自行任命教授、自由挑选学生、自行决定课程的开设、自主颁发文凭，有权从各个渠道自由筹措经费，并自主决定这些经费的使用。可见，高等学校拥有必要的办学自主权是高等学校个性化的先决条件。

高等学校的个性化最终应归结于人才培养的个性化。使每一位受教育者在全面发展的同时其个性优势得到充分自由的发展，是世界高等教育发展的一大趋势。世界各国，特别是一些高等学校过于整齐划一的国家，都把个性化作为高等教育改革的重要原则，其中最为典型的是日本。日本在其第三次教育改革中，始终把个性化作为高等教育改革的一条重要原则。临时教育审议会发表的《关于教育改革的第一次咨询报告》中就明确指出："此次教育改革中最重要的一点就是确立尊重个人、个性、自由、自律、自我责任感的原则，也就是确立个性原则。"《关于教育改革的第二次咨询报告》中重申："在这次教育改革的 8 个原则中贯彻全体的最基本的原则是第一个原则——重视个性原则。"

（五）适应世界一体化和经济全球化的需要，高等教育日益国际化

高等教育国际化的思想由来已久，可以追溯到古希腊时期。第二次世界大战以后，随着新技术革命的发展，特别是互联网的出现，整个世界的经济、政治、文化一体化。高等教育国际化日益成为世界性的趋势。

在高等教育国际化方面，起步较早的当数美国。美国积极推行高等教育国际化，甚至把创办"全球性大学"(Globe University)作为适应变化着的国际环境的有效战略和未来发展的基本目标。

20 世纪 70 年代中期，随着日本经济的高速增长和国际地位的逐步提高，日本的大国意识也在不断强化。正是在这种背景下，日本政府提出了高等教育国际化的思想。20 世纪 80 年代，日本开展了第三次教育改革，提出了面向 21 世纪的教育目标，其中就包括要培养世界之中的日本人。与此同时，日本采取了许多措施，加快日本高等教育国际化的进程。

在高等教育国际化方面，目前最引人注目的当数欧洲。如果说一些国家的高等教育国际化仍停留在扩大一些常规交流项目上的话，欧共体的高等教育国际化已经在诸多方面进入实质性阶段。

自测习题

一、名词解释

1.回归制　2.《莫雷尔法案》　3.威斯康星计划　4.高等学校的个性化

二、简答题

1.20 世纪高等教育的发展特点是什么？

2.为什么说 20 世纪 60 年代是高等教育发展的“黄金时期”？

3.20 世纪 80 年代以后世界各国是如何保障其高等教育质量的？

三、论述题

1.20 世纪 80 年代以后各国采取了哪些措施发展高等教育？

2.试析世界高等教育的发展趋势。

3.根据世界高等教育的发展趋势，试提出对我国高等教育发展与改革的建议。

第十六章　教师教育的改革

本章学习目标

1.了解20世纪国外师范教育发展的基本线索。
2.掌握20世纪80年代以来各国师范教育改革的主要措施。
3.掌握研究型教师的培养。
4.分析国外师范教育改革的经验得失及对我国师范教育改革的启示。

一、20世纪师范教育的发展

(一)第二次世界大战前师范教育的发展

第一次工业革命使各国开始普及初等义务教育,师范教育也在此基础上迅速地发展起来。19世纪末发生的第二次工业革命对劳动者的素质提出了更高的要求,对师资的数量和质量也提出了新的要求。师范教育进入一个重要的转折阶段。

随着各国普及初等义务教育的完成,义务教育年限延长到中学阶段,中等教育师资需求随之大幅度增加。由于当时的中等师范学校从数量上、质量上都无法适应中等教育对师资的需求,师范教育开始从中等师范教育逐渐向高等师范教育转变,并最终被高等师范教育所取代。

高等师范院校首先出现在美国,大约1900年前后兴起,最早是通过扩建、升格师范学校而建立师范学院的。至20世纪50年代初期,美国共有139所师范学校改为师范学院,加上新型高等师范院校的建立,美国中小学师资的培养逐渐转为主要由高等师范教育来承担。

19世纪末至第二次世界大战前这一时期,师范教育从原有的国民教育体系中分化出来,这表明社会已公认教师职业是一种专门职业,教师需要进行严格的训练。这一阶段培养师资的机构主要有:由师范学校转变而来的高等师范学院;独立创办的高等师范学院和师范大学;大学中设教育系科,以培养中学教师、校长、教育行政人员为主。其中,独立的高等师范院校是最主要的师资培养机构。

（二）第二次世界大战后师范教育的发展

20 世纪中叶以来，科学技术革命的出现，对劳动者的知识和智力提出了前所未有的要求，发达国家纷纷延长中等义务教育年限，扩充中学后教育，大力发展高等教育，整个教育呈现出复杂多样的新形势，对师资需求更加多样化，规格要求更高，师范教育进入一个新的发展时期。

1.师范教育体系结构的变化

第二次世界大战前，世界各国采用的师资培养模式主要是定向型。定向型是指在独立设置的师资培养机构定向培养教师，其优点是培养方向明确，计划性强，学生的专业思想比较巩固，但专业课程狭窄，学生的知识面不够宽。第二次世界大战后，许多工业发达国家逐步取消或合并了原来的定向型师资培养机构，采用了开放型（即非定向型）师资培养模式，其最大的优点在于灵活性、多样性、主动性和适应性。开放型师资培养模式在综合大学或文理学院内设置教育学院或教育系科，为一切愿意选择教师职业的人员提供教育学位课程、教师资格证书课程和各种培训。它的局限性主要体现在师资培养计划难以与社会、教育需求相结合，培养对象的数量和来源的质量难以把握。

有的国家在第二次世界大战后采用开放型师资培养模式，但仍保留定向型的师范院校，如美国、英国、德国；有的国家主要沿用定向型模式培养中小学教师，但也逐渐开始采用开放型师资培养方式，如俄罗斯、法国；还有的国家在第二次世界大战后全部取消了专门培养师资的机构，所有中小学教师一律由大学培养，如日本。总之，各国的师资培养从完全由师范院校实施转向主要由普通大学实施，或两者共同实施，有主有次，反映了时代的要求。

2.教师职前培养制度的发展

第二次世界大战后，教师的职前培养在世界范围内发展迅速，制度进一步完善，规格提高，专业性加强，方法不断改进。教师职前培养制度的发展已经并将继续对教师教育和整个教育事业产生极大影响。第二次世界大战教师职前培养制度的发展主要表现在以下方面。

（1）教师职前培养的学制年限

由于各国社会对教师要求普遍提高，延长师范教育年限的明显变化在第二次世界大战后出现了。大多数国家采取了在高等教育机构培养中小学教师的措施，学制年限也普遍延长为 4 年。为反映师资需求的不同层次，各国师范教育采取了长短学制相结合的措施。

（2）教师职前培养的教学内容与课程设置

第二次世界大战后，教师职前培养的教学内容日益丰富。为提高教师的文化知识水平和教育专业知识水平，各国不仅要求未来的教师具有专业知识技能，还要掌握教育专业知识与技能。20 世纪 70 年代，国际劳工组织和联合国教科文组织对 70 多个国家和地区的情况做了调查，发现初等教育教师职前培养的教学内容中专业科目教学比重最大，约占总课时的 35%，普通文化教育和教育理论课各占 25%，教育实践占 15%，而中等教育教师职前培养的教学内容中普通文化教育与专业教育占 70%，教育理论课占 20%，教育实践占 10%。[①] 各国都开始重视教育专业培训在师资培养中的重要地位。

从各国教师职前培养的教学内容和课程设置的状况来看，第二次世界大战后各国师范教育的课程大致包括了三部分，即普通教育课程、学科专业课程、教育专业课程，分别体现了对未来教师各方面的要求。

(3)教育实践

教育实践是师范教育的一个重要环节，对于提高教师的专业化水平影响很大。由于长期以来师范教育的实践处于较次要的地位，师范生的实践能力较差，第二次世界大战后各国都对此进行了改革。如美国师范生的实习有三种类型：模拟实习、教育见习、教育实习。模拟实习基本在教育学院内或实验室内进行，采用微格教学(microteaching)的方法，这是 20 世纪 60 年代开发出的一个有控制的教学实践系统，在教学理论和现代教育技术的基础上使教师的课堂教学基本技能、技巧得到系统的培训。

3.教师资格证书制度的发展

教师资格证书制度于 19 世纪初在工业革命之后的西欧各国中首先实施，它是衡量学校教师的素质、调节其数量供需的重要标准。尽管各国教师资格证书名称、要求与具体实施办法不同，但都表现了各国对教育的要求。实行非定向型师资培养模式的国家大都实施较严格的教师资格证书制度。

美、英、法、日、德等国，对有志当教师的师范生在毕业时实施教师资格证书考试。获得了教师资格证书，就具有了当教师的资格。有的国家要求取得资格证书以后还要参加一定期限的实习试用期，并考试合格才能成为正式教师。各国的教师资格证书的发放单位和考核单位一般是不同的机构，这对教师质量起到了双重保险的作用。

表 16-1 是对第二次世界大战后各国教师资格证书的名称和师范教育机构的名称、学制年限、实习试用期的情况的简要概括。

---

① 苏真.比较师范教育[M].北京：北京师范大学出版社，1991：381－384.

表 16-1 各国教师资格证书与学习年限一览表

国别	教师资格证书名称	职前学习年限	实习试用期
美国	教师认可证书	初级学院 2 年 文理学院、综合大学 4～5 年	1 年
英国	教师合格证书	教育学院、综合大学、专业大学 4 年	1 年
法国	教师证书 教学能力证书	师范学校 4 年 综合大学 3～4 年	1～2 年
德国	教师资格证书	教育学院 4 年 综合大学 4～5 年	1.5 年
日本	二级教谕资格证书 一级教谕资格证书	短期大学 2～3 年 教育大学、综合大学 4 年	1 年
俄罗斯	教师资格评价鉴定书 教师资格证书	师范学校 3～4 年 师范学院、综合大学、专业大学 4～5 年	未规定实习试用期，但毕业后义务服务 3 年

（资料来源：苏真.比较师范教育[M].北京：北京师范大学出版社，1991:345.）

4.**教师在职进修的发展**

教师在职进修是师范教育的有机组成部分，具有职前培养不可替代的作用。第二次世界大战后社会飞速发展，要求教师知识更新并更加专门化。20 世纪 60 年代以来，教师在职进修的发展，无论在速度上和规模上都超过了职前培养。

日本《教育公务员特例法》规定："教职人员为尽其职责，必须不断地进行教学研究和提高修养。"日本教师进修分为两大类：一是基础知识进修；二是专门业务进修。进修采取的形式比较灵活：进大学旁听或插班；进大学暑期进修班或参加函授教育班；参加政府举办的教师进修讲习班等。第二次世界大战后，英国也建立了许多在职教师训练机构。开放大学是英国的一种新型高等教育机构，它成为在职教师进修的重要机构。

从以上国家教师在职进修的情况可以看出：第二次世界大战后各国对在职教师的进修十分重视，设立了多层次的进修机构，形式灵活多样，便于教师参加。

二、20 世纪 80 年代以后师范教育改革的主要措施

随着世界范围经济竞争和科技竞争的加剧，20 世纪 80 年代以来，又一场教育改革浪潮在世界范围内掀起，师范教育也随之经历了一系列的改革，人们愈来愈认识到：没有高质量的教师，就不可能有高质量的教育。

20 世纪 80 年代以前，师范教育的改革一直在强调学术性或强调师范性这两种观点之间摇摆不定。20 世纪 80 年代以后，各国对师资的培养提出了更高的要求，要求各级教师不仅要有娴熟的教育教学知识与技能，还应有高深的学科专业知识和广博的科学文化知识。这一时期，师范教育在师资培养模式、课程设置、教师资格、在职进修等方面的改革基本反映了学术性和师范性的逐步统一。

(一)改革师资培养模式：定向与非定向相结合，延长职前培养年限

20 世纪 80 年代以前，一些发达国家实施完全的非定向型师资培养模式，而许多发展中国家仍在沿袭定向型的师资培养模式。由于对教师素质的要求越来越高，这两种模式都暴露出了一些缺点。各国在改革师资培养模式的过程中，出现了两种模式的结合。

日本 20 世纪 70 年代后期对非定向型师资培养模式进行改革，设置了三所新构想的教育大学，它们吸取了综合大学办师范教育的优点，保证了较高的学术水平，同时又强调教师要精通教育科学，成为教育上的专家。德国要求未来的教师首先要在大学接受三到四年甚至四年以上的科学教育，再到见习院进行一年半到两年半的教育理论和实践的培训。泰国、马来西亚、巴基斯坦、尼泊尔、斯里兰卡等国家和地区纷纷允许综合大学参与师资的培养。可以由综合大学直接设立教育学院或教育系来培养师资，也可以由综合大学与师范学院或教育学院合作培养师资。

从上述国家师资培养模式的改革中，可以看出各国都趋于将定向型与非定向型师资培养模式相结合，反映了学术性与师范性的整合。

(二)改革课程设置，加强教育专业课，注重基础课，强化学科专业课

教师职业的专业性要求师范教育既要培养学生的学科专业水平，又要培养教育专业水平。各国针对师范生既要掌握广博的基础知识，还要善于从事各种教育教学活动的要求，对师范教育的课程进行了较大的改革。

美国的师范教育在 20 世纪 80 年代的改革重点是围绕着提高教师的专业水准展开的。美国先后发表了《变革师范教育的呼吁》《国家为培养 21 世纪的教师做准备》

《明天的教师》的调查报告,从不同的角度回答了"如何改革以提高师范教育质量"的问题,也较具体地阐述了对旨在提高师范教育专业水平的课程改革的设想,将教育课程的改革与学科专业课程的改革结合在一起。

1989年,日本以提高教师素质为目的,对设课标准、学分要求与考核要求做了严格规定,并于1998年对学科专业课程(日本称"教科课程")与教育专业课程(日本称"教职课程")的比例进行了调整,加大了教职学科的比重。

教育学课程比重的增加、结构的变化,对学科专业课和基础课的重视,都有利于提高作为专门职业的教师应有的素质和能力。从加强教育理论与实践的联系出发,许多国家把与专业相结合的教育课程的学习和教育实习结合起来,加强对未来教师实践能力的培养。

(三)加强教育实践,密切大学与中小学的合作

各国师范教育改革都重视对未来教师教学实践能力的培养,强调必须到中小学进行实践,以提高教育教学技能。美国和英国在加强教育实践方面的改革有较强的代表性。

美国学者认为,为加强学校教学与师范教育之间的联系,应建立一个专业发展学校来训练未来教师。这是一种以培养"临床专家"为目标的教育实践,强调以学校为基地培养教师,要求师范生通过临床实践与现场实践的训练掌握教育理论,成为教育工作的学者、革新者和决策者。

20世纪80年代中期以来,"以学校为基地"(school-based)的师资培养模式在英国出现,这是一种强调以合作为主的方式,中小学由过去作为师范教育被动的实习场所转变为主动和积极的参与者。1991年,英国教育和科学部接受了已在各地中小学普遍流行的学校"岗位培训"(on-the-job training),实行以学校为基地的师资培养模式。著名教育家保罗·赫斯特曾主持了一项名为"研究生教育证书中的以学校为基地的训练"的研究,他将训练分为四个层次:直接实践、间接实践、实践原理的学习和应用、依据理论的研究对实践及其原理的批判性的学习。在这四个层次的训练过程中,对师范生实际教学能力的培养占据了重要位置。

(四)提高教师资格审定标准,改革教师资格证书制度

提高教师素质成了师范教育改革的核心,随之也要求加强对教师的选拔,建立专业化分工的教师队伍。教师资格证书制度有利于加强教师职业的专业性,提高教师的社会地位。各国师范教育改革中都在逐渐完善教师资格证书制度。

美国卡内基基金会的报告中提出建立全国性教师资格审查机构——全国教学职

业标准委员会，以制定全国统一的、高质量的教师资格标准。霍尔姆斯协会的报告建议设立三级教师证书制度，即将教师区分为三个级别，分别授予不同的专业职称，享受不同的待遇并担负不同的职务。三级证书包括：初任教师(instructor)、专业教师(professional teacher)、终身专业教师(career professional teacher)。其中，终身专业教师证书是最高证书，获此证书的途径是把完成博士学习和证明实践能力这二者结合起来。

从以上介绍可以看出，各国尤其是发达国家都在致力于大力提高教师资格标准、完善教师资格证书制度。这对于以实施非定向型师范教育体制为主的国家保证其教师质量是很有必要的，也有利于师范教育体制的改革和发展。

(五)改革教师在职进修制度，进修体系逐渐完善

教育改革向教师提出了新的要求，教师要适应新的要求，就得不断地学习。20 世纪 80 年代以来，世界各国都把加强和改善在职教师的进修作为教育改革的重要内容。1983 年，英国政府提出，为提高教师质量，需要改进教师的职前培养和职后进修。1985 年，法国政府要求所有教师都应定期去进修。1986 年，日本临时教育审议会制定了提高教师质量的基本方针，要求改善新任教师和在职教师进修的内容和制度。

日本教育职员养成审议会于 1987 年提出了教师在职进修的改革设想：确保全体教师在一定期间参加进修的机会；国家、都道府县、市町村等各级进修活动要密切联系；进修内容应根据社会变化不断加以改进。教师研修因时因地而有重点。

英国从 1987 年起设立教师进修补助金制度，参加进修的教师有 10 万人。教师进修是由教育科学部进行规划并通过皇家督学在各地举办各种活动，而地方教育行政部门负责协调与推进教师的进修活动。最近几年，英国重视教师进修的政策之一是“继续性专职进修日”，教师一年的工作日中有 5 天是教师进修日，各校展开形式多样的进修活动。在进修内容方面，英国很重视信息技术培训。

从以上两国教师在职进修的改革举措中，可以看出它们对在职进修的重视和关注：制定法规，拨出经费，有计划、有目标地推进教师的在职进修；建立专门的教师进修机构，逐渐形成了多级教师进修体系；进修的内容趋向全面化、科学化，反映了现代信息社会对教师素质的要求；进修的方式灵活多样，进修可以提高学历或取得学位并有相应的待遇提高，提高了在职教师参与的积极性。

三、师范教育的发展趋势

当今世界正处在日趋激烈的国际竞争和新技术革命的时代，各国都把教育视为参与国际激烈竞争的一项重要战略措施，同时也认识到教育竞争实际上就是师资的竞

争。在各国师范教育改革的动向中，呈现出一些共同的发展方面：师范教育体制灵活化和开放化，师资来源渠道多元化；从终身教育的观点出发，有机地结合教师职前培养教育和教师在职进修教育，向教师教育一体化方向发展；提高教师的专业化水平，大力培养研究型教师。

（一）师范教育体制灵活化和开放化，师资来源渠道多元化

纵观世界各国，师范教育体制由传统的定向型师范教育到非定向型师范教育，再至定向型和非定向型师范教育相互渗透和结合，体现出由封闭的单一模式走向开放的多样化模式。

从封闭式的师范教育体制向开放式的师范教育体制的改革，一般表现出两种类型。第一种类型是完全采用非定向型师范教育来培养师资。美国是在这一方面走得最早、最快也最远的国家。迄今，全美的中小学教师有94.9%是由综合大学的教育学院培养的，独立的师范学院在全国为数寥寥。第二种类型是以定向型为主，逐步从封闭式走向开放式的培养体制。大多数发展中国家在相当长的时间内将仍以定向型师范教育为主，以解决教师数量问题，但也吸纳了综合大学参与师资的培养，师范教育的体制总体呈现出灵活化、开放化的趋势。

师范教育体制的开放化，拓宽了师资来源渠道，通过严格的教师资格考核，可以吸收更多的优秀社会成员成为教师，有利于各国师资队伍的壮大和素质的提高。

（二）教师教育一体化

自1966年联合国教科文组织确认和鼓励教师成为专业（profession）以来，教师的专业化受到了各国的重视。教师专业化是一个连续的过程，这个过程开始于职前教师培养阶段并贯穿于教师的一生。摒弃职前一次性终结型师范教育的观念，重视中小学教师的在职培养，并通过立法形式建立教师在职培养制度，促进教师终身学习，这已成为一种国际潮流。

在美国，教师教育被视为一个持续发展的过程，它包括职前教育、教师准备教育和职后培养三个阶段。各阶段具有连续性和关联性，成为一体，旨在花长时间培养高度专业化的教师。在日本，文部省试图通过教师的培养、任用和进修三个阶段综合地把握教师教育，并使面向21世纪的教师教育得以完善。

终身教育思想要求把职前培养和在职进修有机地结合起来。许多国家积极采取有效的政策和措施，使学习化社会所要求的终身教育首先在师资培养教育中得到体现与贯彻。总之，把师资培养的职前教育和职后培训有机地联系起来，通过严格实行教师资格证书制度和完善教师进修制度来促进教师素质的提高，将最终实现教师教育的一体化。

（三）教师发展专业化，大力培养研究型教师

20 世纪 70 年代以来，要求提高教学工作的专业化程度的呼声渐高，并由此产生了一种新的观念：教学研究不应该只是教学研究专家的专利，从事教学实践的教师也应该从事教学研究，教学研究应该成为教师专业化的一个必要组成部分。这意味着，除了传统上对教师专业特性的界定外，教师还有必要拥有一种“扩展的专业特性”（extended professionalism）。

传统的教育教学研究，缺少当事人的参与和过多地脱离了现实背景。专业研究者和教师之间应当建立起一种平等的关系，教师应该成为教育科学研究群体中不可缺少的一员，研究型教师已成为新形势下的需要。与研究型教师相近的还有 20 世纪 80 年代北美兴起的反思型教师，在某种程度上它们反映了一种新型的教师观：教师是专业人员；教师是发展中的个体；教师是研究者。

研究型教师具有以下特点：第一，具有丰富的实践经验，具备强烈的教育研究兴趣和较强的研究能力；第二，具备科学的教育观，对师生关系的理解和认识更正确、更深刻；第三，拥有很强的教学能力、高超的教学艺术和独特的教学风格；第四，研究型教师是教师队伍中的骨干力量，在教师集体中享有崇高的威望，发挥着带头作用。

要培养研究型教师，有必要在职前教育和在职培训中大力提高教师的专业化水平。此外，开展反思性教学和行动研究对培养研究型教师具有非常重要的意义。教师反思的方法主要包括写反思日记、观摩分析、职业发展、行动研究等。行动研究是培养研究型教师的一条重要途径。教师在行动研究过程中通过对自己教学行动的观察与反思，通过与专业研究人员或其他合作者的交流，不断地加深对自己、对自己实践的理解，并在此基础上提高自己。因此，行动研究作为教师专业发展的一条途径越来越受到人们的重视。

随着教育改革的广泛和深入，师范教育体制的开放化以及教师专业化水平的不断提高，培养研究型教师成为各国师范教育为之努力的目标。

自测习题

一、名词解释

1.定向型师资培养模式　2.非定向型师资培养模式　3.反思性教学　4.行动研究

二、简答题

1.国外师范教育课程改革的特点有哪些?

2.研究型教师的特点有哪些?

三、论述题

1.简要论述20世纪国外师范教育体系结构的演变。

2.试谈国外教师在职进修的发展与改革对我国的启示。

3.结合自身实际,谈谈培养研究型教师的意义及途径。

第十七章　教育管理体制的改革

本章学习目标

1.了解20世纪外国教育管理体制的发展。

2.掌握外国三种教育行政体制的特点。

3.理解教育管理体制改革的发展趋势。

一、20世纪教育管理体制的发展

(一)英国现代教育管理体制的形成和发展

英国是建立现代教育管理体制最早的国家之一,从19世纪末到20世纪初,英国通过颁布一系列教育法令对传统教育进行了改革,并逐步确立了现代教育管理体制。

1895年8月,皇家中等教育委员会调查并提出了一份英国中等教育情况报告。1898年,英国议会设立了教育委员会,直到1944年,它才被教育部所替代。

由于英国政府给了地方政府很多的自治权力,所以,有教育家认为英国学校教育管理体系的主要特征是管理的分权。

为了明确地方教育管理的权限,英国于1902年颁布了《巴尔福教育法》,它在英国教育管理史上具有十分重要的意义。国家通过设立318个地方教育局对全国教育实行了统一管理,加强宏观调控,而地方教育局也有了明确的权力。

英国教育委员会到1944年时已变成教育部。教育大臣被看作政治领导。教育委员会的主要任务是:监督和报告学校的办学情况和效果;作为教育大臣在教育管理方面事务的代表;给教育大臣提出教育政策建议。1944年,英国又成立了两个中央教育顾问委员会,它们分别负责英格兰和威尔士的教育,为教育部的决策提供建议。

1944年,《巴特勒法案》对教育部长的地位做了明确规定,即教育部长是"独立法人",他必须对以他个人名义和以他的代理人的名义所做的每件事负责。从其中的规定中我们不难看出,教育部长的主要职责是保证国家政策的有效实施。

为了保证国家教育政策正确而有效地执行，根据《巴特勒教育法》的规定，教育和科学大臣可以制订法规、通告和各种政策性备忘录。除了顾问委员会以外，20 世纪英国还建立了一些专门委员会，如中等学校考试委员会、全国工商业教育咨询委员会、全国教师培训和供给咨询委员会等。

从英国教育管理体制的结构来看，教育部的主要职责是政策与资金的宏观调控，而地方保留有很强的自治权力。从这个意义上讲，英国的教育管理并非属于中央集权的类型。

（二）法国现代教育管理体制的形成和发展

法国教育在长期的发展过程中形成了自己独特的管理体制，它的特征是中央集权领导。地方教育当局在教育方面没有英国或美国的那种自治权力。

全国教育大臣是法国整个教育体制的首脑，他掌握着学校的开办权和公立教育发展的命运。他手中最大、最重要的咨询机构是公共教育高级委员会，这是一个常设机构。实际执行教育法令法规的是大学区总长，他是当地教育的主要负责人，是教育大臣的主要代表。在法国，大约有 17 个这样的大学区。

实际上，法国教会势力是相当强大的。在第三共和国时期，教育的世俗化取得了决定性的胜利。根据 1901 年的教会与国家联合法，教士们有权力在公立学校和私立学校任教。1905 年的教会与国家分离法案公布以后，教会在公立学校失势。随即，教会又将手伸向私立学校。但是根据教育与宗教分离的原则，开办私立学校必须得到教育部的批准，其管理权也不给予教会。

1942 年，法国当局重新给予教会特权，要求国家向教会学校拨款。法国当局利用教会势力来达到自己的政治目的。第二次世界大战后，第四共和国临时政府成立，教会学校的特权再次被取消。国家建立了咨询议会(Consultative Assembly)，并由其委派了教育改革委员会。该委员会的目标是重建国家的教育制度。为了实现这个目标，该委员会提出了“朗之万—华伦计划”，这项计划吸取了美国的许多经验。由于两国国情差别很大，所以尽管该计划提出的诸项原则是正确的和进步的，但是完全实现它仍有许多困难。

（三）美国现代教育管理体制的形成和发展

地方分权的教育管理模式是在美国教育历史中形成的，是建立在相应的立法基础之上的。

联邦宪法第一次涉及教育是 1787 年颁布的《西北法令》。根据这项法令，联邦政府在俄亥俄州西北地区建立临时政府，并对该地区人民的合法权利提供法律保障。这一法令明确了教育的地位和国家对教育的基本政策。

美国实行地方分权教育管理体制的主要依据是1791年颁布的宪法修正案。按照宪法的精神，各州一般把管理教育视为本州的权力，联邦政府在拨款方面对各州教育发展起着某种宏观导向作用。联邦政府根据社会发展的需要，对特别的或专门的教育项目制定法令法规条款，以此来表达政府对教育方向的选择。如果联邦的法令适合于州的情况并为州政府所认可，那么该州就可以得到相应的拨款和法律保障。

国家对教育的政策导向体现在法令之中。这就是说，在实行地方分权的国度里，国家对教育的发展也不是听之任之的。尽管联邦手中的权力是有限的，但还是可以通过立法与经济的杠杆来做宏观调控。

1939年，美国教育署与公共卫生署、社会保障局合并。1946年，美国正式加入联合国教科文组织。同时，美国成立全国教育、科学与文化合作委员会(National Commission on Educational, Scientific and Cultural Cooperation)。该委员会由100名委员组成，其中国务院委任40名，各学术界团体派出50名，再另遴选10名。

教会对教育的干预有着长久的历史根源。美国独立后，教育与宗教分离成为一项重要政策。但是，教会学校的地位仍然是20世纪初一个棘手的问题。1922年，俄勒冈州议会通过一项法律，规定凡该州8～18岁的学生必须进入公立学校读书。此事在美国引起争议。1925年，美国最高法院裁决该项法律是违宪的，使得州政府与教会学校和私立学校的关系得到明确。

此外，20世纪20年代，地方教育委员会的成员多数是中上富裕阶层的人士。30年代以后，工会及少数民族的代表比例有所增加。由于教育管理的民主化趋势，学校的决策与管理的体制也在发生变化。学校管理越来越多地接受来自家庭、社区的监督。①

(四)20世纪外国教育管理体制的特点

20世纪外国教育管理体制的演变有一些主要特点：第一，教育的国家化已基本形成，尽管教会仍在教育的某些方面发挥作用，教会学校继续存在，但国家已取代了教会掌握了教育权力；第二，国家的公立学校教育体系形成并逐步扩展，公立学校体系由低向高不断延长；第三，19世纪末20世纪前期，教育的大发展对教育管理的科学化提出了新的要求，而现代工业管理理论与其先进的管理学思想又为教育管理的科学化创造了条件。

---

① 陈孝彬.外国教育管理史[M].北京：人民教育出版社，1996：245.

二、20 世纪 80 年代以后外国教育管理体制比较

(一)外国教育行政体制比较

外国教育行政体制基本可以分为三种类型:中央集权制、地方分权制、中央与地方共同合作制。

1.中央集权制

中央集权制属垂直的教育行政,是由中央教育行政机构直接领导和管理全国教育事业的制度,各级各类普通学校教育由国家直接经营。其主要特点是:国家直接干预教育,地方教育行政处于从属和执行地位;中央对教育事业实行统一计划,经费由国家预算统一支付;教育、教学的标准由国家统一制定;教师是国家的公职人员。法国和俄罗斯的教育行政制度即属中央集权制。

2.地方分权制

地方分权制与中央集权制相反,属平行的教育行政。它遵循教育是地方的事业的原则,由地方公共团体行使独立的管理权力。其主要特点是:中央教育行政机构不掌握教育的直接经营权,只在一定限度内指导和帮助地方教育事业;中央与地方之间是指导和协商的关系;国家对学校的教育、教学没有统一标准;教育经费主要由地方负担;教师由地方聘任;中央一般通过教育立法和经费资助来影响地方教育发展方向、规模与速度。教育行政制度属于地方分权制的国家主要是美国和德国。

3.中央与地方合作制

中央与地方合作制是指中央教育行政机构与地方教育行政机构共同合作、共同管理教育事业的制度。两者权力较为平衡,形成合作关系。英国和日本就属于这种类型。

以上三种教育行政类型各有优缺点。中央集权制的优点是:有利于充分发挥中央的统一领导作用,统一规划全国教育事业;实行垂直领导,能增强教育行政的效率。其缺点是:不利于调动地方的自主性和积极性,强求全国整齐划一,容易脱离地方实际;中央决策一旦失误,容易造成全局失败。

地方分权制的优点是:能发挥地方办教育的创造性和积极性,有利于因地制宜地发展地方教育事业;可以减轻国家教育经费负担,不至于因中央决策失误而造成所有地区教育的失败。其缺点是:不利于发挥中央的积极性,教育事业缺乏全国统一规划和统一标准,导致教育行政效率不高,教育质量参差不齐,教育事业发展不平衡。

中央和地方合作制在一定程度上减少了中央集权制和地方分权制的弊端，但这种体制仍在探索之中，有待于进一步完善。因此，近年来，各发达国家都进一步注意对教育行政制度进行改革，总的趋势是：更好地协调中央与地方的关系，加强教育行政的民主化、均权化。①

(二)不同教育行政体制类型下的学校管理

1.中小学管理体制

(1)中央集权制下的中小学管理

法国是高度中央集权的国家，教育管理权归中央。省里按中小学开设的课程设省督学，检查和指导各学校的工作；同时，设初等教育、技术教育、不动产与建筑、方向指导四个理事会，就不同方向的问题接受省长和学区督学的咨询。在法国，中小学校长由国民教育部部长或大学区总长任命，并在其监督和指导下执行国民教育部规定的方针、政策，负责学校的行政工作。通常，中小学设校长1名，校长秘书1名，另有两人管理教务和总务工作。协助校长工作的是学校理事会。此外，法国的中小学还设立审议咨询机构，对学校各方面的管理提出意见和建议。

俄罗斯的全国教育决策机关是全国国民教育委员会，统一领导俄罗斯的教育工作。俄罗斯中小学实行校长负责制，学校还设有校务委员会，负责研究和解决学校的重大问题。校务委员会会议每年至少举行4次。党组织监督学校的行政工作，校长要定期向党组织汇报学校的全面工作。工会组织也参加学校重大问题的研究和讨论。

(2)地方分权制下的中小学管理

美国是典型的教育行政地方分权制国家，联邦政府没有管理教育的权限，教育权属于各州。美国中小学的管理者实际上是学区的教育委员会。教育委员会是由校外人士组成的，为了使工作能有连续性，成员的任期是交错的。教育委员会的职能是：规定教育目标，制定有效的教育政策，还要检查学校是否按政策行事；雇佣教育专业人员，决定课程；负责学校的办学条件；负责向公众公布学区教育发展状况和问题；负责与全国的教师组织——全国教育学会和美国教师联合会协议，确定学区的教师的薪金、附加条件、教育条件等。

德国的教育行政制度，从联邦一级来看，是实行地方分权的，而从州一级来看，又是极端集权的。德国中小学的上级主管部门是州教育部。基层的教育行政机关是县市教育局，它主管基础学校、初级小学和特殊学校。校长由州教育部任命，全权负责学校的日常工作。同时，设立教师代表大会制度，就学校的重大问题进行讨论。

---

① 曾天山.外国教育管理发展史略[M].北京：教育科学出版社，1995：144.

(3)中央和地方合作制下的中小学管理

英国是这一行政体制类型的突出代表。英国的公立学校是由中央政府、地方教育当局和各志愿团体共同管理的。小学设管理委员会,中学设校董事会。它们是小学、中学的管理机构,其法定权力有限。它们无权雇佣和解聘教师,无权干预学校日常生活的组织、课程设置和教学方法。英国中小学校长的权限主要是控制、负责学校内部的组织、管理和纪律。

2.高等学校的管理体制

外国高等学校一般实行校长个人负责和集体管理相结合的管理体制。国与国之间在校长个人负责和集体管理方面有程度上的差异。

(1)俄罗斯的高等学校管理

俄罗斯的高等学校强调校长负责制,实行所谓"一长制"的管理体制,校长主持全面工作并负完全责任。高等学校的校长、副校长是由学校隶属的部或主管部门任命的。高等学校的其他职位经选举产生,俄罗斯历来实行从校长、系主任到教研室主任的直线领导。在校长领导下设立校务委员会,校长任主席。校务委员会在高等学校的组织、干部配备、教学以及科研等方面都具有管理职能,同时还具有协商、咨询和监督的职能。此外,在俄罗斯高等学校中的各社会组织对高等学校起监督作用。按规定,各社会组织的代表可以参加校、系务委员会,并享有表决权。

(2)德、美、日、英等国的高等学校管理

德国、美国、日本、英国等国的高等学校实行以校长为中心的"共同体"制,即校长个人负责和学校管理机构相结合的体制。

在德国,参与学校管理的主要有校长、副校长、大评议会和小评议会、教师委员会和院系领导成员。德国校长的权力比俄罗斯校长的权力小得多。大多数大学设有一个大评议会和一个小评议会,它们的主要职责分别是选举校长和商讨除各学院主管的教学与科研工作以外的一切有关任务。教师委员会只具有咨询职能。

美国高等学校管理体制与德国有许多相似之处。美国高等学校设董事会或理事会,董事会或理事会是学校最高管理机构,只决定学校大政方针,不过问学校内部行政事务。行政事务由校长、院长、系主任负责。美国高等学校还成立了各种专业委员会,对董事会(或理事会)、校长、系主任的影响是很大的。

日本国立大学的校长是大学最高领导人。大学评议会和教授会一般起着管理机构的作用,大学通过这些机构进行自治管理。日本大学的校长由文部大臣聘任。近年来,日本大学特别强调以校长、副校长为中心的学校行政管理组织的作用,并吸收校外有识之士组成"参与会"参加大学的管理。

英国市立大学和新大学首要的行政领导人是校长(校长是终身的荣誉职位);另一个或一个以上的专家副校长由教授担任,有限定的任期。大学行政管理的最高机构是评议大会,它的权力仅限于讨论有关大学的事务、发表意见和提名某些委员参与决策机构。大学的主要决策机构是董事会、校务委员会、学术评议会和教授会。

三、教育管理体制改革的发展趋势

各国教育管理制度都有其社会、政治、经济、历史传统的背景,各种教育管理制度又都有各自的优缺点。外国教育管理体制改革的总趋势是:教育行政均权化。[①] 所谓均权化,是指过去实行中央集权制的国家在逐步加强民主化,给地方以更多的权限,而过去实行地方分权制的国家则逐步加强中央的权限,从而逐步走向权力的合理分配,调整中央和地方的积极性。美国曾实行较为彻底的地方分权制,近年来逐渐加强联邦的作用。高度集权的法国,1968 年颁布《高等教育方向指导法》,强调大学"自治""多学科"和"民主参与"三大原则,在普通教育方面也有了一定的灵活性。

除了教育行政均权化的趋势外,教育管理体制改革还表现出以下趋势:教育行政科学化(主要是指加强计划与重视研究)、教育行政民主化(主要表现为实行法治、健全教育审议或咨询制度,以便于人民参与决策和管理)、教育行政专业化(主要表现为教育行政机关专业化、教育行政人员专业化、内部分工精细化)。

外国学校管理制度改革的发展趋势主要体现在以下几个方面。

第一,学校管理科学化。20 世纪 90 年代以后,学校管理逐步从传统的经验型、行政性管理型走向科学化的管理。科学研究方法被大量运用到学校管理中,现代管理技术也被广泛运用于学校管理中。

第二,学校管理法制化。综观各国学校管理所采取的措施,其中的一个共同点就是重视教育法规的制定与实施,使得学校管理有法可依、有章可循。

第三,学校管理核心化。校长在中小学校管理中的核心地位已被世界各国所明确,各国均在教育立法中明确校长负责制。这种做法,不仅符合管理学的基本原理,也是一所学校正常运转的必要因素。

第四,学校管理监督机制健全化。校长虽然全面负责学校的各项工作,但各国都注重建立健全各种形式的咨询、监督机构,这样不仅可以为校长提供咨询和改革建议,而且可以体现学校管理的民主化。

---

① 王承绪,顾明远.比较教育(第三版)[M].北京:人民教育出版社,1999:257.

自测习题

一、名词解释

1.《巴特勒法案》　　2.教育行政均权化

二、简答题

1.20 世纪外国教育管理体制发展的特点是什么？

2.法国的中小学管理体制有什么特点？

三、论述题

试述当代外国教育管理体制改革的发展趋势。

第十八章　当代世界教育改革的特点及发展趋势

本章学习目标

1.了解当代世界教育改革的特点。
2.掌握21世纪世界教育改革发展的趋势。
3.理解当代世界教育改革中的新理念。

当前，面对全球范围内激烈的经济和科技竞争，各国都加快了教育改革的步伐，制定了本国的教育发展战略。由于各国政治经济情况不同，历史文化各异，教育传统不同，因此，各国教育改革的具体目标和基本原则也有差异。然而，它们在教育改革的许多方面以及所关注的问题上，仍然有许多共同的特点。

一、当代世界教育改革的特点

（一）国家高度重视，突出教育的战略地位

综观20世纪90年代各国的教育改革，教育获得了前所未有的战略地位，这表现为：教育改革受到全国上下的重视和支持，获得了立法的有力保证。在美国，1993年克林顿上台后竭力促成国会通过了具有法律效力的《2000年目标：美国教育法》。英国的撒切尔夫人在为《1988年教育改革法》进行辩护时说："我们需要受过良好教育，训练有素的、富有创造性的青年人。如果今天的教育落后，明天国家的业绩就会落后。"巴基斯坦于1992年制定了十年国家教育规划。英、德等欧洲国家也进行了重大教育改革。可见，在发展中国家和发达国家，教育都受到了前所未有的重视。

（二）明确面向21世纪的教育目标

20世纪90年代，教育改革的最大特征就是面向21世纪进行教育规划。过去教育基本上是追随时代，而今教育为了促进时代的发展，必须主动适应时代。英国于1991年发表了《21世纪的教育和训练》；1992年召开的亚太地区经济合作组织教育部长会议认为，教育合作的统一主题是"面向21世纪的教育标准"；1992年，联合国教科

文组织把“为 21 世纪做准备”列为当前教育的两大战略优先之一；1994 年，第 44 届世界教育大会上，“面向 21 世纪的教育”是其讨论的主题之一。

（三）教育发展由注重规模和速度转向注重质量和效益

以美国为例，人们可以很容易地看到这一基本脉络，即改革首先要考虑的是要有助于实现社会公平（equity），其次是要有利于促进种族间的融合（integration），最后才是在办学水平上达到优质（excellence）。而到了 20 世纪 80 年代，教育改革的关注点与先前大不相同了，三者的位置似乎颠倒了过来，如何提高质量成为整个社会关注的焦点。正因为教育改革重点的变化，美国教育学者将 20 世纪 80 年代中期以来的教育改革看作美国历史上的第三次教育大改革，即优质教育改革（excellence reform）。

此外，英、法、日、德等国也相继发表研究报告或颁布立法文件，对包括中小学在内的教育制度进行全面的改革。而提高质量和效率也成为这些国家改革的重要课题。因此，在发达国家，今后中小学教育发展的重点主要是教育质量和办学效率的提高。

对许多发展中国家而言，由于教育基础薄弱，起点低，加之人口增长较快，给中小学教育的发展造成了很大的压力。因而，在数量上满足广大适龄青少年的教育需求，同时又提高基础教育的质量，这是摆在发展中国家面前的一项迫切的任务。

（四）基础教育办学体制更加灵活

为了彻底改变长期以来普遍存在的公立中小学缺乏活力、办学效率低下的弊端，各国在学校的管理体制、办学模式和扩大社区、家长的参与权方面进行了广泛的改革。第一，调整教育行政管理体制，共同的做法是扩大学校的办学自主权；第二，完善中小学内部的管理机制；第三，改革公立中小学的办学模式。

近年来，英国许多公立中小学成了由中央政府直接拨款的学校，它们在学校的管理、人事等方面获得了更多的权力，一种新的办学体制正逐渐在英国形成。

在美国，公立学校也出现了多样化的趋势。除了近年来出现的选择性学校（alternative school）、有吸引力的学校（magnet school）和二次机会学校（second chance school）外，一种新型的公立学校——特许学校（charter school）也在迅速增加。特许学校和其他新型学校的出现意味着美国公立学校的办学模式开始发生变化。与此同时，公立学校还出现了所谓的私有化或私营化的改革措施。

（五）课程内容注重基础知识和基本技能的训练

在基础教育课程内容方面，各国普遍重视基础学科，强调基础知识的学习。给学生以系统、扎实的基础知识和基本技能，是基础教育阶段的主要任务之一。发达国家在 20 世纪 80 年代几乎都采取了措施来加强中小学的基础学科，如美国强调了“五门新基础课”，英国统一了十门基础课程，法国在高中推迟了分科时间，其目的都在于加强基础知识的学习。这表明，基础知识在中小学教育中的地位不可动摇，不论搞什么改革，基础的东西不能丢，这是各国多次教育改革中得出的一条经验教训。

（六）加强道德教育

20 世纪 80 年代以来，西方发达国家出现了德育的复兴，各国都高度重视青少年道德教育。如美国前总统布什提出要在中小学加强反吸毒教育和性教育；日本提出要加强道德教育，消除“教育荒废现象”等。其共同趋势是：加强传统的道德价值观的教育，并根据新形势更新德育内容。

（七）注重提高师资水平

各国在教育改革中都普遍认识到，一支高水平的师资队伍是提高教学质量的关键。各国普遍采取的措施是：第一，提高教师的聘用标准，如法国提高初中教师的学历要求；第二，改善教师的待遇，如英国在 1996 年 4 月、12 月两次提高教师的工资；第三，改革教师培训制度；第四，加强教师的责任感；第五，发挥优秀教师的主导作用，如美国设立“优秀教师总统奖金”，用以表彰和鼓励取得优异成就的教师。

（八）教育改革的持续性和整体性

从教育改革自身的角度看，当代国外教育改革还具有持续性、整体性的特点。持续性体现为 20 世纪 80 年代以后的教育改革此起彼伏。如法国 1983 年发表《为民主的初中而斗争》后，又相继发表了《21 世纪前夕的高中及其教育》《提高青年人的职业水平和社会地位》《对未来教育的建议》，1989 年公布《法国教育指导法》，教育改革的进程从未停止。20 世纪 80 年代以前的教育改革主要局限于教学内容、教学方法等方面，但 20 世纪 80 年代以后的教育改革往往是整体性的，不仅包括教育内部的改革，而且往往还与整个国家经济发展状况、社会保障机制相联系。

二、当代世界教育改革中的新观念

（一）公平与效率的观念

在 20 世纪六七十年代，世界基础教育以数量发展和规模发展为主，各国都极重视普及义务教育。发达国家以提高普及义务教育的质量为主，发展中国家则着力普及义务教育。许多国家把义务教育与受教育的权利并列，并视其为保障受教育权的优先手段。如日本宪法规定：“所有国民，按照其能力有平等享受教育的权利。”

20 世纪 80 年代，许多国家转而强调公平和效率的观念。公平主要是指保证教育机会均等。教育机会均等不仅指入学机会的平等，而且还强调要保证每个学生都有取得学习成功的机会。这不仅是对基本人权的尊重，而且也关系到国家未来的发展。世界各国都采取了一系列措施来解决这个问题，如美国的“促进学校计划”“人人成功计划”“阅读发现计划”“派迪亚计划”等。效率主要是指基础教育的效益与质量。20 世纪 80 年代以前，各国基础教育普遍存在质量不高、效益不好的状况。美国为了提高中小学办学效益和质量，采取了一系列的措施，如教育凭证、教育税减免、特许学校等。上述措施无不包含一个非常突出的观点，即基础教育的质量和效益问题是敦促学生和家长择校的动力。

提高教育质量必然与制定教育标准及其评估制度密不可分。英国为了提高中小学教育的质量，把越来越多的注意力投向教育领域。显然，保证教育机会均等，提高教育的质量和效益是世界各国基础教育改革和发展中的新观念。

（二）全民参与的观念

全民性主要是指基础教育改革的全民参与。20 世纪 80 年代以前，基础教育改革主要由一些教育理论家和教育实践家提出，国家的参与力度不够。20 世纪 80 年代以后的基础教育改革体现了全民参与的特点，各国一方面强化国家的宏观指导，另一方面重视地方、学校和家长的兴趣与积极性。如苏联 1984 年的教育改革，国家宣传机构进行了大张旗鼓的宣传，邀请了众多专家、学者撰写初稿，召开了上千场大型报告会和研讨会，专业报刊上发表了大量文章，引起了全民大讨论。美国 20 世纪 90 年代的基础教育改革，克林顿也多次发表电视讲话，呼吁全民参与。

（三）终身学习的观念

自 1965 年保罗 · 郎格朗首次提出终身教育理论后，终身教育观念已为不同社会制度、不同发展水平的国家所接受，成为许多国家教育改革的重要指导方针。1990 年，日本制定了《终身学习振兴法》。美国、韩国、英国等许多国家也制定了有关终身教育的法律。

以终身教育观来看待基础教育的任务，许多国家在许多方面的表现是相同的，如重视传授基础知识和基本技能；注意儿童对学习方法的掌握，因为只有这样，儿童才能具有适应社会的能力。1993 年初，国际 21 世纪教育委员会（International Commission on Education for the Twenty-first Century）正式成立。该委员会于 1996 年 4 月在巴黎召开的联合国教科文组织工作会议上提交了题为《教育——财富蕴藏其中》的报告。报告重申了“终身教育”这一概念的重大意义，认为“终身教育看来是进入 21 世纪的一把钥匙”。

（四）新的师生观念

在《从现在到2000年教育内容发展的全球展望》一书中，作者认为，在未来的几十年里，师生关系将会发生巨大的变化。“由于学生积极参与自学过程，由于每个学生的创造性都受到重视，指令性和专断的师生关系将难以维持。”[①]确实，随着知识经济和信息化社会的来临，基础教育的师生观发生了重大变化。人们普遍认为未来教师的基本特点是：第一，未来教师能指导学生过智慧型生活，是拓展心灵智慧的“人师”；第二，未来教师要以开发儿童智慧，使其精神愉快为前提；第三，未来教师在教学中要唤醒并培养儿童的未来意识；第四，未来教师能认识美好的教育环境对儿童的影响力，且具有美化儿童成长环境的专门知识和技能；第五，未来教师能提供合乎儿童心理发展程度的学习活动；第六，未来教师能协助儿童充实学习内容，调节其生活情趣，调整其生活步骤。[②]

基于以上教师特点的新的师生关系是一种“我与你”的关系。[③] 教师与学生之间的“我与你”关系，应被看作一种共享关系，共享精神、知识、智慧、意义等，共享人与人之间的一切精神层面的东西。“我与你”的师生关系应让学生在真正的教育生活中体验生活，体验人际关系。这样，学生从自己独特的“教育生活”中既把握和领受了教育意义，又理解和承领了生活意义。

（五）新的课程理论观念

20世纪80年代以后，针对学科中心课程和活动课程的特点和缺陷，人们提出了许多改革的意见，形成了新的基础教育的课程观。

1.适应性课程[④]

未来社会不断加快的变化与课程内容的相对稳定之间形成了一定的矛盾。20世纪70年代，美国出现了一种课程模式——适应性课程。其特点是课程本身具有适应变化的能力，采纳以未来为导向的动态的学习资料，取代传统课程中以过去为指向的静态的学习材料，使学生能够运用所学到的知识解决不断涌现的新问题。

适应性课程认为每门课程都有自己的核心，倡导通过该理论核心提高学生的适应能力和应变能力。这一课程模式不仅有助于保持课程的相对稳定性，也有助于随时纳入新的信息与材料。

---

① 李仲汉，韩其渊.世界初等教育的发展与改革[M].北京：人民教育出版社，1991：452—453.

② 李仲汉，韩其渊.世界初等教育的发展与改革[M].北京：人民教育出版社，1991：452—453.

③ 金生鈜.超越主客体：对师生关系的阐释[J].西南师范大学学报（哲学社会科学版），1995(1).

④ 王红宇，徐晓云.“未来课程模式”[J].外国教育资料，1996(2).

2.**一体化课程**

一体化课程是针对传统的分科课程体系而提出来的。它认为，如果传统的工业社会需要学校教育提供分科课程的话，那么现代社会需要一种一体化的课程。它强调专业领域的联系性，强调不同的专业研究围绕着一个带有普遍性意义的核心。一体化课程的核心内容包括以下几个方面：第一，科技社会与变革性社会中所必备的基本科技素养，终其一生随时准备扩展技术和理解的能力与意愿；第二，积极参与社会生活的公民素养；第三，运用现代语言工作的能力；第四，审美的和文化的素养。

3.**关切型课程**

关切型课程是在批评传统课程的基础上产生的。由于传统学校忽视了对艺术、人际、情感、具体思维、行动等其他能力的开发，导致忽略了激发学生参与人类生活的动机，为此需要一种能发挥人类热情、关切和责任感的课程体系。同时，由于不能适应禀赋、兴趣各异的学生各自的不同需要，导致普遍的学习被动性和大量的学业失败，形成了学校很沉重的负担。因此，只有使学生专注于所学习的内容，才能使他们真正地参与学习。这些都要求以关切为核心组织学校的课程内容，这样有助于克服传统课程的不足。

以关切为核心组织的课程内容涉及以下几个方面：对自我的关切；对亲近的人的关切；对陌生人和相距较远的他人的关切；对动物、植物和环境的关切；对人造世界的关切；对思想的关切。无论是哪方面的关切都涉及各个领域的知识，都可以建立相应的课程体系。关切型课程力图根据学生能力的多样性来制订不同的课程体系，立足于学生的情感和道德培养，是对传统的认知型课程的有力突破。

三、当代世界教育改革的发展趋势

（一）全民教育的理想与教育民主化

教育的民主化在20世纪90年代主要反映在全民教育的理念上。1990年3月，由联合国教科文组织、儿童基金会、开发计划署和世界银行联合发起和赞助的世界全民教育大会（World Conference on Education for All）在泰国宗天举行。大会讨论并通过了《世界全民教育宣言》和实施宣言的《满足基本学习需要的行动纲领》①，从而正式提出了“全民教育”这一概念。1993年12月在印度新德里召开的九个人口大国全民教育首脑会议，再次把国际社会对全民教育的关注推向高潮。

全民教育的基本目的或称“最终目标”是满足全体儿童、青年和成人的基本学习需

① 赵中建.教育的使命——面向二十一世纪的教育宣言和行动纲领[M].北京：教育科学出版社，1996.

要。这些需要是人们能生存下去、改善自己的生活质量所必需的。全民教育最主要的具体目标是：第一，扩大幼儿的看护和发展活动，尤其要扩大针对贫困儿童、处境不利儿童和残疾儿童的看护和发展活动；第二，到2000年普及并完成初等教育；第三，提高学生学习成绩，要达到或超过规定的必要学习成绩的水平；第四，降低成人文盲率（各国自定适当的年龄组）。

全民教育已为越来越多的国家所接受，并为20世纪90年代的历次重大国际性会议所重申，已成为世界基础教育发展的一大主题。

（二）教育的国际化

教育的国际化主要缘于以下因素：第一，随着工业化进程的演进，产生了许多威胁人类生存的全球性问题；第二，一体化世界或相互依存格局的形成；第三，经济的全球化。鉴于国际化进程及其本身所蕴含的风险和机遇，教育将面临崭新的挑战，也承担着自己的义务。所有国家、所有不同文化背景的教育工作者都意识到应该使教育趋向国际化。但是，基础教育的国际化与普通意义上的教育国际化和高等教育国际化并不完全一样，主要表现在两个方面：一是各国基础教育政策明确规定了国际化的内容和因素，如1988年日本在教育白皮书《我国的文教政策——终身学习的新发展》中正式将“教育国际化”作为基础教育的指导原则之一；二是在课程内容中增添了国际化的内容，如1998年日本教育课程审议会发表了《关于改善中小学课程标准的审议报告》，其中指出：“为适应国际合作和使日本人能自立与国际社会的需要，加强国际理解教育，提高对不同民族、国家历史和文化的尊重与理解。”这一点在日本中小学“社会”一科中特别突出。目前，世界上许多国家在社会舆论及政府决策上都突出了教育国际化的原则，基础教育国际化将是21世纪教育发展的趋势。

（三）教育的信息化

国外教育的信息化主要表现在两个方面：一是许多国家通过立法，把信息教育课程列入了正式课程；二是注重教育信息资源的开发和利用。

法国当时的教育部长阿莱格尔1998年初宣布，法国制定三年教育信息化发展方案，重点放在对信息教育师资的培训上，重点倾向教师应用多媒体教学和微机操作水平的提高，旨在提高现有信息设备的使用效率，使法国由当时的初中学生32人一台微机、高中学生12人一台微机的水平，提高到初中学生16人一台微机、高中学生6人一台微机的标准，这一标准2000年要在全法国实现。

在教育信息资源的开发上，德国和日本的表现颇为突出。在理论上，德国的考夫曼模式和日本的松田模式呈现出当代信息资源开发的世界级水平。

（四）教育个性化

国际21世纪教育委员会向联合国教科文组织提交的报告《教育——财富蕴藏其

中》中指出："新技术使人类进入了信息传播全球化的时代；它们消除了距离的障碍，明天的社会将不同于过去的任何模式。"信息技术使人类最新的教育、科学、文化成果可以很快地传播，人人共享。它改变了信息加工的传统模式，赋予信息以新的意义与价值。在迎接社会转型的关键时刻，新的生产方式、生活方式要求新一代具有创造性、个性及广泛的适应性，这是教育个性化的社会基础。

从个体的角度来看，人的发展既有共性又有个性，它们都受到社会各种因素的制约。未来学家托夫勒认为，信息社会的特点是个性化、多样化。教育也不例外。教育是培养人的活动。人受遗传基因的影响，先天素质有多种差异；人出生后即受预定的环境（包括教育）的决定性影响，但这种影响也是多种多样的。教育需要对不同的个体施以不同的教育，才能使他们的潜在的能力（智力和体力）得到比较充分的发展。同时，社会上的激烈竞争也需要培养具有个性的、有创造能力和开拓精神的人才。

教育个性化也是为了克服目前教育中存在的划一性、僵化和封闭性，满足尊重个人、发展个性、培养自我责任意识的需要。发展个性就是尊重每个人的个性特长，充分发挥和培养他们的个性特长，同时让每个学生真正地认识自我个性，认识和尊重他人的个性。正因为如此，联合国教科文组织在教育调查报告《学会生存——教育世界的今天和明天》中指出，教育者的任务在于"培养一个人的个性并为他进入现实世界开辟道路"。[①] 显然，培养学生丰富多彩的个性，使学生获得全面和谐的发展，是21世纪世界教育的又一发展趋势。

自测习题

一、名词解释

1.全民教育　2.终身教育　3.教育国际化　4.教育个性化

二、简答题

当代世界教育改革的特点是什么？

三、论述题

1.试述当代外国教育改革中的新理念。

2.简述21世纪世界教育改革发展的趋势。

---

① 黄志成.面向现代化的墨西哥新教育模式——90年代墨西哥教育改革之四[J].外国教育资料，1999(5).

后 记

《简明外国教育史》是在教育部原师范司“中小学教师继续教育重大工程”“国外教育的发展”(网络课程建设)项目(A1007)的基础上编写的供全日制本科生使用的教材,是集体教学研究的成果。本教材吸收了当前外国教育史研究的新成果,在编写体例、思路上有一定的新意。该教材 2018 年被西南大学立项为“十三五”校级规划教材,同时是西南大学“外国教育史在线课程建设”和教育学部一流专业核心课程建设的成果。徐辉教授组织了三所高校的教师参加编写工作,具体分工如下:西南大学徐辉教授,负责全书的整体设计、协调和统稿,编写绪论、第二章、第十一章、第十二章、第十三章、第十四章、第十五章、第十六章、第十七章、第十八章;西南大学杨梅副教授编写第一章、第五章、第六章;四川师范大学王娟涓副教授编写第四章、第七章、第八章;重庆师范大学郭军副教授编写第三章、第九章、第十章。

在教材立项编写的过程中,得到了教务处吴能表教授、教育学部朱德全部长、彭泽平副部长的指导和帮助。西南师范大学出版社米加德社长对教材给予了关注并敦促出版,李远毅总编对教材质量提出了若干建议,责任编辑郑先俐女士对书稿进行了精心编排并提出了修改意见。另外,西南师范大学出版社张浩宇先生和西南大学教育学部胡熔女士做了服务工作,在此一并致谢。

徐 辉

2020 年 7 月 2 日星期四

扫码获取本书自测习题参考答案